U0495784

中外教育交流与变革书系

ZHONGWAI JIAOYU
JIAOLIU YU BIANGE
SHUXI

余子侠　主编

中国近代大学研究院所的兴创发展

◎／陈　元　著

中原出版传媒集团
中原传媒股份公司

大象出版社
·郑州·

图书在版编目（CIP）数据

中国近代大学研究院所的兴创发展／陈元著.— 郑州：大象出版社，2022.12
（教育交流与变革书系／余子侠主编）
ISBN 978-7-5347-8623-5

Ⅰ.①中… Ⅱ.①陈… Ⅲ.①高等教育-教育史-中国-近代 Ⅳ.①G649.29

中国版本图书馆 CIP 数据核字（2015）第 269774 号

中国近代大学研究院所的兴创发展
ZHONGGUO JINDAI DAXUE YANJIU YUANSUO DE XINGCHUANG FAZHAN
陈　元　著

出 版 人	汪林中
责任编辑	袁俊红　赵子夜
责任校对	李婧慧　陶媛媛
版式设计	付锬锬
封面设计	王晶晶
责任印制	郭　锋

出版发行	大象出版社（郑州市郑东新区祥盛街 27 号　邮政编码 450016）
	发行科　0371-63863551　总编室　0371-65597936
网　　址	www.daxiang.cn
印　　刷	郑州新海岸电脑彩色制印有限公司
经　　销	各地新华书店经销
开　　本	720 mm×1020 mm　1/16
印　　张	16.25
字　　数	282 千字
版　　次	2022 年 12 月第 1 版　2022 年 12 月第 1 次印刷
定　　价	70.00 元

若发现印、装质量问题，影响阅读，请与承印厂联系调换。
印厂地址　郑州市鼎尚街 15 号
邮政编码　450002　　　　　电话　0371-67358093

总　序

　　人类社会已进入这样的历史时期——任何国家要想跻身于世界强国之列，必须高度重视教育。人才是国家强盛的战略资源，而人才的培养依赖教育的发展。教育交流与互鉴，对教育的发展有重要的促进作用。缘此，今日在认定教育为立国之本的同时，积极推进和发展与世界各国之间的教育交流，既是历史之必然，也是时代之应然。

一

　　早在十多年前，笔者在组织撰研中外教育交流丛书时，就阐明自学校教育在中国社会产生以来，中华民族的教育交流在不断地推进和发展。站在中国自身的角度或立场，这种教育交流大致可分为顺向交流、逆向交流和互向交流几种类型。笔者还根据学校教育与中华文化变迁和传衍之间的关系，大致分析了每种教育交流类型在中国历史进程中的主要特征或表现。

　　所谓顺向交流，是指在教育领域以中国为定点，通过相应的途径，将自身处于先进地位的文明因子和文化成分传输给其他的国家或民族的交流活动。以这种方式发生教育交流活动之时,中华文明往往处于一种上势地位或先进态势,通过相应的教育交流渠道,传播或输出到与己交流的国家或民族。例如中国近代以前的教育交流就是顺向交流,正是这种顺向教育交流,促进了今日人们所言的"东方儒学文化圈"的形成。

所谓逆向交流,则是中国作为一个文化的接受者,通过种种教育交流的渠道,将他国或他民族的先进文明因子和文化养分吸纳或引进国内,再结合国情所需融收化解于自身文明之中。其时自身的教育基本处于一种后进态势。这种逆向交流初现于明清之际,尤其突显于近代。这种类型的教育交流,推动了中国学校教育的变革和更新。

所谓互向交流是指在中外教育交流过程中,既有中华文化通过相应的教育交流途径传输给其他国家或民族,同时又有他国文化或他种文明输入中国的教育领域。其时教育交流的双方各有对方可资借鉴和吸纳的文明因子与文化养分。这种教育交流的情形,近二三十年来比较明显。它促进了中外文化的交流与互鉴,推动着人类文明的发展。

回望历史,上述三种教育交流类型只是以一种静态的眼光相对而言,其实无论在哪一个历史时期,中外教育交流的活动方式及文化内容,都不是单一的类型在发生或进行,而是顺向交流时也有逆向交流发生,逆向交流时也有顺向交流活动,或者互向交流发生时一时顺向交流占据优势,一时逆向交流成为主流。这不仅因为人类社会各个民族或国家,其文化各有优势,任何时候交流的双方互相都有可取之处，还因为双方的政治、经济、文化以及国际地位都处于一种恒动状态，故而在借鉴和吸收对方先进文化养分和积极文明因子时，也将自身的优良因素传输给对方，反之也是。如若求其区别，只是态度方面的积极与消极，作为方面的主动与被动，流量方面的充沛与弱小，以及交流时选择层面与领域的不同而已。要言之，教育，使人类社会走向文明且日益进步；交流，使教育事业得以创新而不断发展。

二

根据哲学的变易观点，任何事物只有不断地输入活性因子或吸纳新鲜养分，才能真正做到"日新，日日新"，具有"生生不息"的生命力。学校教育，无论其教育制度、教学内容，还是教育的思想理论、教学的方式方法，都只有不断地吸纳新的养分，才能够适应人类社会的发展和时代的需求，才能求其"系统"的活力常新，以利其更好地发挥自身的社会功能。

进入近代社会，中国发生"数千年来未有之变局"，国际政治地位由传统的"天朝上邦"沦落为贫弱挨打的后进之国，主体经济形态表现为自给自足的农耕经济被迫纳入世界工商经济的运行轨道。与之相应的传统教育系统，同样处于必须革新的历史关头。于是，通过教育交流我国的学校及其知识人才的培养获得了"自救"：学校教育系统吸纳新的养分，在艰难的"蜕变"过程中走向"涅槃"。

这一过程,在后人看来不过是万变宇宙间的一瞬,但在我国学校教育的发展历程中是一个极其重要的阶段,基本完成了中国学校教育的历史转型。这一转型,由何而起、因何而生、如何实现以及有何成效和经验教训,都值得学界去分析、总结,并借以探究其历史发展的规律性。因此,我们有必要也应该对这一历史时期的"中外教育交流"与中国教育的应变、革新与发展进行系统性研究和总结。

三

本书系定名为"中外教育交流与变革",其中"交流"指中外之间在教育领域的交流,"变革"则指中国自身学校教育的变革。这两者自近代中国新式教育产生之后,一直处于一种相互联系又互相促进的状态。但学校教育无论是在理论层面、制度层面,或是教育教学实践层面,若进行线性梳理和分析,涉及的方方面面实在太多,不是一个小小的书系即能完事,因此在着手选题时,既要考虑研究者自身的学研能力和知识基础,又要考虑研究内容具有一定代表性。其结果就是产生了"码堆"的10部著作或10个方面的研究,虽说有些杂乱,但并非完全无"章"。

就学校教育的层次看,有学前教育方面和研究生教育层级的交流和变革作代表;就学校教育的类型看,有专门美术教育和电化教育这两种不同形态的教育交流与演变作代表。就教育交流的主体而言,既有来华者,也有华人出国者;既有受教者——学生群体,也有授教者——教师群体；就教育交流的成效而言，既有促进自身教育发展的教育翻译，又有促进中国社会变化的人才培养……当然，就教育交流的主要渠道或重要途径而言，留学教育及留学生群体着墨最多；就教育交流的流向及成效而言，则选题大多立足于中国自身教育的变革和发展。所有这些选题，从时间上来看，大多立足于"近代"。但如前面所言，中外教育交流与中国学校教育的发展，进入了一个新的历史阶段，即在过去近一个半世纪主要呈现为逆向交流的基础上，已开始转入以互向交流为主要特征的时代。缘此，本书系在外人来华留学和中外合作办学两项研究上，将其时间下限延至"当代"——以利于人们借以窥见新的"时代变局"中教育交流流向、形态变化之一斑。

纵观中华民族自古以来的教育交流，既有将自身已有的最先进文化推向世界的活动，亦有从其他先进的国家或民族摄取自身所需的文明因子的行为。在这种传输与求取、播衍与认同人类新知的过程中，中华民族通过种种途径一直未停歇教育交流活动，直到今天，仍在深化拓展与世界各国的教育交流与互鉴，为构建人类命运共同体贡献力量。

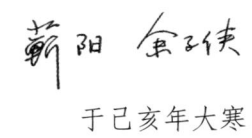

蕲阳 余子侠
于己亥年大寒

目 录

导　论 /001

第一章　大学研究院所创设背景及初成 /011
　　第一节　大学研究院所的创设背景及动因 ·················013
　　第二节　大学研究院所的肇始 ·····························034
　　第三节　北京大学研究所的初创 ····························043

第二章　大学研究院所制度变迁及成因 /055
　　第一节　大学研究院所制度的初创 ························057
　　第二节　大学研究院所制度的规范 ························062
　　第三节　大学研究院所制度的改革 ························068

第三章　大学研究院所发展规模与特征 /073
　　第一节　大学研究院所发展的总体规模 ····················075

第二节　各科研究院所的创建与发展 …………………… 084
第三节　大学研究院所发展的总体特征 ………………… 104
第四节　专业研究院所与大学研究院所的发展问题 …… 109
第五节　留学教育与大学研究院所的发展问题 ………… 116

第四章　大学研究院所管理模式与运行 / 123
第一节　大学研究院所的隶属关系 ……………………… 125
第二节　大学研究院所的组织结构 ……………………… 132
第三节　大学研究院所的人事管理 ……………………… 141
第四节　大学研究院所的经费来源 ……………………… 152

第五章　大学研究院所研究生教育与培养 / 169
第一节　学位与研究生教育制度的演变 ………………… 171
第二节　研究生教育发展概况 …………………………… 179
第三节　各科研究所的研究生教育 ……………………… 186

第六章　大学研究院所学术交流与合作 / 209
第一节　大学研究院所的国内学术交流与合作 ………… 211
第二节　大学研究院所的国际学术交流与合作 ………… 221

结　语 / 231

主要参考文献 / 245

后　记 / 250

导 论

一、本书中"大学"与"大学研究院所"

（一）"大学"的概念界定

"大学"是高等教育研究中经常出现的一个基本概念。迄今为止，国内外关于"大学"的表述甚多，其内涵丰富、外延广泛。

从制度方面的描述看，1912年教育部公布的《大学令》中，就将大学分为文科、理科、法科、商科、医科、农科和工科；大学以文、理二科为主；须合于下列各款之一，方得名为大学：(1) 文、理二科并设者；(2) 文科兼法、商二科者；(3) 理科兼医、农、工三科或二科或一科者。[①] 按此规定，应有两科或以上者，方可取"大学"之名。1929年，国民政府公布《大学组织法》，规定大学分文、理、法、教育、农、工、商、医各学院，凡具备三学院以上者，始得称为大学，不合上项条件者为独立学院，得分两科。[②] 可见，欲有大学之名，需具备三学院以上，否则称为独立学院。鉴于此，1929年国民政府教育部公布的《大学规程》亦明确规定：大学依《大学组织法》第四条之规定，分文、理、法、教育、农、工、商、医各学院；独立学院依《大学组织法》第五条第二项之规定，得分两科。[③] 事实上，《大学规程》对大学和独立学院各有一些办学的具体要求，但均置于《大学规程》之中；针对专科学校，则另颁有《专科学校规程》。由是可知，其时官方的"大学"除指有"大学"之名的高校外，还包括独立学院，但不含专科学校。1934年修正的《大学组织法》以及1948年的《大学令》亦作如此规定。1986年，由国务院颁布的《普通高等学校设置暂行条例》[④]以及1998年的《中华人民共和国高等教育法》[⑤]皆对"大学"的规模、学科、人才培养作了明确规定，要求能够实施本科及本科以上教育，设有3个以上国家

---

① 宋恩荣、章咸选编：《中华民国教育法规选编》，江苏教育出版社，2005，第384页。
② 宋恩荣、章咸选编：《中华民国教育法规选编》，江苏教育出版社，2005，第395页。
③ 宋恩荣、章咸选编：《中华民国教育法规选编》，江苏教育出版社，2005，第386页。
④ 教育部法制办公室编：《教育法律法规规章汇编》，教育科学出版社，2004，第111页。
⑤ 教育部法制办公室编：《教育法律法规规章汇编》，教育科学出版社，2004，第74页。

规定的学科。

从概念方面的描述看，择其要，主要有如下几种说法：(1)"大学"是实施高等教育的机构，包括综合大学、专科大学和学院。①(2)"大学"是高等院校的一种。②(3)张澜、温松岩认为，"大学"是指实施高等教育的机构中那些综合性、多学科、正规的高等学校，主要实施本科及本科以上层次的全日制高等教育。③(4)韩延明认为，广义的"大学"是高等学校的总称，包括公私立大学、独立学院、高等专科学校、高等职业技术学院、高等成人学校等；狭义的"大学"是指实施本科及本科以上学历教育的，由多学科、多专业组合而成的全日制普通高等学校，包括综合性大学、独立设置的各类学院。④

英国学者哈罗德·珀金指出："一个人如果不理解过去不同时代和地点存在过的不同的大学概念，他就不能真正理解现代大学。"因为"过去的希望、抱负和价值观与现代大学概念紧紧结合在一起"。⑤可见，"大学"是一个随时空变化而变迁的概念。如果以动态、发展的观点看大学，对大学的定义就不可避免地带有人的价值取向。本书的研究对象主要是民国时期的大学研究院所，故所指"大学"也应还原于当时的语境。在民国时期的情境下，结合大学的制度和概念描述，本书所指"大学"应是上述所指的狭义范围内的"大学"，即指主要承担本科以上层次教育的高等教育机构，而不限指综合性大学，也不泛指高等学校。事实上，"高等学校"与"大学"是相互联系、相互区别的，二者是整体和局部的关系。"大学"属于"高等学校"的范畴，但"大学"不等同于"高等学校"。《中华人民共和国高等教育法》第六十八条明确指出："高等学校是指大学、独立设置的学院和高等专科学校，其中包括高等职业学校和成人高等学校。"⑥可见，"大学"只是"高等学校"的一种类型、一个层次，

---

① 张念宏主编：《教育百科辞典》，中国农业科技出版社，1988，第91页。
② 教育大辞典编纂委员会编：《教育大辞典》第3卷（高等教育、职业技术教育、成人教育、军事教育），上海教育出版社，1991，第60页。
③ 张澜、温松岩："'高等教育'和'大学'概念的界定与分析"，《辽宁高等教育研究》1995年第4期。
④ 韩延明著：《大学理念论纲》，人民教育出版社，2003，第38—39页。
⑤ [美]伯顿·克拉克主编，王承绪、徐辉等译：《高等教育新论 多学科的研究》，浙江教育出版社，1988，第45页。
⑥ 教育部法制办公室编：《教育法律法规规章汇编》，教育科学出版社，2004，第82页。

两者并非并列关系，更非等同关系。另外，民国时期高校中，只有综合性大学和独立学院设立了研究院所，而专科学校不具备此资格，故本书题名用"大学研究院所"而未用"高校研究院所"。

（二）"大学研究院所"的概念界定

关于研究院所的分类，早已有之。1918年，任鸿隽就曾介绍了国外科研机构的分类情况，他说："外国学术研究之组织，概别之可为四类。一曰学校之研究科，二曰政府建立之局所，三曰私家建设之研究所，四曰制造家之试验场。"①而最早对我国研究机构进行分类并有详细阐述之人，应该是著名教育家蔡元培。1936年，他在《二十五年来中国研究机关之类别与其成立次第》中对我国的学术研究机关进行了分类。他说："研究综合术（中国研究）之机关，略可分为（立）四类：一、国前学（国立综合）研究院；二、独立的研究所；三、大学中的研究院；四、工业机关中之研究所。"②他认为，第一类最先成立的，为国立中央研究院，于1927年成立；第二类最先成立者为地质调查所，成立于1912年，属实业部；第三类以国立北京大学之国学研究所为最先成立者；第四类唯闻黄海化工研究社。1942年，徐中玉在《中国近代学术研究之回顾与展望》中也谈到，目前我国纯粹学术研究的机关，就其隶属不同可分三类：一类是国立独立的研究院所，一类是附设于公私立大学的研究院所，一类是附设于其他行政机构、学术研究团体或私人研究机关的研究所、实验所和调查所等。③对于大学研究院所与独立研究院所的区别，1932年，傅斯年就有过阐述。他说："大学本身之研究所，与大学外之研究院，也不应是没有分别的。"他指出：

> 凡集众工作（Collective work），需要大宗设备，多人作工，多时成就，与施教之职务，在工夫及时季上冲突者，应在研究院，例如大规模之考古发掘，大组织之自然采集等。凡一种国家的职任，须作为专业，不能以有教书责任之人同时行之者，应在研究院，例如电磁测量，材料试验等，至于一切不需要大规模便可研究的工作，

---

① 任鸿隽：《发明与研究》，《科学》1918年第1期。
② 高平叔编：《蔡元培全集》第七卷，中华书局，1989，第121—122页。
③ 徐中玉：《中国近代学术研究之回顾与展望》，《时代中国》1942年第4—5期。

大学中尽可优为之，研究院不必与之重复，且有若干研究，在大学中有学生为助手更便者，在研究院反有形势之不便。①

傅斯年认为，专门研究院所与大学研究院所之研究，并非完全相矛盾，只不过是因人因事之分工不同而已。1934年，傅斯年再次对两者的优劣长短作了比较。他说："大学中之研究院与独设之研究院，如中央研究院等，及其同样的研究机关如地质调查所等，就处境论，各有其不便处。"他认为，专门研究院所优于大学研究院所，表现在其学科门类少而更适宜进行大规模的、需大量设备的研究；而且因为研究员没有授课任务，所以更方便在外进行长期的、超负荷的研究。至于大学研究院所优越于专门研究院所的地方，他认为主要是大学研究院所的学科门类多，不同学科之间可相互促进，并且教员授课研究均可陶冶学生；而且因为有学生，所以教员进行学术研究的人手较多，并可让学生在学术研究中得以锻炼。②

而蔡元培在《论大学应设各科研究所之理由》中对大学研究院所与独立研究院所的区别也作过详述。他认为：

> 大学研究院，既须兼顾教员、毕业生、高级生三方面之方便，故其所设研究所之门类，愈多愈善，凡大学各院中主要科目，以能完全成立为最善，庶不至使一部分之教员与学生失望。独立研究院，以研究员为主体，故外国间有以研究员之姓名为一个研究所之标志者。其科目不求备，视有特殊之研究员与社会有特别之需要而设之，除研究员所需要之助理外，是否有兼收研究生之需要与可能，完全由研究员决定之。前者稍偏于博大，而后者稍偏于精深，不必强求其一致也。③

在蔡元培看来，大学研究院所和独立研究院所的区别是：前者的研究主体是教员、毕业生、高级生，后者的研究主体是研究员；前者的研究科目要求完备，后者的研究科目不求完备；前者的研究领域稍偏于博大，而后者的研究领域稍偏于精深。

---

① 傅斯年：《改革高等教育中几个问题》，《独立评论》1932年第14期。
② 傅斯年：《大学研究院设置之讨论》，《独立评论》1934年第106期。
③ 蔡元培：《论大学应设各科研究所之理由》，《东方杂志》1935年第1期。

在当代，研究院所(research institute)被视作为达到某个目标，围绕科学研究的某个领域设置的、由相互联系的各个组合单元构成的科研单位。在我国，按隶属关系的不同可以划分为：(1) 各级政府部门设立的研究所；(2) 中国科学院和中国社会科学院下属系统的各类研究所；(3) 隶属于高等学校的各类研究所；(4) 企业设立的研究所；(5) 科学家及企业家设立的私人研究所。其中，高校研究所主要有两种形式：一是系所合一的研究所，是科研的基地和中心，主要承担科学研究任务和指导研究生的科学研究；另一种就是跨系、科的综合性研究所，主要承担学校重要学科和新兴学科的研究，是形成新的系或专业的基地。设立研究所的基本条件是：在某一学科领域有较强的指导力量，并拥有一定的物资、经费、设备基础作保障，承担需要长期进行的重大科学研究任务，并拥有较强的专职研究人员队伍。[①] 而关于高等学校研究所(university / college research institute)，其作为高等学校的科学研究机构，大多按学科或稳定的研究领域设立。由学校根据规定报请政府有关部门批准建立或自行决定建立，隶属于大学的学院或系。学校还可与政府机构、企业或其他单位协作或接受其委托建立，其领导方式通常由协议规定，学校负责其日常管理工作；主要职能是进行有关领域课题的科学研究工作，并承担培养研究生等一定的教学任务；一般均有明确的研究方向，有较稳定的研究任务和经费来源，有合格的学术领导人和研究人员及必要的图书资料、仪器、设备；其成员包括专兼职的研究人员、教师、辅助人员和管理人员。[②]

从近百年来国内外对研究机构的分类以及大学研究院所与独立研究院所之异同比较看，大学研究院所一直是整个国家科研系统的一个重要组成部分，它与其他类型研究院所之最大区别是，大学研究院所除供教员进行科学研究之外，另一重要任务是进行人才的培养，真正把教学与科研有机地结合起来。由此，1934年国民政府教育部公布的《大学研究院暂行组织规程》明确规定：大学为招收本科毕业生，研究高深学术，并供给教员研究便利起见而设立研

---

① 教育大辞典编纂委员会编：《教育大辞典》第7卷（教育技术学、教育统计与测量、教育管理学），上海教育出版社，1990，第311页。
② 教育大辞典编纂委员会编：《教育大辞典》第3卷（高等教育、职业技术教育、成人教育、军事教育），上海教育出版社，1991，第99页。

究院。这既是大学研究院所设立的主旨所在,也是其职能所在。

二、本书的研究范围

由于大学研究院所在历史演变过程中,其名称乃至职能有所变易,故于此特以说明。按蔡元培的说法:

> 我国新式学校系统之编制,始于前清光绪二十八年。是年所定之学制,于大学堂以上有大学院,其说明谓:"大学院为学问极则之研究,不主讲授,不主课程。"及二十九年,易大学院之名为通儒院,限以五年。民国元年之《大学令》,仍改通儒院为大学院,谓:"为大学教授与学生极深研究之所,不立年限。"十七年,又改大学院为研究院,谓:"为大学毕业生而设,年限不定。"本年(1934年)教育部所颁布之大学研究院暂行组织规程,则又称:"大学为招收大学本科毕业生研究高深学术并供给教员便利起见,得设研究院。"综上各条观之,其名称虽有大学院、通儒院、研究院三种之别,而其任务为高深学术之研究,则前后一致。①

但清末的大学院、通儒院以及民国初年的大学院,均有其名而无其实,由于它们是本书研究的起点,故只对其相关背景和制度作些阐述。另需特别指出的是,为配合抗战的需要,一些大学诸如清华大学还设立了农业、航空、无线电、金属、国情普查等研究所,因为此类研究所并不招收研究生,研究人员也大多是专职的。尤其值得注意的是,它们是应当时社会的特殊需要而成立的,所以其时人们将它们称为"特种研究所"。另外,大学中还出现了一些类似特种研究所的研究所、研究处和研究室,如交通大学研究所、南开大学中国文化研究所和边疆人文研究室等。虽然这些特种研究所、研究处和研究室因未招收研究生而当时未被国民政府教育部统计在全国大学研究院所的总数之内,但它们实现了大学科研的专门化和职业化,实有重要的意义,故而本书将它们一并纳入大学研究院所的研究范畴。由此,本书所研究的"大

---

① 高平叔编:《蔡元培全集》第六卷,中华书局,1988,第 474 页。

学研究院所"即泛指清末大学堂之上的大学院和通儒院以及民国时期大学或独立学院内设立的研究院、研究所、研究处或研究室等研究机构。需特别指明的是，1934年《大学研究院暂行组织规程》颁布后，大学在三个研究所之上成立的"研究院"是虚体研究机构，其与清华国学研究院和厦门大学国学研究院等作为实体研究机构的"研究院"是有差异的，但均是本研究的研究对象。

　　蔡元培曾称大学研究院所的建立首推1922年北京大学的国学研究所，其实这一说法是不太准确的。事实上，在清末虽有大学院和通儒院的制度设计，但并未实施。蔡元培出掌北京大学后，在1917年年底就于北京大学率先成立了文、理、法三科研究所，开创了中国现代大学设立研究所之先河。但是由于经验不足，当时的研究所"各系分设，觉得散漫一点，所以有几系竟一点没有成绩"①。或许正是出于这种原因，蔡元培并未将此时的研究所视为我国大学最早创建的研究所。但为尊重历史事实，本书对大学研究院所的写作起点始于清末的大学院和通儒院，着重于1917年北京大学创设的文、理、法三科研究所。由于大学研究院所制度历经了几个重要的转折和发展阶段，并且在不同阶段的管理模式和运行机制均大有不同，故本书将大学研究院所分为三个阶段加以论述。第一阶段即1902年到1934年，此期大学研究院所处于自由发展阶段，并不为政府正式承认；第二阶段则是1934年《大学研究院暂行组织规程》的颁布至1946年《大学研究所暂行组织规程》的颁布，此期大学研究院所走上规范发展之路；第三阶段则是1946年《大学研究所暂行组织规程》颁布后至中华人民共和国成立前夕，此期是大学研究院所的改革期。此外，由于整个民国时期先后曾设立过研究院所的大学达33个，涉及的各类研究院所达166个，本书不可能个个论及，阐述时会有针对性地择而论之，主要是依据如下思考和原则：(1) 为能真切反映整个时期大学研究院所的发展变化，所讨论的大学研究院所尽可能在第一阶段即已成立，并发展贯穿第二、三阶段；(2) 为能比较公私立大学研究院所的发展差异，所选研究院所尽可能包含

---

① 高平叔编：《蔡元培全集》第三卷，中华书局，1984，第443页。

公立大学、私立大学和教会大学三类不同性质大学的研究院所；(3) 为比较不同学科之间研究院所的异同，所选大学研究院所涵盖了其时的八大学科，即指文科、理科、法科、工科、农科、医科、商科和教育科，其中文科、法科、商科和教育科通称为文类，理科、工科、农科和医科通称为实类；(4) 为比较不同区域内大学研究院所的发展特征，所选研究院所亦顾及了创设于不同城市大学的选择。

第一章

大学研究院所创设背景及初成

我国近代新式高等教育机构——大学的产生，是中外文化教育交流的产物。大学应时而生，在其学术研究层面，对传统教育有所继承或扬弃。如大学研究院所之始创，就与西方大学制度的移植、书院学术精神的传承、大学学术独立的追求以及学研方式转变的需要等因素有关。由于我国大学研究院所的肇始年代至今仍有一些模糊说法，故有必要对其创建初始进行考证与辨疑。另外，具有里程碑意义的北京大学研究所国学门经历了一个由试办、改组到正式创办的探索过程，并为其他大学研究院所的创设提供了样式并产生了影响。

第一节　大学研究院所的创设背景及动因

任何新事物的产生、发展和变化都是在一定历史条件下多种因素共同作用的结果。我国大学研究院所之创设亦不例外。我国的大学研究院所主要是在移植西方大学制度、寻求学术独立、传承书院学术传统以及转变学术研究方式的大背景下适时而起、应时而生的。由于我国各大学研究院所首先是自发并陆续创设的,因此本书所指创设背景并不限于首个大学研究院所产生的历史背景,而是一个贯穿于大学研究院所发展历史的过程,是一个时代背景。

一、移植西方大学制度的呼吁

1809年,普鲁士文化教育大臣卡尔·威廉·冯·洪堡创办了新型的柏林大学,第一次实现了教学与科研的有效结合,塑造了高等教育教研结合的现代大学新型模式。德国新型大学与传统大学的根本区别,就在于前者设有研究所。这种研究机构的建立,不仅对大学师生从事各种专业或特殊领域的研究具有重要作用,而且促使了各种知识不断分化组合、新学科不断涌现。柏林大学后来成为德国高等教育的榜样。其后,波恩大学和慕尼黑大学等新建的大学以及莱比锡和海德堡等古老大学,也都纷纷参照柏林大学模式进行了创设或改革,使得德国大学的学术自由和科学研究精神蔚然成风。以柏林大学为代表的新大学最明显的特征,就是科学研究职能在大学中得以确立。也正是德国大学科研与教学的有机统一,使得德国成为近代大学教育最发达的国家,并对世界各国大学的变革与发展产生了深远影响。如19世纪70年代,美国的约翰·霍普金斯大学、哈佛大学、耶鲁大学、芝加哥大学等也争相设立了研究院。[①] 一些走出国门的近代中国学人,目睹了西方大学的变革及完善

---

① 齐思和:《今后我国高等教育的改进问题》,《大中》1946年第7期。

的大学制度后，接受了德国柏林大学的新理念，积极呼吁设立中国的现代大学以聚集人才、发展学术，并要求在大学中建立研究院所，以提高大学的科研水平。由是，在20世纪二三十年代，我国形成了一个介绍西方大学研究院所的热潮。促成这一热潮初起的代表人物应首推曾留学德国的蔡元培（见图1.1）。

蔡元培留学德国期间，亲历了德国大学研究所的学习生活。他通过分析研究世界各国著名大学将教育和科研相结合而成为世界科技教育中心的事实，特别是德国

图1.1 蔡元培

柏林大学"研究与教育统一"的办学原则，认识到高等教育不但要通过教学达到传授知识的目的，还要使学生了解并积极开展科学研究，通过研究进行教育。正因为他认识到研究机构对于学术发展的重要意义，故而在1912年出任教育总长制定公布《大学令》和《大学规程》时，即希望把一个西方式的研究机构移植到中国的大学中，开始对大学研究院所制度进行设计。是时他明确指出，把清末的通儒院改为大学院，是仿效德国大学制度，作为大学教授与学生极深研究之所。令人遗憾的是，因为蔡元培迅速离职，各大学对此等设计并未实行。不过，蔡氏并未放弃这种努力，及至他掌校北京大学时，他一边在北京大学从事研究所的创建工作，一边继续介绍宣传国外大学研究所的情况。1919年，在审阅吴敬恒的《海外中国大学末议》后，蔡元培对我国各学校设备简陋、环境差劣发出如是感慨：

> 我国现正在输入欧化时代，而各学校之设备既简陋，环境尤不适宜。即如北京大学，恒有人以"最高学府"目之，而图书、标本、仪器之缺乏，非特毕业生留校研究，无深造之希望，即未毕业诸生，所资以参考若实验者，亦多未备。其重要讲座，悬格以求相当之教员而累年未得者，尚多有之。盖内容若是其简陋也。而一言环境，则自旧籍较多之京师图书馆而外，并无阅借新书之所。其他若美术

馆、博物院、专门学会、特别研究所等，凡是为研究学术之助者，无一焉。①

可见，尽管清末我国已仿建了京师大学堂等新式高等教育机构，但仍然缺乏现代学术研究所必需的基本设备和成熟制度，所以1920年在重订北京大学《研究所简章》时，蔡元培明确指出研究所是仿德、美两国大学研究班或专家讨论会（Seminar）的办法。②随后在当年年底至次年8月，蔡元培以北京大学校长身份被派往欧美考察高等教育。在临行前的赴法欢送会上，他明确声称："各省教育应以大学为中心，各大学必须有博物院、藏书楼、研究所。此二者亟欲细心考察。"③因此，他在考察过程中，特别注意大学各研究所及学术研究机构之内部组织结构，力图加以效法。这次考察使他对研究机构有了许多的感性认识，1922年他在《湖南自修大学介绍与说明》中曾介绍说：

> 德、法等国的大学，杂然于分班讲授的形式也颇注重；但每科学问，必有一种研究所。有许多教员，是终身在所研究的。学生程度稍高了，也没有不进所研究的。所以一个大学，若是分班讲授与专门研究能同时并进，固然最好；若不能兼行，与其专做分班讲授的机关，还不如单做专门研究的设备，所费较少，成效更大……（西方）今之大学，悉有各种研究所(Institute)以资教员、毕业生与高材生之研究。大学以外，又有公立或私立之特别研究所，以资专门学者之研究。初不拘拘于分班限年之制也。④

1925年，在《北京大学国学研究所一览序》中，蔡元培又进而说明：

> 外国大学，每一科学，必有一研究所；研究所里面，有实验的仪器，参考的图书，陈列的标本，指导的范围，练习的课程，发行的杂志。他的陈列法有两种：一种是把研究所设在陈列所里面，如植物学研究所，设在植物园中或植物标本室；人类学研究所设在人

---

① 蔡元培著，中国蔡元培研究会编：《蔡元培全集　第三卷：1917—1919》，浙江教育出版社，1997，第745页。
② 高平叔编：《蔡元培全集》第三卷，中华书局，1984，第439页。
③ 高平叔撰：《蔡元培年谱长编》第二卷，人民教育出版社，1999，第354页。
④ 高平叔编：《蔡元培全集》第四卷，中华书局，1984，第246—247页。

类学博物院等。有一种,于大学研究所中特设陈列室,如美学及美术科学研究所中设美术史陈列所,古物学研究所中设古物陈列所等。这种陈列所,不但供教员与学生的参考,而且每一星期中必有几日开放,备校外人员的参观。①

由上可见,蔡元培一贯倾向于在我国现代大学中创建供师生共同研习学问的研究所。故而他在1930年介绍西方大学的教育现状时有此表述:

> 大学教员有教授、额外教授与讲师等,以一定时间,在教室讲授学理。其为实地练习者,有研究所、实验室、病院等。研究所大抵为文、法等科而设,备有图书及其他必要之参考品。本为高等学生练习课程之机关,故常有一种课程,由教员指定条目,举出参考书,令学生同时研究,而分期报告,以资讨论。亦或指定名著,分段研讨,与讲义相辅而行。而教员与毕业生之有志研究学术者,亦即在研究所用功。如古物学、历史学、美术史等研究所,间亦附有陈列所,与地质学、生物学等陈列所相等;不但供本校师生之考察,且亦定期公开,以便校外人参观。②

与蔡元培一样,任鸿隽亦是主张并倡行大学设置研究院所的重要人物之一。

1914年,留美归国的任鸿隽,对中国留学生回国后无大学以从事学术研究深为忧虑,建议尽快建立这种学术研究机构。在他看来,留学生"归而无学校足供砥砺也,无图书足供参考也,无工场足可实验也,无师友足供切磋也。而又张冠而李戴,削足以就屦。数年之后,尚有丝毫学理,储其胸中邪"③。1915年,中国留学生在美国正式成立了私立科学团体——中国科学社。1916年,身为社长的任鸿隽认为该社的目标就是要把西方科学技术的"种子和种植方法",即科学精神与科学方法移入中国,使西方科技本土化,而不是把科技

---

① 蔡元培著,中国蔡元培研究会编:《蔡元培全集 第五卷:1923—1926》,浙江教育出版社,1997,第341页。
② 高平叔编:《蔡元培全集》第五卷,中华书局,1988,第505—506页。
③ 任鸿隽著,樊洪业、张久春选编:《科学救国之梦——任鸿隽文存》,上海科技教育出版社,2002,第8页。

的"枝叶"运回国。①1918年,任鸿隽又论述了科研机构的重要性,他认为,发明有待于研究,而研究有待于积力。然而若需学术不辍则要有"组织之法",即要求建立科研机构,使科学研究从个体行为变成有组织的集体劳动,以使科学研究能够不断进行下去。②在任鸿隽看来,大学及专门的研究所,理应成为中国现代学术研究的中心:"学校者,学术之府,而智识之源,研究之行于学校久矣。顾其成效之著否,亦视其组织之当否而异。"③而他所主持的中国科学社,其办社理念和组织模式,对于大学研究院所的成立和发展,无疑起到了抛砖引玉的作用。

在后来大学研究院所有所创立和发展的历史进程中,任鸿隽对这种科研机构的推进更是不遗余力。在他的办学理念中,他认为大学的使命,不仅在于教学,更重要的是研究。由是他强调指出:"单有教课而无研究的学校,不能称为大学";"大学的职责,不专在教授学科,而尤在于研究学术,把人类智识的最前线,再向前推进几步"。他对中国号称大学而缺乏近代研究功能的高等教育机构办理现状进行了严厉批评:"在我们的大学里面,适得其反,差不多只有教课而没有研究。"④"所以就大学本身来说,除非有毕业院的组织与高深研究的设备,不能算是名副其实。严格说来,凡没有设立毕业院或研究所的都不能称为大学。"⑤究其理由所在,任鸿隽指出:

> 科学之发展与继续,必以研究所为之枢纽,无研究所则科学之研究盖不可能。反之,欲图科学之发达者,当以设立研究所为第一义。……研究之进行,则有待于共同组织。盖科学之为物,有继长增高之性质,有参互考证之必要,有取精用宏之需求,皆不能不恃团体以为扶植。⑥

就在蔡、任等人极力提倡并致力推行大学设置研究院所之时,《东方杂志》

---

① 任鸿隽著,樊洪业、张久春选编:《科学救国之梦——任鸿隽文存》,上海科技教育出版社,2002,第88页。
② 任鸿隽:《发明与研究》,《科学》1918年第1期。
③ 同上。
④ 任鸿隽:《科学研究:如何才能使他实现》,《现代评论》1927年第129期。
⑤ 任鸿隽:《大学研究所与留学政策》,《大公报》1934年12月23日。
⑥ 任鸿隽著,樊洪业、张久春选编:《科学救国之梦——任鸿隽文存》,上海科技教育出版社,2002,第281—282页。

于 1924 年刊登了洪式闾撰写的《东方学术之将来》，强烈呼吁知识界应以设立"专门学术机构"为当前急务。洪氏对专门学术机构之向往，并非完全出于现实的考虑，而主要是受到欧美学术发达的启发。在文章中，洪氏认定其他国家学术之高度发展，与专门研究机构之广设有着密切的联系：

> 世之言学术之盛者，大抵首推欧美。予亦曾持此说，而未悉其所以致盛之故。迨予游欧洲，见其国各种专门学术机构，无不设备，于是深悟其学者之成就，盖非偶然。此等机构专为研究高深学术而设，大者可容数十人，少亦十数人不等……皆西方学者精神之结晶体，亦即专门学者之养成所也。①

有鉴于此，洪氏认为，倘若中国学者有跻身世界学术之林的雄心，即应从组织专门研究所入手，使研究所成为"造成专门人才之地"。至于研究所的组织办法，则"欧洲各国之成制，可资参酌"②。

胡先骕也很推崇西方的大学研究所制度。1925 年，他在《留学问题与吾国高等教育之方针》一文中介绍说：

> 法国设有通儒院以网罗贤俊。英国大学则有所谓"Fellow"者，膏火极厚，终身享之，但使从事学问，并不须任教职。美国社会，不知奖励学术，故无此制；然大学亦有专从事于研究之教授，各研究所亦有专从事研究之学者，今年密歇根大学亦特设一丰腴学额以养诗人莆士脱(Forster)，使不为衣食职守所累，得专于吟事。③

胡先骕对英、法、美等国大学的研究机构着意加以介绍，用心显然在加以推崇，所以他觉得英、法、美的"此种制度""实奖励学问之良法"，"吾国所宜仿效者也"。他所说的仿效之事，即是在大学中设立毕业院："吾国大学卒业生为数已渐多，不久各大学必设毕业院，虽不能骤给博士学位，然不难给硕士学位。"④此处胡先骕推崇在大学中仿效设立的毕业院，其实就是后来的大学研究院所。

---

① 洪式闾：《东方学术之将来》，《东方杂志》1924 年第 3 期。
② 同上。
③ 胡先骕：《留学问题与吾国高等教育之方针》，《东方杂志》1925 年第 9 期。
④ 同上。

1926年秋，东南大学各科主要教授孙洪芬、胡先骕、王季梁、秉志等22人提出"创办大学研究院案"，列举了国内外有关大学设立研究院的情况和创办大学研究院的必要性。他们认为，"大学教育之目的，不仅为注入式之输灌学术于学生，要在指导作育学生，使能独立研求宇宙间真理，以增进人类之知识，与求其实际上之应用"，而"欲求作育专门人才，则尚有待于研究院焉"。在对欧美国家研究院所进行较为详细的介绍后，他们进而指出这些国家学术的飞速发展主要得益于大学研究院所的发展：

> 欧美各国大学莫不设有研究院。英国大学毕业后称学士，赓续研究一年至三年则称硕士，牛津大学硕士之声价，乃与德、法诸邦之博士相等，近年以适应外国学生之要求，亦设有博士学位。法国大学毕业称学士，入研究院研究，有心得作为论文，经博士试得隽，则为博士。在德国则无学士学位，仅有博士一阶级。美国大学毕业后，至少修业一年，研究有得则称硕士，更尽而有更重要之研究，经博士试及格，则称博士。凡著名公私大学，靡不设有研究院，稍次之大学亦必授硕士学位。惟小规模之大学但以授高等普通教育为目的者，则仅有大学四年之课程，而无研究院。此类大学毕业生，如欲研究高深学问，必须往其他著名大学入其他研究院。盖欧美各国学术进步，一日千里，不致故步自封者，其得力要在大学研究院也。①

在他们看来，欧美国家的学术进步，主要得益于各国大学研究院所的创设与发展。

二、大学学术独立发展的探寻

近代以来，出国留学在中国的学界逐渐成为一大热潮，对汲取西方文明成果以及培养学术人才发挥了重要作用。但随着出国热的逐步升温以及留学问题的显现，也越发引起诸多人士对留学教育进行反思甚或批评，并希望逐

---

① 《南大百年实录》编辑组编：《南大百年实录 上卷 中央大学史料选》，南京大学出版社，2002，第208页。

步在国内大学设立研究院所,以寻求自身民族学术上的独立。

1912年胡适在《非留学篇》中,对美国毕业院(研究生院)的组织作了详细介绍,并极力提倡中国的大学亦应设立这种毕业院。文章开篇,他就从学术独立与发展的角度将"留学"行为定性为"吾国之大耻"。在他看来,派出大批学生出洋求学,实为"过渡之舟楫而非敲门之砖""救急之计而非久远之图",实在是"废时伤财事倍而功半"。因此他认为:"留学者之目的在于使后来学子可不必留学,而可收留学之效。是故留学之政策,必以不留学为目的。此目的一日未达,则留学之政策,一日不得而收效也。"在他看来,要想不派留学而收到留学的效果,最好的策略就是振兴本国的大学教育,而振兴国内大学的具体办法有三,其一即是大学增设毕业院:"大学无毕业院,则不能造成高深之学者。"胡适此处鼓励发展的毕业院,其实就是后来的大学研究院。

1922年3月30日、31日,上海《时事新报》上刊登了朱光潜撰写的文章《怎样改造学术界》。在文中,朱光潜提出了若干改造学术环境、培养学术领袖人才的建议,其中有一条补救办法就是在大学中设立研究院:

> 无论是回国的留学生和本国大学毕业生,或是教授,在任事时期不做研究事业,就是根底很深,也会没有进步,就连已有的也不免荒落。许多人初登台到也很轰轰烈烈的,不过几年,就无声无息地变成"学术界之落伍者"了!大概都因为太自满或者太懒怠。求学问是终身的事业,那有终局的时候?希望将来各大学都设有研究院,还希望个个学者都川流不息地做研究事业。①

朱光潜之所以提倡在大学设立研究所,是因为目睹了19世纪末以后的留学热潮,已经造成了下列两种情形:一是留学日本者多从速成学校毕业,彼等所学极为有限。二是留学欧美者,以获得学位为要务,彼等取得学位后,归国数年即沦为"学术界之落伍者",只贩卖过时的西洋知识,说不上有什么个人研究心得。由是他认为,欲改革上述弊端,除改进留学政策外,一个更彻底的办法,便是在中国境内普遍设立研究所,好让学者在国内能得一研

---

① 朱光潜:《怎样改造学术界》,《时事新报》(上海)1922年3月30日至31日。

究之场所或一上进之平台。

1925年，冯友兰发表了《怎样办现在中国的大学》一文，既强调学术发展对于中国的重要意义，又强调发展学术就必须办好大学。针对当时国内学界面临的情况和问题，他指出，要办好大学，力求学术上的独立，就应该以请中国人做教员为原则，并且所请的教员要有继续研究他所学学问的兴趣和能力，而且各大学也要给他提供继续研究学问的条件和机会。反之，如果请外国教员来教，与派留学生到外国去受教，事同一律，皆不能当作家常便饭吃。① 因此他极力主张在大学中设研究部，借以实现学术独立之愿望。在他看来，大学里设研究部，就能使教员一边教学一边研究，中国也就会有像样的学者了，久而久之我国的学术亦可走向独立：

> 现在研究学问，已成一种极费钱的事业，其设备多非私人所能办。想研究学问之人，没有相当的工具，焉能有进步？此稍为有点规模的大学中之所以必须有研究部也。今假定此稍有规模的大学之教员，皆能对于所学找问题而又能自己独立的去研究它。此大学又有研究部，则此大学教员可兼研究部研究生。他们可以授课不多（假定一星期至多不过六点），而一面作他们自己的研究。②

再如在清华国学研究院筹备期间，身为清华校长的曹云祥在其所著的《西方文化与中国前途之关系》中，就学术研究问题阐述了三层意思，而最后的落脚之处即在于使大学成为"高深学术机关"：

> （一）值兹新旧递嬗之际，国人对于西方文化，宜有精深之研究，然后可以采择适当，融化无碍；（二）中国固有文化之各方面（如政治、经济、哲理学），须有通彻之了解，然后于今日国计民生，种种重要问题，方可迎刃而解，措置咸宜；（三）为达上言之二目的，必须有高深学术机关，为大学毕业及学问已有根柢者进修之地，且不必远赴欧美多耗资财，所学且与国情隔阂。此即本校设立研究院之初意。③

---

① 冯友兰：《怎样办现在中国的大学》，《现代评论》1925年第23期。
② 同上。
③ 吴宓：《清华开办研究院之旨趣及经过》，《清华周刊》1925年第2期。

无疑，曹校长设立研究院之初意亦在求得中国的学术独立。正因有此办学思想，故而1925年9月9日梁启超在清华研究院开学典礼上以《学问独立与清华第二期事业》为题作了演讲。他认为，清华学校的设立，是以留美预备为目的的，现在每年均有百数十人学成归来，可以说在模仿功夫上确有相当的成绩。他称此"模贩期"是清华的第一期事业。但他进而指出：

> 中国学问界决不以此为满足，自今以往，应渐脱离模贩时期，入于独立时期。此时期，虽赖全学界之分劳协作，不能专责备清华，然而清华当然要负一部分重要的使命。清华当局有见于此，于是有大学部及研究院之设。①

在他看来，清华研究院的成立，代表清华已脱离模仿贩卖的阶段，走入了一个独立创业的时期，走向了学术独立的阶段。

对于欧美现代大学创办研究院促进学术发展的做法极为推崇的蔡元培，在1935年还专门撰写了《论大学应设各科研究所之理由》，借"三个理由"来阐述大学设立研究所的必要性。其中理由之一，就是学术独立。在文中，蔡氏进行比较分析，认识到当时中国大学毕业生，除了留学外国似乎没有更好的深造机会，但留学并非最好的办法："留学至为靡费，而留学生之能利用机会成学而归者，亦不可多得；故亦非尽善之策。"因此，最好的办法是我国大学自设研究院，让那些有志深造的毕业生留母校或转他校学习研究，如若遇到的问题必须到国外大学研究院才能解决，则可以通过短期留学来实现。这样成效易睹，而且经费较省，还减倚赖之耻：

> 苟吾国大学，自立研究院，则凡毕业生之有志深造者，或留母校，或转他校，均可为初步之专攻。俟成绩卓著，而偶有一种问题，非至某国之某某大学研究院参证者，为一度短期之留学；其成效易睹，经费较省，而且以四千年文化自命之古国，亦稍减倚赖之耻也。②

在此，蔡元培所说"稍减倚赖之耻"，实则是想通过自设研究院以达到学术的独立。

---

① 梁启超：《学问独立与清华第二期事业》，《清华周刊》1925年第1期。
② 蔡元培：《论大学应设各科研究所之理由》，《东方杂志》1935年第1期。

1934年《大学研究院暂行组织规程》颁布后，国民政府议决用一部分"庚款"补助各大学研究所。为此，姚薇元还专就大学研究院与学术独立之间的关系作了论述。他认为，大学研究院所的设置，其目的在于引导高深研究，使本国学术渐达独立地位，而不是救济失业大学生或提高大学身份。为达前项目的，政府应支出巨款，补助大学聘请外国学者及购置设备。他还提示说，大学研究院所不应当把招收研究生作为其唯一目的，教授们应当注重引导大学生做独立的研究，提高他们的研究能力及养成他们的研究兴趣，待其毕业后将他们推荐到研究所来继续作研究。只有做到以上几点，大学研究院才不至于流为"失业救济所"和"留学补习班"，然后才能渐渐走向学术独立之路。① 可见，姚氏主张大学研究院所的设立与完善，主要目的依然是求得学术之独立。

1937年，罗宝珊也在对当时留学教育问题进行剖析的基础上指出学术独立的路径所在：

> 一切学习过程的史的演进，都是由模仿而成立，而创造，决不是要永远停滞于漫长的模仿黑夜中。我们抛开我们世代相守的古传统的残垒，去到外国留学，当然是生存威胁，时代迫人，我们感到了迫切的需要；当然是要模仿，要介绍；更当然是要有效的模仿，系统的介绍，要消化，要据为我有；要在某一定的时间达到某一定的阶段，经过万千阶段之后，要达到其初步的成立，然后孕乳繁衍，迈向自我创造开展之途，至少是人能我也能。②

他认为，模仿是过程，创造是关键。因此在梳理留学中出现的一些问题后，他建议"停止一切公私费普通留学，改派专家留学；充实现有大学，增设研究院"。"所谓充实现有大学，酌设研究院，就是利用节出的留学经费，充实现有大学设备，酌设研究院。"③ 这才是使学术摆脱模仿而走向独立的正常变革之路。

---

① 姚薇元：《大学研究院与学术独立》，《独立评论》1935年第136期。
② 罗宝珊：《论今日之留学问题》，《国闻周报》1937年第28期。
③ 同上。

三、传承书院研究精神的诉求

我国古代书院十分重视学术研究活动。书院不仅强调学生的独立思考、师生之间的切磋砥砺，还常常会聚不同学派的硕学鸿儒研讨学问、争鸣交流。如南宋淳熙二年（1175）朱熹与陆九渊的"鹅湖之会"及明清书院"讲会"制度的盛行等，使书院讲学风气大开。这种以书院为组织的学术交流，相互辩难，便于各学派之间交流习得和体会，从而推动了学术研究的繁荣与发展。因此，宋以后书院成为学术研究的中心所在，也成为中国传统学术机构的重要组成部分。但到了 1901 年，清廷改书院为学堂，书院制度同时废弃，各种书院或消亡，或转变为近代新式学堂。虽然书院之形不存，但人们依然期望甚至相信，书院的学术精神能与现代大学制度相结合而在大学中传承。在大学中设立研究院所，自然成了这种传承学研精神的首选目标。

清末新学制确立后，书院基本上退出了历史舞台。众多有识之士对书院的黯然退场表示极大的遗憾和惋惜，并开始呼吁新式学校借鉴书院制度设置研究院所。1920 年，蒋百里就曾向张东荪提出建议："中国公学如其要扩充，早稻田、庆应都不足法，白鹿洞、诂经精舍倒大大的（地）有可取的价值也。"① 他旗帜鲜明地表示要以书院模式作为我国公学的办学方向。1921 年，蒋百里撰写了《今日之教育状态与人格》一文，署名为"蒋方震"，文中对其时的教育流弊进行了批评。他指出，教育的流弊表现为教育的机械化、学问的玄理化以及师生关系的物质化。为此，他提出改革教育的策略："奖励自动的研究，以人格的精神，易物质之授受"，一是"参酌外国大学院（Academic）及中国书院制设研究所"，凡研究者给予相当俸给；"设自由讲座，恢复从前讲学风气，讲学之效不在其所授之学，而在其能以自身研究之态度，与学子接近，而引起其学问之兴会"。② 在蒋百里看来，我国的古代书院有可取之价值，并建议应当依照国外的大学院制度和我国的书院制度来设置大学研究院所。

1923 年，胡适在《书院制的历史与精神》一文中追念书院精神时说："现

---

① 谭徐锋主编：《蒋百里全集 6 函札》，北京工业大学出版社，2015，第 66 页。
② 蒋方震：《今日之教育状态与人格》，《改造》1921 年第 7 期。

在又在提倡建大学了,不知一千年来自动研究的书院精神,也有许多可采取的地方。现在要废学校建书院,当然是不可能,不过希望能保存书院的精神,以为讲演式学校的针砭。"① 在他看来,书院精神应为今日学校袭取。胡适比较了中西高等教育后认为:"要知我国书院的程度,足可以比外国的大学研究院。譬如南菁书院,它所出版的书籍,等于外国博士所做的论文。"在他的心目中,书院类似于西方近代大学的研究院,书院的学术精神与大学研究院的研究风气可等量齐观。他甚至有些悲观地认为,书院的改制导致书院研究精神的丧失:"书院之废,实在是吾中国一大不幸事。一千年来学者自动的研究精神,将不复现于今日了。"② 1925 年,任鸿隽、陈衡哲夫妇联名发表的《一个改良大学教育的提议》,也特别标举书院精神,希望将欧美大学管理之组织与书院研究之精神结合起来,合二为一,借以补救我国大学教育中存在的一些问题:"我们以为当参合中国书院的精神和西方导师的制度,成一种新的学校组织。"③

即便是在我国的大学研究院所制度已渐完善之际,仍然有学者把大学研究院所与书院进行对比,力求从中找到已逝去多年的书院影子,甚至他们认为大学研究院就是书院的化身。如 1936 年,谢国桢在《近代书院学校制度变迁考》一文中,亦认为书院精神已传承于大学之研究院:"降及清季创设学堂,改革学制,于是书院废而学校兴,书院两字遂成历史上之名词矣。惟民国十四五年间,北京清华学校设研究院,犹存书院之遗意焉。"④ 在文中他还指出:"乃仿英国大学之制,及昔日书院之设,五四运动以后,北京大学爰有研究所国学门,清华学校有研究院之设……而研究院之制度,则尤具书院之雏形焉。"⑤ 他认为,北京大学和清华学校研究院所之创设,就是英国大学制度与书院制度结合之果,是书院精神的传承。他甚至把大学研究院直接称作书院式的研究院,并将其与专业研究院作了对比:"中央研究院之设,此为造就专门人才,终身研

---

① 胡适:《书院制的历史与精神》,《申报》副刊《教育与人生》周刊 1923 年第 9 期。
② 胡适:《书院制史略》,《东方杂志》1924 年第 3 期。
③ 任鸿隽、陈衡哲:《一个改良大学教育的提议》,《现代评论》1925 年第 39 期。
④ 谢国桢:《瓜蒂庵文集》,辽宁教育出版社,1996,第 34 页。
⑤ 谢国桢:《瓜蒂庵文集》,辽宁教育出版社,1996,第 52 页。

究学术,以供献于社会而设,与昔日之书院式之研究院,形质不甚相同也。"①1940年,杨家骆在《书院制之缘起及其优点》一文中,亦将书院与大学研究院所相提并论:"戊戌变政,始颁改书院为学堂之谕,自是数年间,天下无复有书院矣。至研究院研究所之设,虽亦以研求高深学术为职志,然与书院之以缮性利群躬行实践为主者,要自有别。"②在他看来,书院与大学研究院所虽同为研究高深学术而设,但彼此也有些许不同。1945年,朱逊(叶圣陶署名)在《书院和国学专修科之类》一文中,也持有谢、杨二人的观点,并且还认为当时大学研究所专研古籍的功夫还不及以前的书院:

> 就专研旧籍的那种书院来说,钩稽,考订,作札记,写论文,这些工作相当于现在大学研究所里所做的,大都属于整理的范围。整理固然要紧,但尤其紧要的是扬弃,惟有扬弃,才能使现代人接受古代的遗产,蒙其利而不蒙其害。现在大学研究所里对于这一层尚少贡献,是不能教人满意的。③

1947年,邓之诚在《清季书院述略》一文中从另一个角度论及大学研究院所与书院之形似神合的关系,认为英国的导师制度与我国书院制度有相似之处,甚至认为英国的导师制度乃由书院制度演化而来:

> 前十余年,颇有人忆及书院制度之优,先后有莘升书院、学海书院之设,以为颇类于英国导师制度;而不知英国导师制度,正由吾国书院脱化而成。燕京大学历史系研究生,不读学分,而以第一年受导师指导,读中外历史基本书各十余种,考试及格,始作论文,行之十余年,成绩颇佳,谓之为英国导师制可,谓之为书院旧制亦未为不可。④

针对其时学术滑坡的严重现象,他提醒并建议学术研究仍可参考往日的书院制度:"今日理工固属贫乏,法则非所知,而文史旧学,已贫乏到无以复加之境界,若云文法研究,则昔日书院制度,尚不失为一种参考资料。"⑤在他

---

① 谢国桢:《瓜蒂庵文集》,辽宁教育出版社,1996,第53页。
② 杨家骆:《书院制之缘起及其优点》,《东方杂志》1940年第15期。
③ 朱逊:《书院和国学专修科之类》,《中学生》1945年第85期。
④ 邓之诚:《清季书院述略》,《现代知识》1947年第2—3期。
⑤ 同上。

看来，旧时的书院学术精神实际已继承到大学研究院所之中，而且与研究院所中的导师制度十分相似。

上述学者普遍认为，清末书院制度消亡之后，书院的研究精神并未戛然而止，而是与西方大学研究院所制度相结合，传承到了我国大学的研究院所之中。这是他们对已远去的书院精神的追念，也是他们对比书院与大学研究院所学术精神后的重新审视和评判。当然，大学研究院所是否接受了书院学术精神，并非由部分学者的主观倡导和判断所决定。事实上，这种精神并未随着书院制度的废除而立即消失，而是转移到了新式的大学堂之中。这种转移是与西方大学制度相结合而逐步实现的，如20世纪一二十年代，我国大学国学研究院所的创设，就参照了书院模式，是接受书院学术精神的具体体现。

这种学术精神最早是在由京师大学堂发展而来的北京大学出现的。北京大学研究所于1917年年底正式成立，成为我国现代大学中最早创办的研究所，尤其1922年北京大学研究所国学门的改组创建，使研究所具有了更多学术研究机构的功能。确实，从表面上看，当时北京大学拟订的《研究所简章》只提仿德国、美国的研究班或专家讨论会，而只字未提传统的书院教育。可这并不影响北京大学研究所对传统教育精神的继承与发扬，因为从京师大学堂蜕变而来的北京大学，本身就带有较为明显的书院教学印痕。如在课堂讲授之外，它强调独立思考，注重师生间的精神交流，这一办学特色，甚至在蔡元培掌校之前，便已初露端倪。①蔡元培自己也说，民国以前的北大，"中学方面参用书院旧法，考取有根底的学生，在教习指导之下，专研一门，这倒是有点研究院的性质"②。1917—1921年，北京大学9门研究所工作大致是集会、办刊与调查三个方面。集会常常是导师先讲，然后师生讨论，颇具欧美研究班或专家讨论会的意味，也有中国书院的影子。尤其后来北京大学研究所国学门整理国故的学术活动，则更具书院的功能。1925年，蔡元培为国学研究所写序，对我国学术机关的发展史作了一个梳理。他说：

我们从前本来有一种专研国学的机关，就是书院……清季，输

---

① 陈平原：《北大传统：另一种阐释——以蔡元培与研究所国学门的关系为中心》，《文史知识》1998年第5期。
② 高平叔编：《蔡元培全集》第四卷，中华书局，1984，第296页。

> 入欧洲新教育制度，竞设学校，全国的书院，几乎没有不改为学校的；于是教授的机关增加，而研究的机关就没有了。清季的教育制度，于大学堂以上，设通儒院，可以算是一种研究学术的机关……民国元年教育部所颁布的大学令，改通儒院为大学院，又规定大学得设研究所……民国十年，由评议会决定，类聚各科，设四种研究所：一，国学门；二，外国文学门；三，自然科学门；四，社会科学门。因国学门较为重要，特先设立。①

可见，蔡元培把北京大学国学研究所的建立视为是对书院国学研究传统的传承和发扬。

梁启超也曾设想在南开大学创办东方文化学院。1923年年初，梁启超起草了《为创办文化学院事求助于国中同志》的书启，对设想中的文化学院性质、办法及使命作了详细阐述。他说："设一讲学机关，名曰文化学院，采用半学校半书院的组织，精神方面力求人格的互发，智识方面专重方法之指导。"② 在教学之外，则整理重要古籍，令人能读且乐读；将旧籍或新著翻译欧文；编定学校用之国史、国文及人生哲学教本；以定期出版物公布同人研究所得；巡回讲演。③ 实际上，梁启超当时所要创办的东方文化学院，实是中国传统书院制度与英国伦敦学院制度的混合组织，颇具现代大学研究院性质。④ 因此，外界也称之为"东方文化研究院"，如其时报载：

> 自梁任公先生与学校方面共议在本校大学部成立东方文化研究院后，一般有志东方学术研究者，莫不引颈高呼，期此世界独一之研究院尽早成立；而学校方面半年来亦积极与任公先生筹划一切，如募经常费，敦请当代大学者张君劢、蒋百里诸先生来院讲学等，不遗余力。⑤

---

① 蔡元培著，中国蔡元培研究会编：《蔡元培全集 第五卷：1923—1926》，浙江教育出版社，1997，第341页。
② 丁文江、赵丰田编：《梁启超年谱长编》，上海人民出版社，2009，第633页。
③ 同上。
④ 左玉河：《移植与转化：中国现代学术机构的建立》，大象出版社，2008，第132—136页。
⑤ 《东方文化研究院成立之先声》，《南开周报》1922年12月30日。

遗憾的是，由于缺乏办学资金及人事方面的原因，梁启超创设东方文化学院之设想并未能实现。不过，随后创办的清华国学研究院却与其设想颇为相似。

清华国学研究院的创办则是仿照书院模式的尝试，在教学研究体制上，深受我国传统书院制度的影响。清华国学研究院筹办之时，梁启超等人就主张采纳英国伦敦学院和中国书院自由讲学制度，"兼学堂、书院二者之长，兼学西文者为内课，用学堂之法教之；专学中学不学西文者为外课，用书院法行之"①。因此，1925年清华大学创办的国学研究院，其章程称"本院略仿旧日书院及英国大学制度"。明确标榜是旧时书院和英国大学制度的结合。虽然国学研究院的教学内容与传统书院不甚相同，但其教学方法与书院相似。其章程规定：

> 研究之法，注重个人自修，教授专任指导，其分组不以学科，而以教授个人为主，期使学员与教授关系异常密切，而学员在此短时期中，于国学根柢及治学方法，均能确有收获……教授所担任指导之学科范围，由各教授自定。俾可出其平生治学之心得，就所最专精之科目，自由划分，不嫌重复。②

可见，研究院比较偏重于个人技能训练和自主研究。对于研究院的宗旨，梁启超解释说：

> 我们觉得校中呆板的教育不能满足我们的要求，想参照原来书院的办法——高一点说，参照从前大师讲学的办法——更加以最新的教育精神，各教授及我自己所以在此服务，实因感觉从前的办法有输入教育界的必要，故本院前途的希望当然是很大的。③

1928年毕业于清华国学研究院的蓝文徵，对该研究院的特点有过这样的表述：

---

① 丁文江、赵丰田编：《梁启超年谱长编》，上海人民出版社，1983，第86页。
② 清华大学校史研究室编：《清华大学史料选编 第一卷 清华学校时期（1911—1928）》，清华大学出版社，1991，第378页。
③ 梁启超：《梁启超全集》第9册，北京出版社，1999，第4883页。

> 研究院的特点，是治学与做人并重，各位先生传业态度的庄严恳挚，诸同学问道心志的诚敬殷切，穆然有鹅湖、鹿洞遗风。每当春秋佳日，随侍诸师，徜徉湖山，俯仰吟啸，无限春风舞雩之乐。院中都以学问道义相期，故师弟之间，恩若骨肉，同门之谊，亲如手足，常引起许多人的美慕。因同学分研中国文、史、哲诸学，故皆酷爱中国历史文化，视同性命。①

蓝文徵在此明确点明了研究院有鹅湖书院、白鹿洞书院遗风。如此研习学问与修身做人并重的培养模式，也集中体现了清华国学研究院吸纳了书院传统精神的特色。

随后创办的厦门大学国学研究院、中山大学语言历史研究所和燕京大学国学研究所等，虽然它们的创设主旨或章程都不再提及书院，但事实上，它们的主事者多出自北京大学国学研究所和清华国学研究院，故而它们的创办模式基本上是模仿这两所大学的国学研究所或研究院而来的。因此，书院的学术精神后来是在大学研究院所之间无声无息地得到传承，并直至融合。

由是可知，虽然书院改成学堂后，书院的一些传统可能未能在现代大学中完全承继。但事实上，书院的学术精神还是在移植西方大学制度的过程中为现代大学所接受，因为制度的移植并不代表精神的完全继承。而现代大学对书院学术精神接受的最明显体现，就是大学研究院所的设立。

四、学术研究方式转变的需要

学术研究传统的延续为现代大学研究院所的建立奠定了一定的基础，但是传统个体性的、书斋式的研究方式，已经难以满足现代学术发展的需要。因此，大学研究院所的设立更可能是为了迎合学术研究方式转变的需要。

1918年，任鸿隽曾将世界科研机构分为四类："一曰学校之研究科，二曰政府建立之局所，三曰私家建设之研究所，四曰制造家之试验场。"在论述科研机构的重要性时指出："夫发明有待于研究，而研究又有待于历久之

---

① 蓝文徵：《清华大学国学研究院始末》，《清华校友通讯》1970年第32期。

积力。然则研究将由何术以继续不辍耶？曰：是有组织之法在。"① 任鸿隽所说的"组织之法"就是建立科研机构，使科学研究从个体行为变成社会化的集体劳动，并且能够持之以恒，不断进行下去。他还认为：

> 研究精神固属个人，而研究之进行，则有待于共同组织。盖科学之为物，有继长增高之性质，有参互考证之必要，有取精用宏之需求，皆不能不恃团体以为扶植。是故英之皇家学会，法之科学院，成立于科学萌芽之时，实即科学发生之一重要条件。盖研究精神为科学种子，而研究组织则为培养此种子之空气与土地，二者缺一不可也。②

在他看来，科学的研究应该是团体的合作，应该有研究的组织为其提供此种环境。而大学研究院所亦是此类组织之一种。

就书斋性较强的史学研究而言，傅斯年也曾经明确要求治史方式的变化。他说：

> 历史学和语言学发展到现在，已经不容易由个人作孤立的研究了，他既靠图书馆或学会供给他材料，靠团体为他寻材料，并且须得在一个研究的环境中，才能大家互相补其所不能，互相引会，互相订正，于是乎孤立的制作渐渐的难，渐渐的无意谓，集众的工作渐渐的成一切工作的样式了。这集众的工作中有的不过是几个人就一题目之合作，有的可就是有规模的系统研究。③

可见，傅斯年认识到史学研究也并非个人之力所能为了，也需依靠群体的力量。由此他倡导改变学术研究方式，创建一定的团体组织分工协作而为之。

清华大学创办国学研究院时，在其《研究院章程·缘起》中也明确指出：

> 良以中国经籍，自汉迄今，注释略具，然因材料之未备与方法之未密，不能不有待于后人之补正。又近世所出古代史料，至为伙颐，亦尚待会通细密之研究。其他人事方面，如历代生活之情状，言语之变迁，风俗之沿革，道德、政治、宗教、学艺之盛衰，自然方面，

---

① 任鸿隽：《发明与研究》，《科学》1918年第1期。
② 任鸿隽：《中国科学社之过去及将来》，《科学》1923年第1期。
③ 黄振萍、李凌已编：《傅斯年学术文化随笔》，中国青年出版社，2001，第335页。

如川河之迁徙，动植物名实之繁颐，前人虽有纪录，无不需专门分类之研究。至于欧洲学术，新自西来，凡哲理文史诸学，非有精深比较之考究，不足以抠其菁华而定其取舍。要之，学者必致其曲，复观其通，然后足当指导社会昌明文化之任。①

《研究院章程·缘起》不但阐述了研究院未来将要开展的各项工作，而且还特别指出："然此种事业，终非个人及寻常学校之力所能成就，此研究院之设所以不可缓也。"②道出了清华大学创设研究院目的之一，即是为了加强团体合作研究。

1926年，叶恭绰在回顾交通大学30年历史时指出：

我国实业之不发达，由于处境使然者半，由于自身缺乏能力者亦半。而实业学校之不能尽学术上之贡献，为充分之援助，亦不无多少之关系。如以工业言，则关于国产材料之试验，制造方法之改良，管理学术之研究，以及其他方面之科学应用，均赖大规模之研究所，为寻求真理、发展学术之地。欧美各国实业之振兴，多由国立及私立之研究局、试验所及各学会之协助，故能新理层出，利用日宏。其重视研究之精神，几引为工业学府之天职。环顾我国，瞠乎其后。则比较完善之大学，讵能放弃责任，自封故步。是以交大成立之始，即有创设研究院之计划，以应国内工业之需要。③

从叶恭绰的描述可见，在交通大学组成之初，就有创设研究院所的打算，把学术研究服务于社会看成是学校的重要任务之一，而大学的学术发展又依赖于学术研究方式的革新，且革新又依赖于研究院所的设立。

1932年，黄敬思发表了《教育研究所为何不办》一文，呼吁成立教育研究所。他指出：

苟有教育研究所一类机关，则有关系之事实早有搜集，理论之整理亦较清晰，似是而非之问题不致发生……教育上发现与发明，

---

① 《研究院章程·缘起》，《清华周刊》1925年第360期。
② 同上。
③ 《交通大学校史》撰写组编：《交通大学校史资料选编 第一卷 1896—1927》，西安交通大学出版社，1986，第597页。

> 须依据统计、测验与实验；其所需之图书、仪器以及各种工具甚伙，决非教育学者私人所能自致。且教育研究所所需之基本科学：如生物、心理、社会统计等知识艺能，亦非一人所能具，故实验研究必有待于分工合作。①

在他看来，教育研究也是一个分工合作的过程，并非个人之力所能包揽，所以他以此作为呼吁成立教育研究所之缘由。

1932年3月，陈序经、伍锐麟在岭南大学创设了社会研究所，作为教员和学生联合组织，对西南文化进行调查与研究。1937年春，该所更名为"西南社会调查所"。1948年，西南社会调查所更名为"西南社会经济研究所"。西南社会经济研究所成立的初衷之一就是要集众人的力量推动西南研究。

有关大学研究院所对学术研究的重要作用，在1941年，孙云铸也有过具体阐述。他指出，当今世界文明之加速进化大半肇自科学发明。而科学发明又多源于全球大学各研究所工作之结晶。一个国家若想永久立于国际之间，就应该提高大学教育，积极充实各大学研究所，务使能研究之人，始终侧身于大学之林。而各研究所应具有一切必需的研究设备，使有研究兴趣的人员能进行其研究工作。只有这样，各大学研究所才能真正开展研究工作，各部门才会有新发现或发明。集各部之新发现或发明，能直接促使一国学术之进步，并能间接促进与改良全国之工业与民生。可以说，他把一个国家的进步都归结到了大学研究院所的创办上。不仅如此，他还强调，大学研究所不但能使有志之士终日孜孜不倦地工作于研究室之中而使个人方面的新知新理与日俱进，而且以研究室为中心更能带来下述便利：

> (1) 同道者可借之常相切磋，师生能赖之多所研讨。凡同道及师生之能保持常相接触，为学术与道义之勉励者亦实惟研究室是赖。所谓大学教育家庭化者其真谛约亦在此。(2) 为真理之探求研究之人虽融融乾乾朝夕工作于研究室之中而不自知。但其好学之风，学生耳濡目染，久将与之俱化。所谓感化教育，所谓示教以范者其功效

---

① 黄敬思：《教育研究所为何不办》，《华年》1932年第38期。

在孙云铸看来，大学研究院所不仅给同道者提供了研究场所，而且提供了潜移默化的教育环境。他指出，当时我国大学之设已数十年，成效却未大显，其原因虽多，而各大学中始终无一充实研究所亦实为一主因。他解释说：

> 盖无研究所大学教授不得继续研究其所学，研究之兴趣及能力由衰而灭，求知之欲望亦自微而绝。其极也不仅无学术之新得或其知识与时俱进。更因中国社会组织之腐败，终日荒嬉，驯至即已得之知识将不能保持。其结果视教育为职业，授课甫终，即相离校，同道失切磋之地，师生少接触之机。所谓提倡研究及导师制度等项者虽高呼入云，殆如缘木而求鱼，安望其能收功邪。②

正因如此，他极力强调研究所的功能不容忽视：研究所的独特作用是改变了教授们的工作方式，师生在研究所里可以自由地交流心得体会。

总之，民国时期举凡重视学术研究并借以推进学术进步、科学发展的学界人物，无不认识或体悟到继承研究传统，并根据现代学科发展的要求，建立现代学术研究机构，创新研究手段与方式，已成为现代学术发展的必然要求。

第二节　大学研究院所的肇始

1925年，蔡元培为北京大学国学研究所写序称："近十年来，国立北京大学屡有设立各系研究所的计划，为经费所限不能实行。民国十年，由评议会决定类聚各科，设四种研究所……因国学门较为重要，特先设立。"③1926年，他在回顾我国十五年来大学教育的进步时再次称：

> 民国元年，教育部所定的大学规程，本有研究所一项，而各大

---

① 王学珍、郭建荣主编：《北京大学史料　第三卷　1937—1945》，北京大学出版社，2000，第351页。
② 同上。
③ 蔡元培著，中国蔡元培研究会编：《蔡元培全集　第五卷：1923—1926》，浙江教育出版社，1997，第341—342页。

学没有举行的。国立北京大学于七年间曾拟设各门研究所，因建设费无从筹出，不能成立。十年议决，归并为自然科学、社会科学、国学、外国文学四门。而国学门即于十一年成立。①

1936年，他在《二十五年来中国研究机关之类别与其成立次第》中，将中国的研究机关分成四类，其中的第三类是"大学中的研究院"，并且他重申此类研究机关"以国立北京大学之国学研究所为最先成立者，清华大学之国学研究所及交通大学之经济研究所继之"②。或以是之故，当今学者仍沿用其观点，认定1922年1月北京大学国学研究所之创办乃我国大学研究院所之肇始。如陈以爱就认为，北京大学国学研究所是中国现代大学中最早以欧美研究机构为模式而建立起来的研究所③，陈亚玲④和赵冬⑤亦皆认定它是我国现代大学中最早出现的一个研究机构，徐明华⑥和刘爱东⑦等同样称它是我国近代大学的第一个研究机构。可见，截至目前，我国学界普遍认同北京大学国学研究所是中国大学研究院所创置之发端。为探究其历史真实，现对北京大学研究院所的肇创时间再作考证，并就蔡元培之观点加以辨疑。

一、北京大学研究所首创时间考

（一）蔡元培的另一种说法

民国初年，蔡元培在教育总长任内发布的《大学令》中，规定大学允许设大学院，作为大学院生研究之所。他在《我在教育界的经验》中也明确提及：

清季的学制，于大学上，有一通儒院，为大学毕业生研究之所。我于大学令中改名为大学院，即在大学中，分设各种研究所。并规

---

① 高平叔编：《蔡元培全集》第五卷，中华书局，1988，第90页。
② 高平叔编：《蔡元培全集》第七卷，中华书局，1989，第122页。
③ 陈以爱：《中国现代学术研究机构的兴起：以北大研究所国学门为中心的探讨》，江西教育出版社，2002，"前言"第1页。
④ 陈亚玲：《民国时期研究所的建立与现代学术的自主创新》，《现代大学教育》2009年第4期。
⑤ 赵冬：《近代科学与中国本土实践》，社会科学文献出版社，2007，第190—191页。
⑥ 徐明华：《民国时期大学的科学教育体制与科学研究的发展》，《自然辩证法研究》1992年第1期。
⑦ 刘爱东：《中国近代大学学术管理体制转型论略》，《高等农业教育》2007年第10期。

定大学高级生必须入所研究，俟所研究的问题解决后，始能毕业（此仿德国大学制）。但是各大学未能实行。①

后来因蔡元培离职，他这个在大学设立研究院所的良好愿望并未及时实现。1917年，他出任北京大学校长后，为实现自己的夙愿，旋即着手在校内创设研究所。这在他的相关著述中也有不少的记载。如在1918年9月20日的开学演讲中，他说：

> 大学为纯粹研究学问之机关，不可视为养成资格之所，亦不可视为贩卖知识之所。学者当有研究学问之兴趣，尤当养成学问家之人格。
> 本校一年以来，设研究所，增参考书，均为提起研究学问兴趣起见。②

如是表明，一年前的北京大学即在筹设或已开设了研究所。1920年9月16日，蔡元培在开学演讲中再次提到：

> 本校所办的研究所，本为已毕业与将毕业诸生专精研究起见，但各系分设，觉得散漫一点，所以有几系竟一点没有成绩。现在改组为四大部，集中人才，加添设备，当能有点进步。③

言外之意是，他对研究所的已有工作并不满意，这就从侧面反映出1920年前的北京大学已设立了各种研究所。这也似乎与其在《我在北京大学的经历》中所言各科必设各种研究所的想法不谋而合：

> 我那时候有一个理想，以为文、理两科，是农、工、医、药、法、商等应用科学的基础，而这些应用科学的研究时期，仍然要归到文理两科来。所以文理两科，必须设各种的研究所；而此两科的教员与毕业生必有若干人是终身在研究所工作，兼任教员，而不愿往别种机关去的。④

1920年秋，蔡元培应邀在长沙作了《何谓文化》的讲演，他介绍说：

> 凡大学必有各种科学的研究所，但各国为便利学者起见，常常设有独立的研究所。如法国的巴斯笃研究所，专研究生物化学及微生物学，是世界最著名的。美国富人，常常创捐基金，设立各种研

---

① 高平叔编：《蔡元培全集》第七卷，中华书局，1989，第198页。
② 高平叔编：《蔡元培全集》第三卷，中华书局，1984，第191页。
③ 高平叔编：《蔡元培全集》第三卷，中华书局，1984，第443页。
④ 高平叔编：《蔡元培全集》第六卷，中华书局，1988，第352页。

> 究所，所以工艺上新发明很多。我们北京大学，虽有研究所，但设备很不完全。至于独立的研究所，竟还没有听到。①

此处字里行间非常明确地显示"北京大学，虽有研究所，但设备很不完全"。

由上述蔡氏本人这段话可知，在1920年之前，北京大学确实已设立了研究所。

（二）时人的回忆评价

作为一种新生事物，研究院所在大学内的首创也必然引发时人的讨论与评价。当时人物的评论语言自然免不了涉及研究院所的创设时间。这类文字亦可为论证提供依据。

1930年，周作人写了《北大的支路》一文作为北大32周年纪念。他在回忆时说：

> 我是民国六年四月到北大来的，如今已是前后十四年了……而民六以来计画沟通文理，注重学理的研究，开辟学术的领土，尤其表示得明白。别方面的事我不大清楚，只就文科一方面来说，北大的添设德法俄日各文学系，创办研究所，实在是很有意义，值得注意的事。有好些事情随后看来并不觉得什么希奇，但在发起的当时却很不容易，很需要些明智与勇敢。②

1931年，何炳松在其《三十五年来中国之大学教育》中言及北京大学的往事时也写道："民国七年增设研究所以提高学术的程度，民国八年又招收女生以提倡男女同学的制度，北京大学因此成为全国最高的学府和新文化的领袖。"③

上述周、何二人均提及北京大学当年创办研究所之事，而且都对此举给予了高度评价。只是在创办时间上周氏说得有点模糊，从语气上看，是"民国六年"之后"创办研究所"，而何氏说得极为恳切，即"民国七年"（1918年）"增设研究所"。对于何氏所肯定的时间，1932年傅斯年在《改革高等教育中几个问题》中的说法，算是一个佐证：

> 民国五六年以后，北京大学侈谈新学问，眼高手低，能嘘气，

---

① 高平叔编：《蔡元培全集》第四卷，中华书局，1984，第14页。
② 钟叔河编：《周作人散文全集》5，广西师范大学出版社，2009，第734页。
③ 刘寅生等编：《何炳松论文集》，商务印书馆，1990，第419页。

> 不能交贽，只挂了些研究所的牌子，在今天看来当时的情景着实可笑，然而昏睡初觉，开始知道有这一条路，也或者是一个可纪的事。①

可见傅斯年也认为，北京大学大概在1917年前后即已"挂了些研究所的牌子"。虽然傅斯年对当年北京大学研究所的工作颇为失望，但他还是认为那是一件开风气之先的事。再如1940年蔡元培逝世后，顾颉刚作了《悼蔡元培先生》一文，也记录了蔡元培创办研究所一事：

> 那时国立大学只有这一个，许多人眼光里已觉得这是最高学府，不能再高了。但蔡先生还要在大学之上办研究所，请了许多专家来作研究导师，劝毕业生再入校作研究生，三四年级学生有志深造的亦得入所，常常开会讨论学问上的问题。这样一来，又使大学生们感觉到在课本之外还有需要自己研究的学问。②

由上述这些同时代人的回忆及评价，也可获知北京大学在1918年之际已设有研究所。只是其创建的具体时间尚难确认，并且设立了何种研究所也不得而知。但至少可以确信，北京大学在1922年国学研究所成立之先就已有研究所之创设。

（三）报刊资料的记载

关于北京大学研究所的创设，亦可从其时的《北京大学日刊》（下文简称《日刊》）中觅得其草创时期的各种痕迹。如1917年11月16日的《日刊》（第1号）公布了北京大学《研究所通则》7条。其中乙、丙两条规定：

> （乙）本学期所拟设之研究所凡九：（一）国文学，（二）英文学，（三）哲学（以上文科）；（四）数学，（五）物理学，（六）化学（以上理科）；（七）法律学，（八）政治学，（九）经济学（以上法科）。
> （丙）（一）法科各研究所，设于法科；（二）文、理两科之研究所，暂设于二道桥之赁屋，俟新宿舍成后，于西斋设之。③

按《研究所通则》意思，此时拟设的研究所为国文学研究所、英文学研究所

---

① 傅斯年：《改革高等教育中几个问题》，《独立评论》1932年第14期。
② 顾颉刚：《人间山河：顾颉刚随笔》，北京大学出版社，2008，第69页。
③ 《研究所通则》，《北京大学日刊》1917年11月16日。

等九个研究所,分属文、理、法三科,且各科研究所有专门研究之所。此外,当日《日刊》还刊发了哲学门、国文门的招生通告:"凡有志愿入本所为研究员者,望于本月二十日(星期二)下午四时至校长室会议一切进行事宜,及指定所愿研究之科目。"①从通告可悉,哲学门与国文门研究所似乎在11月16日前就已成立,现正在广招研究人员。11月17日《日刊》又发布了文科国文门研究所和哲学门研究所的启事,声称研究所"已组织就绪";与之同时,当日《日刊》还刊发了"理科研究所第一次报告",报告称1917年11月9日召开了第一次会议,筹商理科研究所办法,推举了研究主任三人,等等。②11月30日《日刊》又公布了《文科研究所办事细则》10条、《文科研究所办法草案》5条14款。③12月1日,《日刊》公布了李光宇、李绩祖、李芳分别为文、理、法科研究所事务员的"校令"及"理科研究所事务员规则"。④12月15日刊登了"理科研究所通信研究规则"5条,规定了通信研究员的资格确认和具体要求。⑤12月22日《日刊》刊登了"法科研究所办事细则",规定了主任职员、事务员的职责范围及日常办事管理规则;另有"法科学长报告书"称:"法科各研究所着手组织已经累月,现已就绪,可告成立。共分三门,曰法律门研究所、政治门研究所、经济门研究所。"⑥12月25日《日刊》刊载了"法科研究所职员会议事录",称"法科研究所于12月12日下午三时在法科学长室开职员会,讨议各种规则及一切事务","是日到会者为法科学长王建祖以及下面三门研究所的主任"。⑦从以上研究所之动态及人事情况可见,1917年年底,文、理、法三科的各门研究所已陆续成立。再如1918年4月11日的《日刊》之"集会一览表",其"召集者"分别有国文门研究所、经济门研究所、英文门研究所、法律门研究所、化学门研究所、哲学门研究所。⑧由此看来,蔡元培所说1918年"拟设"研究所之事,并非如其所说因经费无着

---

① 《纪事 通告》,《北京大学日刊》1917年11月16日。
② 《各种通告》,《北京大学日刊》1917年11月17日。
③ 《法规》,《北京大学日刊》1917年11月30日。
④ 《校令 法规》,《北京大学日刊》1917年12月1日。
⑤ 《法规》,《北京大学日刊》1917年12月15日。
⑥ 《法规 纪事》,《北京大学日刊》1917年12月22日。
⑦ 《纪事》,《北京大学日刊》1917年12月25日。
⑧ 《集会一览表》,《北京大学日刊》1918年4月11日。

而搁浅。如 1918 年校方编撰的《国立北京大学规程》有曰："七年一月,各科各门研究所均成立,月增经费四千五百元。"① 又如在 1918 年的《国立北京大学廿周年纪念册》中,其"沿革一览"及"规程一览"部分,均有研究所的介绍;而"在校同学录"更是收录了文、理、法各科各门研究所同学的姓名、别号、籍贯、毕业学校、研究科目以及通信处等。②

总之,北京大学 1917 年年底草创的研究所,是按照文、理、法三科各个学门而建立。虽然其时研究所设备和组织极不完善,但它们毕竟是我国大学中最早成立的研究所,具有开启先河的历史意义。

二、蔡元培有关表述考证及辨疑

虽然研究所在蔡元培出掌北大之初即已创立,但自 1922 年北大国学研究所创办后,蔡元培再也未曾提及其亲自主导创设的、本有首创意义的旧时研究所,更不曾将其视为我国大学研究院所之发端。个中缘由之一,可能如蔡元培所言,其"一点没有成绩";其次可能是因为蔡元培对其有所改组,认为改组前后的研究所在制度和职能两方面完全不同,故而排斥了前者。现就以上问题,笔者依据相关资料再作辨疑。

(一)北大旧时研究所已有一些成绩

确实,相对于 1922 年国学研究所的业绩来说,北京大学旧时研究所确实颇显"寒酸",但也并非像蔡元培所评价的那样糟糕到"一点没有成绩"。其实,1917 年年底各门研究所创办后,也陆续开展了一些工作。如:各门教员分别确定研究科目,负责主讲和研究;各门研究所也定期举行报告会,每次报告会由研究员中的一人报告研究心得和疑难问题,然后由有关教员和研究员讨论并提出意见;举行不定期的讲演会,邀请校内外专家作学术演讲,所以北大《日刊》也时有"集会一览表"刊出,以作为集会预告;指导培养研究员(现称研究生),1918 年年初北京大学就有研究员 148 人(其中毕业生 80 人、高

---

① 潘懋元、刘海峰编:《中国近代教育史资料汇编 高等教育》,上海教育出版社,1993,第 382 页。
② 国立北京大学编:《国立北京大学廿周年纪念册》,国立北京大学,1918,第 71 页、107 页、336 页。

级生68人），另有通信研究员32人①；负责编辑刊行《北京大学月刊》，刊发文、理、法三科的学术研究文章，全年共十期，由各门研究所主任每人负责一期，另一期增刊由蔡元培亲自编辑；成立各种研究会并开展活动，如国文门研究所下有国语研究会、小说研究会等，北大歌谣征集处于1918年2月1日的《日刊》刊登了《北京大学征集近世歌谣简章》，到1918年5月已征集到全国各地歌谣1100多首。②各种迹象表明，旧时的各门研究所还是开展了不少工作，也取得了一些成绩，但所得成绩可能与蔡元培之期望相差甚远，故而他后来避而不言。

（二）改组前后的研究所制度有延续性

旧时研究所由于成绩不尽如人意，所以蔡元培议决改组。但事实上，改组前后的研究所制度大同小异，尤其在研究生的招生培养制度方面十分明显。如1917年的《北京大学研究所简章》规定：

> 本校毕业生俱得以自由志愿入研究所；本校高级学生，主任教员认为合格者，得入研究所；本校毕业生以外，与本校毕业生有同等之程度，而志愿入研究所者，经校长之认可，亦得入研究所；本国及外国学者，志愿共同研究而不能到所者，得为通信研究员。③

再看1922年出台的《国立北京大学研究所组织大纲》。该大纲规定："本所原为本校毕业生有专门研究之志愿及能力者而设，但未毕业之学生曾作特别研究已有成绩者，经所长及各系教授会之特许，亦得入所研究。"④1922年2月北京大学研究所国学门委员会第一次会议议决的《研究所国学门研究规则》作有如是规定：

> （一）凡本校毕业生，有专门研究之志愿及能力者，又未毕业生及校外学者，曾作特别研究、已有成绩者，皆可随时到本学门登录室报名，填写研究项目，有著作者并呈送著作，一并由本学门委

---

① 萧超然、沙健孙、周承恩等编：《北京大学校史 1898—1949》，北京大学出版社，1988，第68页。
② 郭建荣：《北京大学研究所国学门的变迁》（上），《文史知识》1999年第4期。
③ 蔡元培著，中国蔡元培研究会编：《蔡元培全集》第18卷（续编），浙江教育出版社，1998，第232页。
④ 蔡元培著，中国蔡元培研究会编：《蔡元培全集》第18卷（续编），浙江教育出版社，1998，第346页。

员会审查。其审查结果，合格者，得领研究证到所研究。（二）凡本校毕业生及校外学者，不能到校而有研究之志愿者，得通信研究。①

由上可见，改组前后的研究所均招收研究生，而且招生均无须入学考试，皆招收校内外毕业生和在读生，同时对不能到校研究者皆采取通信研究的方式，因此它们的研究生招生和培养制度基本上一致，可见前后二者之延续性。

（三）改组前后的研究所职能有相同处

1920年和1921年北京大学分别通过了《北京大学研究所简章》和《北京大学研究所组织大纲》，将旧有的各门研究所合并为国学、外国文学、社会科学和自然科学四门，但各门研究所依然培养研究生并开设研究课程，而且只是在旧时九门研究所的研究科目之上增加了地质学、外国历史及德法俄等外国文学几种。另外，改组前后的研究所皆发行刊物刊载研究文章，尤其1922年2月蔡元培在国学门委员会上曾提议研究所各门出一种杂志，后决议由研究所四学门共分任编辑，每年每学门各分得三期。②此做法与上述《北京大学月刊》由各门研究所编辑负责的模式如出一辙。国学研究所正式创办后，先后发行过《歌谣周刊》《国学季刊》《国学门周刊》《国学门月刊》四种期刊来传播学术观念。研究所国学门采取了研究所与学会相结合的体制，内设了歌谣研究会、风俗调查会和方言调查会等五学会，指导各学会开展了大量的调查研究活动。其中，歌谣研究会的前身可追溯到1918年2月成立的歌谣征集处，这也与1917年国文门研究所下设国语研究会、小说研究会等社团组织甚为相似。国学研究所也举办月讲，规定每月5日为专门学术讲演会，这基本上与旧时研究所的"集会"活动相同。

可见，北京大学旧时研究所不但开展了不少工作，也有一些成绩，并且与后来的研究所国学门的制度和职能等均有延续性和相似乃至相同之处，这再次证明其应是我国大学研究院所的真正发端。由于研究所国学门是蔡元培1921年考察欧美大学研究所的实际情况和本校已有研究所的进展情况而改组的研究所，更强化了学术研究机构的功能，又是新学制后的重要"产品"，且

---

① 高平叔编：《蔡元培全集》第四卷，中华书局，1984，第156—157页。
② 高平叔编：《蔡元培全集》第四卷，中华书局，1984，第157页。

做出了斐然成绩，是故蔡元培可能因此而将其视为一个新的起点而加以肯定。

第三节　北京大学研究所的初创

虽然清末已有北洋大学堂、京师大学堂和山西大学堂等一批新式高等教育机构的创立，并且也出台了在大学堂之上设立大学院或通儒院的相关制度，但其时的大学堂并未按规定真正设立过大学院或通儒院，使得《奏定大学堂章程》中的"通儒院章"也成为一纸空文。其后，大学创办研究院所之事也没有了确切的时间表。

一、北京大学研究所的初创过程

对于在中国建立一所西方式的研究机构，蔡元培一直是热心的提倡者。早在1912年担任民国首任教育总长时，蔡元培即仿德国大学制度，在《大学令》中规定大学须设大学院，以供高年级学生入内研究。然而，这一构想后来因其离职而未能如愿以偿。为完成在大学设立研究所的夙愿，在1917年出掌北京大学后，他即着手研究所的筹设，并专门为此制定了《北京大学研究所简章》。现将其内容展示如下：

北京大学研究所简章

第一条　各科之各专门学术，俱得设研究所。

第二条　研究所以各门各种之教员组织之。

第三条　各研究所教员中，由校长准一人为本所主任教员。

第四条　本校毕业生俱得以自由志愿入研究所。

第五条　本校高级学生得主任教员之认可，得入研究所。

第六条　本校毕业生以外，与本校毕业生有同等之程度，而志愿入所研究者,经校长之认可,亦得入研究所。

第七条 本国及外国学者,志愿共同研究而不能到所者,得为通信研究员。

第八条 研究所之条(科)目,每学期开始时,由各教员草定,付研究员分任之,以提出于每星期之各研究会,共同讨论。

第九条 每次研究会,由各教员于研究员中指定一人,任记录之事。

第十条 研究会记录,经各教员鉴定后,录一副本,于每学期末,送图书馆保存。

第十一条 教育部移交之名词馆稿,依学科性质,分送各研究所,为研究之一部。

第十二条 各研究所得广购可资参考之图书、杂志、仪器,其管理规则,别定之。①

此外,学校还制定了《北京大学研究所通信研究员规则》《研究所通则》和各科《研究所办事细则》及《研究所办法草案》等规章制度。在这些制度的规范下,蔡元培于1917年年底在北京大学相继设立了文、理、法三科九门研究所,每科研究所下是独立的学门,各所主任则由校长于教员中委派一人担任。至1918年1月,各科研究所均已成立,这是中国现代大学研究所的雏形。当时设立的研究所科别、学门及各学门主任教员名单可见表1.1:

表1.1 北京大学文、理、法三科研究所主任一览表②

科别	门类	主任
文科研究所	哲学门	胡适
	国文门	沈尹默
	英文门	黄振声

---

① 国立北京大学编:《国立北京大学廿周年纪念册》,国立北京大学,1918,第17页。
② 国立北京大学编:《国立北京大学廿周年纪念册》,国立北京大学,1918,第2页。

（续表）

科别	门类	主任
理科研究所	数学门	秦汾
	物理门	张大椿
	化学门	俞同奎
法科研究所	法律门	黄右昌
	政治门	陈启修
	经济门	马寅初

到1918年年初，北京大学各研究所共有研究员148人（其中毕业生80人，高年级学生68人），另有通信研究员32人。研究员中，有文科研究员71人，理科研究员18人，法科研究员59人；通信研究员中，有文科研究员14人，理科研究员4人，法科研究员14人。①1918年3月，《东方杂志》登载了《北京大学研究所之内容》一文，文中涉及了研究所的任务、种类，列举了各研究所主任教员名单。各研究所之任务是研究学术、研究教授法（本校中小学校定教案编教科书）、特别问题研究、中国旧学钩沉、审定译名、译述名著、介绍新书、征集通信研究员、发行杂志和悬赏征文。②

各门研究所创办后，便开始定期举行报告会，邀请校内外专家作学术演讲，编辑刊行《北京大学月刊》和指导所中的各种研究会等。③

再从各研究所研究科目及指导教员一览表（表1.2）中，可以看到这一时期研究所的研究工作大致情形：

---

① 国立北京大学编：《国立北京大学廿周年纪念册》，国立北京大学，1918，第17页。
② 潘懋元、刘海峰编：《中国近代教育史资料汇编　高等教育》，上海教育出版社，2007，第401—403页。
③ 郭建荣：《北京大学研究所国学门的变迁》（上），《文史知识》1999年第4期。

表 1.2　北京大学各研究所研究科目及指导教员一览表①

科别	门类	研究科目	指导教员
文科研究所	哲学门	社会哲学史	陶孟和
		二程学说	马叙伦
		老庄哲学	刘萧和
		儒家玄学	陈汉章
		易哲学	陈子存
		逻辑学史	章士钊
		近世心理学史	陈大齐
		佛教哲学	梁漱溟
		佛学研究	张克诚
		中国名学	胡适
	国文门	音韵	钱玄同
		训诂	陈汉章
		文	黄侃　刘师培
		诗	伦明　刘衣伯
		曲	吴梅
		形体	钱玄同　马叙伦
		文学孳乳	黄侃
		文学史	朱希祖　刘师培　吴梅　刘文典
		词	伦明　刘衣伯
		小说	周作人　胡适　刘复
	英文门	诗	辜鸿铭
		19世纪散文	威尔逊
		戏曲	威尔逊
		高等修辞学	胡适　陈长乐
理科研究所	数学门	近世代数	秦汾
		近世几何	王仁辅　叶志
		应用数学	罗惠桥　金涛
		高等解析	冯祖荀
		数学教授法	胡浚济
	物理门	热学	张大椿
		电学	张善扬
		电学理论	何育杰
		光学	李祖鸿

① 梁柱：《蔡元培与北京大学》，宁夏人民出版社，1983，第52—53页。

（续表）

科别	门类	研究科目	指导教员
理科研究所	化学门	物理化学　无机化学	俞同奎
		无机化学	王兼善
		理论化学	丁绪贤
		分析化学　卫生化学	陈世璋
		应用化学	郭世绾
		有机化学	巴台尔
法科研究所	法律门	比较法律	王宠惠
		国际法	张君劢
		中国法制史	康宝忠
		美国宪法	陈长乐
		刑法	罗文干
		行政法	周家彦
		保险法	左德敏
	政治门	政治学	张耀曾
		中国国际关系及各种条约	王景岐
	经济门	银行货币学	马寅初
		经济学	陈兆焜
		最近发明之科学的商业及工厂管理	徐崇钦
		财政学	胡钧
		农学政策	张武
		欧战后世界经济之变迁	张武

从表1.2可以看出，各门研究所均有多种研究科目，且每一研究科目皆有指定的指导教员。或许正是由于众多研究科目齐同开设的原因，使得学校在经费与人员方面难以保障，所以后来蔡元培检讨说："各系分设，觉得散漫一点，所以有几系竟一点没有成绩。"① 正因如此，这些研究所办了三年后，就决议改组。1920年7月30日，北京大学评议会通过了《北京大学研究所简章》。其具体内容为：

北京大学研究所简章

（一）研究所仿德、美两国大学之 Seminar（注：研究班或专家讨论会）办法，为专攻一种专门知识之所。

（二）研究所暂分四门：

---

① 高平叔编：《蔡元培全集》第三卷，中华书局，1984，第443页。

1. 国学研究所。（凡研究中国文学、历史、哲学之一种专门知识者属之。）

2. 外国文学研究所。（凡研究德、法、英、俄及其他外国文学之一种专门知识者属之。）

3. 社会科学研究所。（凡研究法律、政治、经济、外国历史、哲学之一种专门知识者属之。）

4. 自然科学研究所。（凡研究物理、化学、数学、地质学之一种专门知识者属之。）

（三）研究所不另设主任。其研究课程，均列入各系内。

（四）研究所之阅览室，并入图书部。

（五）各学系之学课有专门研究之必要者，由教员指导学生研究之，名曰某课研究，并规定单位数。例如：康德哲学研究、王守仁哲学研究、溶液电解状研究、胶体研究、接触剂研究。

（六）各种研究，在图书馆或试验室内举行之。

（七）指导员授课时间，与授他课同样计算。

（八）三年级以上学生及毕业生，均得择习研究课。[①]

比照前述简章，可见蔡元培汲取了 1917 年办所"失败"的教训，决议全面改组旧有的研究所，将之合并为四门。1920 年的《北京大学研究所简章》与 1917 年的相比，其最大不同点是详细规定了研究所的种类，即研究所共分国学、外国文学、社会科学和自然科学研究所四种；同时还规定了研究所的一种重要研究办法，即学课专门研究，这种研究有助于学科建设和科学发展。

新的《北京大学研究所简章》通过后，蔡元培赴欧美专门考察大学教育及学术研究机关。1921 年年底，在参考欧美大学研究所的实际情况后，蔡元培再结合本校研究所的进展情形，决定改组北京大学研究所。于是，他向北京大学评议会提交了自己新定的《国立北京大学研究所组织大纲》。经校评议会第三次会议通过，取消各科研究所，设立国立北京大学研究所，下设自

[①] 蔡元培著，中国蔡元培研究会编：《蔡元培全集》第 18 卷（续编），浙江教育出版社，1998，第 344—345 页。

然科学、社会科学、国学和外国文学四门，并对研究所的人事组织、研究方法、入所条件等作了一些具体规定。现将大纲列示如下：

国立北京大学研究所组织大纲

一、本校为预备将来设大学院起见，设立研究所，为毕业生继续研究专门学术之所。

二、本所分为自然科学、社会科学、国学、外国文学四门。由大学校长与各系教授会斟酌情形，提交评议会议决设立之。

三、本所设所长一人，由大学校长兼任。

四、本所各门设主任一人，经理本门事务，由校长于本校教授中指任之。任期两年。此外，设助教及书记若干人，由所长指任，受本门主任之指挥，助理一切事务。

五、本所各门所研究之问题与方法，由相关各系之教员共同商定之。

六、本所原为本校毕业生有专门研究之志愿及能力者而设，但未毕业之学生曾作特别研究已有成绩者，经所长及各系教授会之特许，亦得入所研究。

七、本所各门设奖学金额若干名，每名每年给予国币若干，充此项奖学金之金额及受奖者之名额及其给予之方法，另以详章规定，提出评议会议决施行。

八、本组织大纲得随时由所长提出评议会修正之。[①]

《国立北京大学研究所组织大纲》的制定和颁行，更加完善了研究所的各项制度，推动了研究所事业的进一步发展。但由于经费所限，1922年1月，北京大学实际上只成立了研究所国学门（也习称国学研究所）。

北京大学研究所国学门成立后，就组建了第一届委员会作为领导机构。委员会的职责，主要是规划国学门应进行之一切事宜，并审查研究生入所资

[①] 蔡元培著，中国蔡元培研究会编：《蔡元培全集》第18卷（续编），浙江教育出版社，1998，第345—346页。

格及其研究所得之论文,实为国学门的核心组织。蔡元培为委员长,委员有顾孟余、沈兼士、李大钊、马裕藻、朱希祖、胡适、钱玄同、周作人等八人,日常工作由本门主任沈兼士负责。

从组织结构看,国学门内设"三室五会":"三室"是指登录室、研究室和编辑室;"五会"是指歌谣研究会、明清史料整理会、考古学会、风俗调查会和方言研究会,这五个学会实际上都是独立的研究小组,各有负责人及会员。国学门绘制的《国立北京大学研究所国学门组织表》参见图1.2。同时,国学门还在学校图书馆内开设了供研究用的特别阅览室。对此,1926

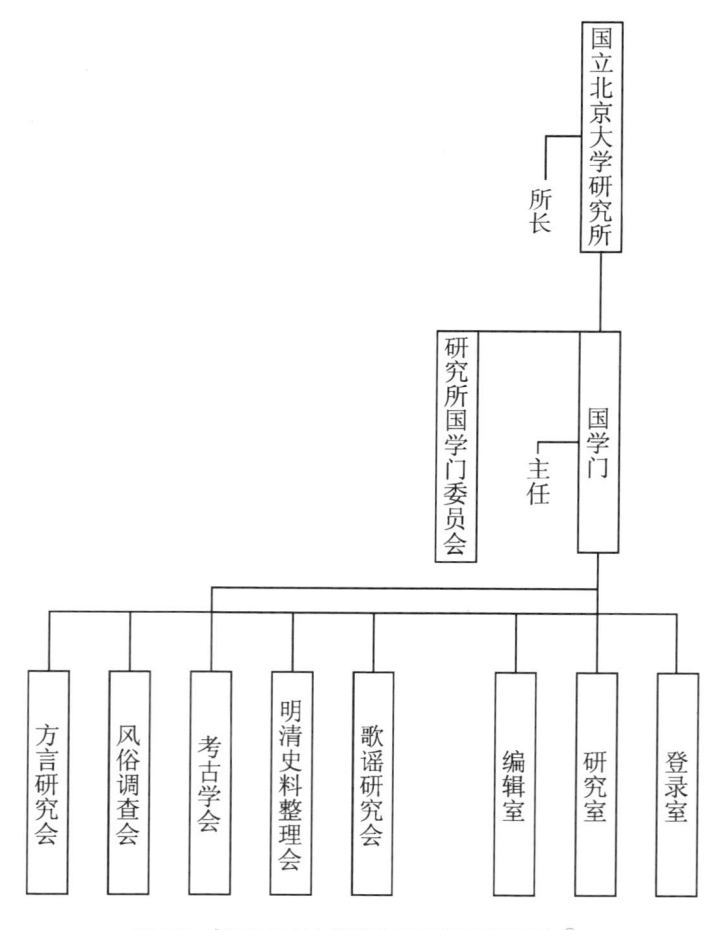

图1.2 《国立北京大学研究所国学门组织表》[①]

---

① 北京大学研究所编:《国立北京大学研究所国学门概略》,北京大学研究所,1927,第5页。

年蔡元培撰文评价说：

> 五年以来，其中编辑室、考古学研究室、明清史料整理会、风俗调查会、歌谣研究室、方言调查会等，已著有不少的成绩，所著录研究生三十二人，也已有十二人贡献心得的著作。①

由此看来，国学门实兼具今日大学研究生院与学术研究机构之性质。由于当时北京大学的经费有限，而学生资源和社会学术资源又相对丰富，因此国学门采取了研究所与学会两者相结合的体制。在此种情况下，这种体制有利于少数专家、学者引导分散在社会上的学术力量积极加入新国学运动，这对于最大限度地发挥国学门的工作能量和迅速扩大它的社会影响都十分有利。

由此可知，改组后的北京大学研究所国学门至少具有三个方面的功能：一是为国学高级研究人才的培养提供条件，具有类似今天研究生院的功能；二是有专门研究机构的功能；三是有组织学术社团开展日常活动的功能。这种多功能研究机构的创设，为后来其他大学研究院所的设立提供了样式或模型。

二、北京大学研究所创办的影响

北京大学创设研究所，激起了北京大学师生研究学问的兴趣，促使他们形成了质疑问难、坐而论道的自由研究学风。当年的北京大学学生顾颉刚曾回忆："（研究所）常常开会讨论学问上的问题。这样一来，又使大学生们感觉到在课本之外还有需要自己研究的学问。"② 可见，北京大学的毕业生和高年级学生经过认可后进所研究学问，在导师的指导下，他们或自己独立研究，或与他人合作研究，均取得了良好的成绩。北京大学创设研究所的做法也激起了其他大学设立研究院所的兴趣，促使它们先后创设符合各自学校实际的一些研究院所。

最早回应北大同人"整理国故"号召者，是20世纪20年代初号称中国南方最高学府的东南大学。1923年4月，东南大学议决设立国学院，并制订

---

① 高平叔编：《蔡元培全集》第五卷，中华书局，1988，第90页。
② 顾颉刚：《人间山河：顾颉刚随笔》，北京大学出版社，2008，第69页。

了整理国学的计划书。1924年，东南大学国学院成立，作为该校国文学系学生毕业后深造之所。

1925年，清华学校创办国学研究院，也是先设国学一科，显然同样是受"整理国故"的影响。1925年9月，吴宓主任在开学日提到国学科开办之原委时说："（研究院）原拟规模甚大，兼办各科（如自然科学、社会科学等），嗣以经费所限，只能先办国学一科。"[1] 其中之难处和缘由，亦似当年蔡元培只创北京大学研究所国学门。事实上，其《研究院章程·缘起》中就明确写道："近岁北京大学亦设研究所。本校成立十有余年，今年即新设大学部，复以地处京师西郊，有交通之便，而无嚣尘之烦，故拟同时设立研究院。"[2]

厦门大学于1925年年底筹建国学研究院。在北京大学研究所国学门成员沈兼士、顾颉刚、林语堂、周树人等人的参与下，按照北京大学国学门的模式，1926年制定了《厦门大学国学研究院章程》及下属六个部的《办事细则》，也设立了考古学会和风俗调查会等学会机构。厦门大学国学研究院也出版了《厦门大学国学研究院季刊》与《厦门大学国学研究院周刊》。这两份刊物的形式皆仿北京大学国学门所出期刊，以至连《厦门大学国学研究院周刊》的封面上，也是以中、法两种文字书写。

再如1928年1月成立的中山大学语言历史研究所，同样是模仿北京大学研究所国学门，因为其中不仅顾颉刚、商承祚和容肇祖等人出自北京大学研究所国学门，且为其中坚力量，特别是顾颉刚还担任研究所主任一职，故而在组织体制上，中山大学语言历史研究所也设立了考古、语言、民俗、历史等学会组织，甚至在学术期刊类型、学术丛书内容等方面也仿行北京大学国学研究所，以至于当时在清华大学读书的张荫麟，在天津《大公报·文学副刊》上撰文指出："广东中山大学近创办语言历史研究所，其规模略仿旧日北京大学国学研究所，并印行周刊，其体例亦仿旧日北大研究所周刊。"[3]

---

[1] 清华大学校史研究室编：《清华大学史料选编 第一卷 清华学校时期（1911—1928）》，清华大学出版社，1991，第373页。
[2] 清华大学校史研究室编：《清华大学史料选编 第一卷 清华学校时期（1911—1928）》，清华大学出版社，1991，第375页。
[3] 张荫麟：《评〈中山大学语言历史研究所周刊论文〉》，《国立中山大学语言历史学研究所周刊》1928年第19期。

1928年，燕京大学也成立了国学研究所。燕京大学国学研究所的创立，主要得益于创校元老刘廷芳的努力。据有关研究者所述，刘氏在1928年一度兼管燕京的哈佛研究学社。他以哈佛研究学社的经费，仿清华大学、北京大学建立国学研究所，聘请学者执教，意欲继承传统学者治学的道路，以培养青年[①]，还以曾任北京大学国学研究所委员的陈垣任所长及学术会议主席。这样做无疑为模仿北京大学国学研究所模式埋下了种子。

综上可见，北京大学研究所的创设，不仅为其他大学提供了一种新型研究机构的样板，而且指明了学术研究的努力方向，对中国的新学术体制的形成产生了重大而深远的影响。这场国学研究运动的兴起和发展，固然与当时学界的研究兴趣有直接关系，但研究所这种新的研究机构作为一种体制性因素，同样功不可没。正如陈以爱所说："通过考察国学门的组织、学术活动与学术成就，又显示出现代学术研究所具有的趋向——组织化和制度化——最终将对中国学术发展带来巨大影响。"[②] 由此可以进一步看到北京大学创设研究所的影响。此后各大学还纷纷自行设立了其他各科各类的研究院或研究所。截至1935年11月，经国民政府教育部核定，清华、中山、中央、武汉、南开、燕京等大学和北洋工学院，都先后设立了研究院或研究所，研究院所的种类也涵盖了当时高校所有的学科；并且在这些大学中，清华、中山、中央等大学属于国立大学，南开大学属于私立大学，燕京大学属于教会大学。可见北京大学研究所的首创，于中国高等教育机构之研究院所的开设及其制度的形成，可谓开启了风气、开辟了先路。

---

① 张寄谦：《哈佛燕京学社》，《近代史研究》1990年第5期。
② 陈以爱：《中国现代学术研究机构的兴起：以北大研究所国学门为中心的探讨》，江西教育出版社，2002，第327页。

第二章

大学研究院所制度变迁及成因

我国近代大学研究院所的制度变迁可分为三个阶段：第一阶段为1902—1934年，称为"萌芽与草创期"。其中1902—1917年，政府虽有创设通儒院和大学院的政策意愿，但未真正实施；1917—1934年，一些大学创建了研究院所，但在国家层面未正式出台研究院所的专门制度。第二阶段为1934—1946年。1934年5月国民政府教育部公布《大学研究院暂行组织规程》，使研究院所的设置有了统一的标准，故称此期为"规范期"。第三阶段为1946—1949年。因1946年12月国民政府教育部颁布《大学研究所暂行组织规程》，对大学研究院所制度进行了改革，取消了研究院的设置，原有学部改称为研究所，故称此期为"改革期"。

第一节　大学研究院所制度的初创

1902年，清政府颁布了由管学大臣张百熙主持拟定的《钦定京师大学堂章程》。这是我国近代最早由国家制定的大学堂章程，规定在大学堂之上设"大学院"。[①]1904年，晚清政府批准了张百熙等人改订的《奏定大学堂章程》，其将大学院改名为通儒院，规定在大学堂之内设立通儒院[②]，作为其时学制系统中高等教育阶段的最高层次。《奏定大学堂章程》之第六章为通儒院的专章，对通儒院作出各项具体规定：

通儒院章第六
（外国名为大学院，兹改定名目，免致与大学堂相混）

第一节　凡某分科大学之毕业生欲入通儒院研究学术者，当具呈所欲考究之学艺，经该分科大学教员会议，呈由总监督核定。

第二节　非分科大学毕业生而欲入通儒院研究某科之学术者，当经该分科大学教员会议所选定，复由总监督考验，视其实能合格者，方准令升入通儒院。

第三节　凡通儒院学员，视其研究之学术系属某分科大学之某学科，即归某分科大学监督管理，并由某学科教员指导之。所研究之学术，有与他分科大学之某学科实有关系、必应兼修者，可由本分科大学监督申请大学总监督，命分科大学之某学科教员指导之。

第四节　通儒院学员之研究学期，以五年为限，以能发明新理，著有成书，能制造新器，足资利用为毕业。

第五节　通儒院学员无须请人保结，并不征收学费。

[①] 璩鑫圭、唐良炎编：《中国近代教育史资料汇编　学制演变》，上海教育出版社，2007，第244页。
[②] 璩鑫圭、唐良炎编：《中国近代教育史资料汇编　学制演变》，上海教育出版社，2007，第348页。

第六节　通儒院学员，有为研究学术必欲亲至某地方实地考察者，经大学会议所议准，可酌量支给旅费。

第七节　通儒院学员每一年终，当将其研究情形及成绩，具呈本分科大学监督，复由本科大学监督交教员会议所审察。

第八节　通儒院学员，如有研究成绩不能显著，或品行不端者，经各教员会议，可禀请总监督饬其退学。

第九节　通儒院学员在院研究二年后，如有欲兼理他事务，或迁居学堂所在都会以外之地者，经本分科大学监督察其于研究学术无所妨碍，亦可准行。

第十节　通儒院学员至第五年之末，可呈出论著，由本分科大学监督交教员会议所审察；其审察合格者即作为毕业，报明总监督咨呈学务大臣会同奏明，将其论著之书籍图器进呈御览，请旨给以应得之奖励。①

从上述规定可见，通儒院制度是吸取了中国古代书院制度和国外大学院制度的经验而创立的。它的培养目标是使学员"能发明新理，著有成书，能制造新器"，招生对象是大学毕业生或具有该科大学毕业水平的人，学制五年。但它又不同于后来单纯的大学研究院所，而有似后来出现的专门研究院所，所以蔡元培指出："清季的教育制度，于大学堂以上设通儒院，可以算是一种研究学术的机关。但这是法国法兰西学院、英国皇家学院的成例，专备少数宿学极深研究，不是多数学者所能加入的。"②后来蔡元培把我国的研究机关分为四类，即国立综合研究院、独立研究所、大学研究院和工业机关中之研究所，并认为当时的通儒院是介于后来的国立综合研究院与大学研究院之间性质的一种研究机关："民元以之（前）之学制，有通儒院，在大学之上，介乎一与三之间。"③清末新学制中只是对这种制度有所设计，尚处于"纸上谈兵"阶段，由于条件所限，各大学堂并未真正设立过通儒院。

民国元年，中华民国教育部公布《大学令》，又将通儒院改称为大学

---

① 璩鑫圭、唐良炎编：《中国近代教育史资料汇编　学制演变》，上海教育出版社，2007，第394—395页。
② 蔡元培著，中国蔡元培研究会编：《蔡元培全集　第五卷：1923—1926》，浙江教育出版社，1997，第341页。
③ 高平叔编：《蔡元培全集》第七卷，中华书局，1989，第122页。

院。①在教育部重新拟定的学制系统中,之所以删除通儒院,这从教育部当时提交的《学校系统草案》约略可窥见其原因。如《学校系统草案》称:"(日本制)大学校以上有大学院,清制有所谓通儒院,欧洲各国学制多无之。盖大学校中本有各种专科之讲习院,为教员及生徒研究之所……今仿其例。"②显然,这是想竭力摆脱对日本学制的模仿,转而学习欧洲各国学制。1913年,教育部公布了《大学规程》,又专门对大学院的分类、课程、学位等作了规定。③对此,在划分前述四类研究机关后蔡元培进而说明:"民元之大学令,认全国不止一大学,改通儒院之名为大学院,则纯属第三类。"④即指此时的大学院实相当于后来的大学研究院,这也是蔡元培当时的意愿。尽管此前对大学中的大学院已有各种设计,但皆因蔡元培的离职而未见实施。

1917年年底,蔡元培出任北京大学校长并创办了研究所之后,大学设研究所的构想才变成了现实。在北京大学创办研究所的示范下,后来清华学校、厦门大学、交通大学、中山大学等校也纷纷设立研究院所。而实际上,1922年11月讨论通过的《学校系统改革案》提到,在大学之上仍有"大学院"之称谓,即"大学院为大学毕业及具有同等程度者研究之所,年限无定"⑤。

1927年国民政府定都南京,将大学院作为全国最高学术研究及最高教育行政机关。或许是为避免此"大学院"与彼"大学院"之混淆,1928年5月第一次全国教育会议通过的《整理学校系统案》,又对1922年的学制进行了修正,将"大学院"改称为"研究院",并明确规定:"研究院为大学毕业生及具有同等程度者而设,年限无定。"⑥虽然之前的清华学校、厦门大学等校已设有国学研究院,但在国家制度层面上,"研究院"之名此时尚是首次出现,这也是后来大学研究院所之由来。故而后来蔡元培对通儒院、大学院

---

① 璩鑫圭、唐良炎编:《中国近代教育史资料汇编 学制演变》,上海教育出版社,2007,第673—674页。
② 璩鑫圭、唐良炎编:《中国近代教育史资料汇编 学制演变》,上海教育出版社,2007,第644页。
③ 璩鑫圭、唐良炎编:《中国近代教育史资料汇编 学制演变》,上海教育出版社,2007,第722—723页。
④ 高平叔:《蔡元培全集》第七卷,中华书局,1989,第122页。
⑤ 璩鑫圭、唐良炎编:《中国近代教育史资料汇编 学制演变》,上海教育出版社,2007,第1011页。
⑥ 中华民国大学院编:《全国教育会议报告》,商务印书馆,1928,第101页。

及研究院三者之性质作如此说明："其名称虽有大学院、通儒院、研究院三种之别，而其任务为高深学术之研究，则前后一致。"①1929年7月公布的《大学组织法》再次规定大学得设研究院。随后不久，1930年4月的第二次全国教育会议通过了《改进高等教育计划》，对设置研究院所的大学在每年经费、图书、仪器、师资等提出了一些具体要求。此外，该计划还特别对大学研究院所的组织、研究资格以及研究期限等作了规定：(1)研究机构设有研究讲座三个以上的，才可称研究所；而设研究所两个以上的，可称研究院。(2)研究院应以学校名称命名，如某某大学研究院；研究所应以学院或学系名称命名；研究讲座应以学程名称命名。(3)国立大学研究院院长，应由校长兼任；研究所所长，应由学院院长或学系主任兼任；研究讲座导师应由教授兼任。(4)研究生的入学资格应以国立、省立或已立案的私立大学毕业生经公开考试及格的为限，研究年限为至少三年，研究期满后，参加国家博士学位考试。(5)除在校担任助教或助理并兼作研究生的外，其他研究生每月有一定的津贴。②至此，我国现代大学研究院所的相关制度方才趋于成型。

我国近代大学之所以对研究院所制度不断地进行探索，其主要原因有二：一是我国大学在移植西方现代大学制度的过程中完成最高学制的需要。如胡适知晓美国大学毕业院中有硕士和博士两种学位时，就曾建议和鼓励在大学中设毕业院，要求毕业院中组织，以本校所有各科正教习兼毕业院教习，另推选一人主持工作，院中学科以研究有心得为重。③在他看来，"大学无毕业院，则不能造成高深之学者"④。任鸿隽也强调，大学只有创办研究院所，才能形成完整的近代大学制度："就大学本身说，除非有毕业院的组织与高深研究的设备，不能算是名副其实。严格说来，凡没有设立毕业院或研究所的都不能称为大学。这个定义，可以说是竖的定义。它是以程度的高深来定大学的标准的。"⑤他认为，只有教课而无研究的学校，不能称为大学，这是大学的

---

① 高平叔编：《蔡元培全集》第六卷，中华书局，1988，第475页。
② 《改进高等教育计划》，《河南教育》1930年第19—20期。
③ 胡适著，姜义华主编：《胡适学术文集　教育》，中华书局，1998，第21页。
④ 同上。
⑤ 任鸿隽：《大学研究所与留学政策》，《大公报》1934年12月23日。

定义。①类似的观点，陶孟和也有过说明："只有研究机构的大学才可以配称为大学。"②很明显，此时他们所设计的大学研究院所制度，是把大学毕业作为入院所从事研究的资格条件，并予成绩合格者学位，因此当时的大学研究院所更是高层次的学位教育机构。二是现代大学学术研究职能的需要。蔡元培曾明确指出："大学者，研究高深学问者也。"③他认为："并世各国之富强，正与科学之发达以骈进；而科学之发达，又与研究所之众寡相比映。"④是故，他呼吁各大学设立各种研究所，并建议各院中的主要科目均可设立。同时，他也阐明了大学无研究院所的危害，指出大学无研究院，则教员更加容易抄发讲义而不求进步；而且如果大学不设立研究所，缺乏必要的研究条件，那么除一些非常优秀的教员外，其他普通的教员不会有探究精神。⑤罗家伦任清华校长后，便将创办研究型大学确定为清华未来的发展目标。他指出："研究是大学的灵魂。专教书而不研究，那所教的必定毫无进步。"尽管其时清华已设有国学研究院，但他对此现状颇不满意："单是国学还不够，应该把它扩大起来，先后成立各科研究院，让各系毕业生都有在国内深造的机会。尤其在科学研究方面，应积极的提倡。"⑥从以上学者或校长的观点可以看出，他们都极力主张在大学内设立各种研究院所，作为师生共同进行科学研究的机构，以便进一步推进近代大学的学术研究事业。

在此时期，国家层面尚未制定和出台大学研究院所的专门规章制度。但在此背景下，实际上有许多大学已对研究院所的设置进行了自主实践，它们自定标准、自制章程、自我运作，由于缺乏统一的规范和标准，以至其时国民政府教育部在总结我国十年来的高等教育时指出，大学研究所在国民政府教育部未颁布组织规程以前，如清华、北京、中山、交通、北平师大、北洋工学院、南开、辅仁、燕京、东吴等校已有设立，但各校的办法并不齐一。

---

① 任鸿隽著，樊洪业、张久春选编：《科学救国之梦——任鸿隽文存》，上海科技教育出版社，2002，第387页。
② 陶孟和：《再论科学研究》，《现代评论》1927年第119期。
③ 高平叔编：《蔡元培全集》第三卷，中华书局，1984，第5页。
④ 高平叔编：《蔡元培论科学与技术》，河北科学技术出版社，1985，第281页。
⑤ 高平叔编：《蔡元培全集》第六卷，中华书局，1988，第475页。
⑥ 清华大学校史研究室编：《清华大学史料选编 第二卷 国立清华大学时期（1928—1937）》，清华大学出版社，1991，第201—202页。

不可否认，我国现代大学研究院所制度确实是在移植西方现代大学制度过程中不断选择、吸收和转化而形成发展的。例如通儒院的设置构想虽然是效仿日本学制，但实际也是法国法兰西学院与英国皇家学院之成例；民国初年在大学中设大学院，也是模仿德国。对此，蔡元培曾坦言："清季的学制，于大学上有一通儒院，为大学毕业生研究之所。我于《大学令》中改名为大学院，即在大学中分设各种研究所……（仿德国大学制）。"[①] 1920 年 7 月，北京大学公布的《北京大学研究所简章》也明确说明："研究所仿德、美两国大学之 Seminar（注：研究班或专家讨论会）办法，为专攻一种专门知识之所。"[②] 从而坦承了当时的大学研究院所是效仿德、美大学之举。再如 1925 年清华创办的国学研究院，其设院章程也明确说明是仿旧日书院及英国的大学制度。[③] 总而言之，这一时期尽管已对大学研究院所之设置作了一些具体规定和要求，但各个大学并未按章办理，而是各行其是，致使各个大学自定的研究院所规章制度相对混乱，由是也在一定程度上形成了各自的一些特色。

第二节　大学研究院所制度的规范

为规范各大学研究院所的统一设置以及进一步完善研究生教育制度，1934 年 5 月，国民政府教育部颁布了《大学研究院暂行组织规程》（以下简称《研究院规程》），其具体内容如下：

大学研究院暂行组织规程

（1934 年 5 月 19 日教育部公布）

第一条　大学为招收大学本科毕业生，研究高深学术，并供给

---

① 高平叔编：《蔡元培全集》第七卷，中华书局，1989，第 198 页。
② 高平叔编：《蔡元培全集》第三卷，中华书局，1984，第 439 页。
③ 清华大学校史研究室编：《清华大学史料选编　第一卷　清华学校时期（1911—1928）》，清华大学出版社，1991，第 378 页。

教员研究便利起见，得依大学组织法第八条之规定，设研究院。

第二条　研究院分文、理、法、教育、农、工、商、医各研究所，称文科研究所、理科研究所、法科研究所、教育研究所、农科研究所、工科研究所、商科研究所、医科研究所。凡具备三研究所以上者，始得称研究院，在未成立三研究所以前，各大学所设各科研究所，不冠用研究院名称。

第三条　各研究所依其本科所设各系分若干部，称某研究所某部（例如理科研究所物理部）。各研究所依各大学经费师资与设备情形得陆续设立各部，或仅设置一部或数部。

第四条　研究院研究所暨研究所所属各部之设置，须经教育部之核准。

第五条　设置研究院研究所之大学，须具备下列各条件：

一、除大学本科经费外有确定充足之经费专供研究之用；

二、图书仪器建筑等设备堪供研究工作之需；

三、师资优越。

第六条　大学研究院设院长一人，得由校长兼任。各研究所及所属各部各设主任一人。

第七条　招收研究生时，以国立、省立及立案之私立大学与独立学院毕业生经公开考试及格者为限。并不得限于本校毕业生。在外国大学本科毕业者亦得应前项考试。研究院各研究所或部于必要时停止招收研究生。各大学依本规程所招收之研究生，应于取录后一个月内连同资格证件报部审核备案。

第八条　在学位法未颁布以前，各研究生研究期限暂定为至少二年。期满考核成绩及格由大学发给研究期满考试及格之证书。前项考试机关应有经部核准之校外人员参加，其详细规则另定之。

第九条　研究生应习之课程及论文工作由各校详细拟订，呈经教育部核定。

第十条　研究生不得兼任校内职务。

第十一条　研究生成绩优异者得给予奖学金，其名额及金额由各校自定之。

第十二条　独立学院得准照本规程各条之规定设置研究所。

第十三条　各大学或独立学院，在本规程公布前，已设置研究所者，应依本规程第四条及第五条之规定，呈部审核，经审核认可者，方得继续设立。

第十四条　本规程自公布之日施行。①

《研究院规程》对大学研究院所的性质、分类、组织以及研究生的资格、考试、肄业年限等都作了统一要求，使得各大学有了设置研究院所的制度依据。这一大学研究院所专门制度的颁行，从制度上规定了研究院的设立需要有三个或三个以上的研究所，一改原来只需有两个研究所的规定；研究所的名称也以学科名称而名之，从而结束了以前各大学以学校名、学院名或学系名自行称之的混乱做法；规定了研究期限为两年以上，改变了以前不定年限或三年以上的模糊说法。次年，《学位授予法》得以颁行，再次明确规定了硕士学位候选人的资格要求，即要求其在公立或已立案私立大学或独立学院的研究院所连续研究学习两年以上，并且各类成绩需合格。② 至此，我国研究生教育的学位问题在制度上得到了合法解决。因此，此前已设立了研究院所的各大学，都根据此制度进行了整顿；此前尚未设立研究院所的大学，也纷纷开始按此制要求来创设。

按《研究院规程》第十条之规定，"研究生不得兼任校内职务"，1939年3月国民政府教育部召集第二届全国教育会议，出席会员多认为助教之职务最适宜于研究工作，以格于法令之故，不能督促助教之研究工作，殊为可惜，因建议国民政府教育部将此条条文修正。全国教育会会员陈剑修等九人据理由称：

> 本国各大学研究院所，虽间有设立，而研究员生为数甚少。虽有种种原因，而大学毕业以后，亟需担负家庭经济，些微奖学金，殊不足以资挹注。而在另一方面，各大学在职助教，虽有心研究以图上进，惟因功令所限，不能受学位之褒。如研究院章程第十条明

---

① 宋恩荣、章咸选编：《中华民国教育法规选编》，江苏教育出版社，2005，第399—400页。
② 宋恩荣、章咸选编：《中华民国教育法规选编》，江苏教育出版社，2005，第402页。

白规定"研究生不得兼任校内职务"。揆其实际，助教职务，处处与研究有关，兼营并进，尤多便利，似宜明令废止，以宏造就，而促进高深学术之贡献。①

因此他们提议："废止大学研究院暂行章程第十条，并准许各大学助教在职研究。"为长远考虑并促进学术之发展，1939 年 6 月，国民政府教育部根据他们的提议和要求，并通过第三次全国教育会议的决议，后来又公布了《修正大学研究院暂行组织规程》，将原来《研究院规程》中第十条"研究生不得兼任校内职务"的规定，修正为"研究生不得兼任校内职务，但助教不在此限"。②除此条小有变化之外，其他内容与原规程并无改易。由于助教研究生因职务关系不能以全部时间从事研究，为保证教育培养的质量，同年 9 月，国民政府教育部另外又颁订了"助教兼作研究生办法"，特别要求助教研究生的研究期限须在三年以上，其他方面则要求与普通研究生相同。③同年，国民政府教育部还特别要求充实国立各大学原有研究院所，也颁令鼓励那些人才、设备较好的大学增设研究所，并由国民政府教育部酌量给予各校补助。为奖励研究生学习起见，国民政府教育部还规定由政府给予各校每学部 5 名研究生补助生活费，每人每年 400 元。而各学部的其他研究生，由各校自行补助津贴。④1941 年，国民政府教育部根据国民参政会及八中全会扩充研究院所之决议，乃确立各大学研究院所统筹设置原则如下：（1）充实原设学部。令原有研究所各学部切实办理，并增加补助费，同时充实其设备及研究需要。（2）增设必需之学部。甚有需要之学科而国内无该项学部，或虽有该项学部而数量不敷者，就对于该科系有成绩之若干学校设置之。（3）扶植优良之学校。成绩优良之学校，准其增设学部，俾其研究所与大学本部互相配合，而收相得益彰之效。1942 年，鉴于各大学研究院所之学部已有一定数量，应在质的改善条件之下求量的发展，故又确定原则如下：(1) 集中人力物力，积

---

① 王学珍、江长仁、刘文渊主编，北京大学、清华大学、南开大学等编：《国立西南联合大学史料 一 总览卷》，云南教育出版社，1998，第 159 页。
② 中国第二历史档案馆编：《中华民国史档案资料汇编 第五辑 第二编 教育》，江苏古籍出版社，1997，第 706 页。
③ 《南大百年实录》编辑组编：《南大百年实录 中卷 金陵大学史料选》，南京大学出版社，2002，第 174 页。
④ 《国立各大学扩充研究院所》，《教育杂志》1939 年第 12 期。

极充实原有各研究院所。(2) 已设置有相当数量之研究学部,不再增设。(3) 有特殊需要而为现时所向未设置之研究学部,得由部斟酌实际情形,指定设备及师资优良之大学设置之。① 至此,有关大学研究院所的制度愈加完善。

对于《研究院规程》颁行的原因,时人有过较多的阐释。时为国民政府教育部部长的王世杰认为:

> 在民国二十年《约法》公布以前,吾国大学尚无正式经政府承认的大学研究所;实际上各大学之已设研究所亦极少。以是之故,教职员既鲜有研究之便利,大学本科毕业学生亦无深造之机会。且因大学研究所之不存在,各校均不能授予高级学位,一般学子继续深造之兴趣亦殊不易提高。基于这种原因,教育部乃于民国二十三年首先颁布《大学研究院暂行(组织)规程》。②

按照王世杰的说法,我国大学设置研究院所的目的主要有二:一是为了便利教职人员研究,二是为了提高学位教育的层次。当然,他还认为培养大学师资也是筹设研究所的目的之一:"现在多数的大学,均感优良师资的不足,而现时国内大学因研究所的缺乏,复尚难自植大学师资,故目前尚应一面继续留学政策,一面择适当之大学筹设研究所。"③ 时为国民政府教育部高等教育司司长的黄建中也曾论及此事。他说:"教育部为养成高深学术人才及完成最高阶段之学制计,特制定大学研究院暂行组织规程,以为各大学设立研究所之准则。"可见,当时国民政府教育部颁布《研究院规程》,主要还是为了各大学研究院所设置的规范,让各大学有设立研究院所统一参照的标准和制度,这标志着大学研究院所建制进一步规范化和制度化。后来由于全民族抗战爆发,大学研究院所的工作也多未能进行,研究院所的研究生招考和培养工作也曾一度中断,研究生教育受到很大的影响。此外,1938 年 6 月,国民政府教育部颁发《限制留学暂行办法》,对公费和私费留学的资格条件作了严格限制。④ 这种限制出国留学之规定,致使很多希望出国留学深造的大

---

① 叶佩华:《我国大学研究院所设施情形之检讨》,《高等教育季刊》1942 年第 4 期。
② 王世杰:《训政时期约法与最近教育工作》,《教育杂志》1936 年第 10 期。
③ 王世杰:《中国教育的现状》,《中华教育界》1934 年第 5 期。
④ 宋恩荣、章咸选编:《中华民国教育法规选编》,江苏教育出版社,2005,第 627—628 页。

学毕业生之留学机会大为减少，而此时国家又正在抗战时期，因此对学术研究以及人才需求更大，为此很多大学毕业生不得不进入国内大学研究院所学习，政府也把它们作为培养专门人才的重要之所。① 正是在这种特殊条件下，国民政府教育部果断采取措施，来鼓励和促进大学研究院所的发展。

《研究院规程》颁布之后，也引起了社会各界的强烈反响。任鸿隽对此评价说：

> 我们教育当局现在积极的提倡大学研究所的设立，不能不说是教育政策的一个转变与进步。因为我国办了几十年的大学，毕业的学生虽然一年比一年的多，但造就的人才却不能与大学的毕业生作正比例。②

在他看来，国家缺乏人才正是由大学研究院所数量之不足所造成。对此，蔡元培指出，我国大学自设研究院，这样成效易睹，而且经费较省，还减倚赖之耻。③ 在他看来，研究院所的设立可为大学毕业生提供深造条件的同时，又可节省经费，也可减少依赖他国的耻辱。傅斯年对规程的出台也极表欢迎："在现在各大学每已设立了所谓研究院的时候，有这样一个规定，自然是一件很切要的事情。"④ 但他对西方大学研究院的创设背景及发展过程进行一番梳理分析后，就对我国当时的大学研究院所发展有些担忧，他认为大学研究院的设置应该与大学本身的各种条件相符合，并且应是一个渐进发展的过程。因此他建议：

> 在大学建置其研究院之前，应该先使得大学成大学，即彻底的建设大学中之讲座制……若大学本身的品质不具，而更设研究院，虽以至诚之志赴之，亦必为低能的大学本身所劣化无疑也。⑤

当时的《教育杂志》也对此制度的颁行发表过一篇评论。该评论指出：

> 盖研究所之设立，在国内各大学均属草创，而我国物质及人材，又极有限，故颇费斟酌。良以研究所之设立，一方面须顾及各学校

---

① 欧元怀：《抗战十年来中国的大学教育》，《中华教育界》1947 年第 1 期复刊。
② 任鸿隽：《大学研究所与留学政策》，《大公报》1934 年 12 月 23 日。
③ 蔡元培：《论大学应设各科研究所之理由》，《东方杂志》1935 年第 1 期。
④ 傅斯年：《大学研究院设置之讨论》，《独立评论》1934 年第 106 期。
⑤ 傅斯年：《大学研究院设置之讨论》，《独立评论》1934 年第 106 期。

人材设备之含量，一方面须考察各科学术需要之缓急，统筹全局，因地制宜，应由教育部斟酌指定，借收分工合作之效，而免偏枯重复之弊。①

此评论也提醒各大学应结合学校实际，谨慎有效地推进研究院所的创设和办理。

第三节　大学研究院所制度的改革

1946年7月，国民政府教育部召集部分大学校长及国内教育专家在南京召开了一次高等教育讨论会。这次会议详细讨论了有关高等教育的各类问题，其中关于大学研究院所的存废问题，会议形成了如下决议：(1)废除各大学研究院及研究学部名称；(2)学系与研究所完全打通，研究所所长须由系主任兼任；(3)设有研究的学系得招收研究生；(4)各大学原有研究生继续办理，此后的须核准设置，始得招收。②或许正是根据这个决议的要求，同年12月，国民政府教育部便废止了1934年颁布的《大学研究院暂行组织规程》，重新颁布了《大学研究所暂行组织规程》（以下简称《研究所规程》）：

大学研究所暂行组织规程

第一条　大学为提高学术研究得依大学组织法第八条之规定设各研究所。

第二条　各研究所应与各学系打成一片，并依学系名称称为某某研究所（例如物理系得设物理研究所）。

第三条　研究所之设置须经教育部之核准。

第四条　设置研究所之大学须具备下列各条件：

---

① 《中央大学筹办研究所与试验天才教育》，《教育杂志》1935年第4期。
② 《高等教育讨论会纪要》，《教育通讯》1946年第13期。

一、除大学本学系一般经费外，有确定充足之经费专供研究之用；

二、系内图书仪器等设备堪供研究工作之需；

三、师资齐备。

第五条　大学各研究所设所主任一人，由有关学系系主任兼任之。系内之教授、副教授、讲师、助教等均为研究所之工作人员，不得另支薪津，亦不得因此减少教课钟点。

第六条　各研究所之研究生，以公立及已立案之私立大学或独立学院毕业生经公开考试录取者为限，并不得限于本校毕业生。国外大学本系毕业生亦得应前项考试。研究所于必要时得停止招收研究生，各大学依本规程所录取之研究生应于入校后一个月内，将名册连同资格证件报部审核备案。

第七条　研究生学位之授予依学位授予法之规定办理之。

第八条　研究生成绩优异者得给予奖学金，其名额及金额由各校订定报部备案。

第九条　独立学院得准照本规程之规定设置各研究所，医学院得依主要科目分别设所（如解剖学研究所、病理学研究所等等）。

第十条　本规程自公布之日起施行。①

新颁布的《研究所规程》废止了大学研究院和研究学部的设置，而将学部一律改称为研究所，使大学中的研究所与相关学系紧密结合，研究所主任由有关学系主任兼任，系内的教员也都成为研究所的研究人员，科研与教学再度结合。这与原来《研究院规程》中的有关规定大不相同。《研究所规程》除取消了原有研究院及学部名称并加强了系所之间的关系和联系外，对于研究所的研究期限并无新的规定，而是沿用《学位授予法》的规定要求，即研究期限在两年以上。此外，原规程中关于"研究生不得兼任校内职务"之条文亦已取消，而其他条文均无修改。

---

① 吴镇柔、陆叔云、汪太辅主编：《中华人民共和国研究生教育和学位制度史》，北京理工大学出版社，2001，第13页。

事实上，随着大学研究院所的不断发展和成熟，对抗战时期师资的不足以及学术人才的紧缺起到了一定的缓解作用。可是由于大学研究院所地位及任务的提高，渐渐有脱离母体而自成一格的趋势，经费独立，师资独立。但因大学经费枯竭，难求高级师资，研究院与大学分家，反将前者置于孤立无援的状态，只有其表而并无其实，研究院逐渐忽略了其自身"供给教员研究便利"的任务，而成为单纯培养硕士的机构，量愈多，质愈差，颇为有识之士所诟病。①根据欧元怀上述之见，其时的大学研究院所由于经费不足、师资难求的原因，逐渐演变为一种单纯培养研究生的独立机构了。这种体制弊病很多：从学校来说，经费减少了，不易聘请到名流学者；现任教师不能承担研究院所的研究任务，研究水平得不到提高，从而影响教学质量。从研究院所来讲，只顾招收研究生，而师资却得不到学校的支援，尤其是研究生的基础课程和专业课程的开设困难更多，研究成果又不能及时交流，其结果自然导致研究生教育质量的下滑。因此，这种体制对于大学研究院所的发展乃至大学自身的发展都是不利的，故而此种状况曾引起了一部分教育人士的非议，他们认为大学中的研究院不必独立设置。事实上，关于这种看法和提议早在《研究院规程》颁布之初就已经为一些人士所注意。如在1934年，傅斯年就曾提出了批评性意见：

> 在大学中设研究院，当以训练大学本身之高级学生为重要，不当以"招收研究生"为专务，若为几个东来西去的所谓研究生，校内不得兼职，而校外似未尝不可兼职之研究生，建设一个庞大组织，似乎不值得……若研究但为毕业后之学生而设，研究所但为招收之研究生而用，则大学本身难免更要高中化了。②

1935年，姚薇元也撰文提醒并建议："大学研究所不当以招收研究生为专务……教授应注重引导大学中的高材生作独立研究，养成其研究能力及兴趣，然后于毕业后推荐到研究所来继续研究。"③1946年2月18日，周鲠生在总理纪念周上演讲也批评说："现今各大学之研究所依照教育部颁的规程

---

① 欧元怀：《抗战十年来中国的大学教育》，《中华教育界》1947年第1期复刊。
② 傅斯年：《大学研究院设置之讨论》，《独立评论》1934年第106期。
③ 姚薇元：《大学研究院与学术独立》，《独立评论》1935年第136期。

而设立,按大学所属学院、系以分研究所、部,是最不合于研究工作之组织。"①因此在一些学者的识见里,还是希望把大学研究院所建设成学校师生共同研究之机关,而非仅是人才培养机关。毫无疑问,《研究所规程》的颁布及其对大学研究院所组织的重大改革,正好符合了他们的意愿和要求,形成了"系所合一制",研究所并不脱离学系,这样可以更好地为教员提供研究的便利。所以对此改革,欧元怀十分赞同,并评价说:"此一改革,加重大学教员参加研究之成分,较之二年修业考取硕士之晋级制度实多见地。"②

当然,对于这一改革也有持异议者。如李建勋就指出,《研究所规程》中第二条及第五条,名义上是使各研究所与有关学系打成一片,事实上则是取消其独立性,这对于各研究所的发展是大有妨碍的。为此,他把《研究所规程》颁布之后的这个时期称作是大学研究院所发展史中的"萎缩期"。他觉得,如果研究所内工作人员的任课时间不减少,那么他们根本就没有时间进行学术研究,这对于学术的发展将十分不利。为此,他还专门联合中国教育学会向国民政府教育部提出一些改进的理由和办法,即建议将《研究所规程》的第二条改为各研究所应与各学系发生联系,并且依据学系名称,将其称为某系研究所;第五条则改为大学各研究所设主任一人,等等。③然而他的建议并未得到教育当局的采纳,所以《研究所规程》后来并没有加以修正。对此项改革,杜佐周也颇为失望,他认为抗战胜利后大学研究院所的数量虽然增加了许多,但由于研究院所的经费、人才和设备缺乏,研究工作进展并不顺利,也未取得显著成绩。所以他本希望政府部门今后能从增加经费、延揽人才和充实设备等方面来改变这一不良现状,可令他失望的是:"政府不此之图,舍难就易,忽于去年将各大学研究院及研究学部等名称废除,而将学系与研究所打通一气……此种办法,实未免'因噎废食'结果,遂使研究工作根本不能推动。"按他的理由和解释,那是因为研究生的训练,不论是其性质、目标、课程和方法等,都与大学各系迥然不同。如果没有独立的机构,没有精选到优秀的指导教授,则很难收到研究的成效。而且如果大学各系主任兼

---

① 徐正榜、陈协强主编:《名人名师武汉大学演讲录》,武汉大学出版社,2003,第 210 页。
② 欧元怀:《抗战十年来中国的大学教育》,《中华教育界》1947 年第 1 期复刊。
③ 许椿生、陈侠、蔡春编:《李建勋教育论著选》,人民教育出版社,1993,第 378—381 页。

任研究所主任,教授、副教授、讲师和助教等兼任研究所研究人员或指导人员,除在时间分配上很难兼顾外,就胜任的能力方面也是一个问题。所以他认为:"此次大学研究院所的改制,实欠审慎。虽其目的原为提高学术研究,但其实际,适得其反。我们需要革新,但我们必须慎重出之。"①确实,虽然这种改革的目的是在于加强系、所之间的联系,但事实上也使研究所沦为了学系的附庸,使其确实难以达到提高教育质量和学术质量的目的。事实上,除大学研究院所的名称发生了一些变更之外,其办学性质及教学内容等并没有发生实质性的变化。这些举措虽然可以解决研究院所原来"叠床架屋"的弊端,有利于节省各项办所经费,但实际上还是换汤不换药之举,改组之后的大学研究所,其研究事业并未得到重振。

  总之,从近代大学研究院所制度的变迁可见,它是孕育并成型于1902年到1934年间,规范和完善于1934年到1946年间,改革并萎缩于1946年到1949年间。它的产生、发展和完善,都与当时的政治、经济和文化等影响因素息息相关。它的变迁过程,其实是政府对大学研究院所由放任而统筹到扶持再到改革的一个过程。

---

① 杜佐周:《战后中国的大学教育》,《教育杂志》1947年第1期。

第三章
大学研究院所发展规模与特征

我国近代大学研究院所规模在1917—1934年、1935—1946年和1947—1949年三个时段里均有不同程度的发展,但各科研究所的发展并不均衡。这种发展状况与大学研究院所制度的变迁密切相关。大学研究院所的发展在地域布局、学科分布以及不同院校之间的设置等方面呈现出不同特征,也对留学教育的发展产生了一定的影响,而且这种设在大学内的研究院所与专业研究院所的合作过程中也出现了诸多问题。

第一节　大学研究院所发展的总体规模

我国近代大学研究院所的发展历经了自主发展、规范发展和改革发展三个阶段。受政治制度和经济制度的影响，虽然在不同的发展阶段，大学研究院所的发展规模有较为明显的差异，但总体上是一种快速发展的态势。这表明，抗战之际国家对学术救国有迫切需求以及我国的学术已逐渐走向独立。

一、1917—1934 年大学研究院所的创设情形

我国施行新教育之后，即拟有研究机构之设置。1902 年颁布的《钦定大学堂章程》即有于大学堂之上设"大学院"的构想。1904 年，张百熙等人拟定的《奏定大学堂章程》，改大学院为"通儒院"。但在清末实行新式学校制度过程中，各大学堂并未实行章程的相关规定。民国初年，教育部公布的《大学令》和《大学规程》，将通儒院又改称大学院，作为大学教授与学生极深研究之所。尽管民初教育部对大学院有所设计，但于办学实践上亦未见实施。直到 1917 年年底，北京大学成立文、理、法三科研究所，才开启了我国现代大学设立研究所的先河。1921 年年底，北京大学取消按各科设研究所的规定，只设国立北京大学研究所，下分国学、外国文学、社会科学和自然科学四门。但由于学校经费和人力条件的限制，到 1922 年 1 月，北京大学事实上仅开办了国学研究所。在其示范下，清华学校、厦门大学、交通大学、中山大学等校也纷纷随之设立了研究院所。至 1934 年，全国约有 12 所大学先后创设了研究院所，但各校具体办法"殊不齐一"。由于当时大学研究院所并未被政府正式承认，故尚未见官方的具体统计资料。为此，笔者根据手头可见资料，对 1922—1934 年间新增研究院所名称及研究院所总数进行了不完全的统计，现列出见表 3.1：

表 3.1 1922—1934 年间新增研究院所及研究院所总数

年份	学校及研究院所	研究院所总数
1922	北京大学研究所国学门	1[①]
1925	清华学校国学研究院	2
1926	厦门大学国学研究院、交通大学工业研究所	4
1927	中山大学（解剖学研究所、生理学研究所、细菌学研究所、病理学研究所），南开大学社会经济委员会（1931 年并入经济学院，1935 年改称经济研究所）	9
1928	燕京大学国学研究所、中山大学（语言历史学研究所、教育学研究所、心理学研究所、化学工业研究所）	13
1929	清华大学（物理研究所、外国语文研究所）、中山大学（农林植物研究所、药物学研究所）	14
1930	金陵大学中国文化研究所、齐鲁大学国学研究所、交通大学研究所（由交通大学工业研究所改组）、北平大学女子师范学院研究所、清华大学（中国文学研究所、哲学研究所、历史研究所、化学研究所、生物研究所、算学研究所、政治学研究所、经济学研究所）	24
1931	北平师范大学研究院（北平大学女子师范学院研究所改组而成）	28
1932	金陵大学化学研究所、南开大学应用化学研究所、北京大学研究院、清华大学心理学研究所、岭南大学社会研究所	30
1933	清华大学（社会学研究所、地理学研究所），北洋工学院（矿冶工程研究所、工程材料研究所）	34
1934	中山大学社会研究所、中央大学教育实验所	36

二、1935—1946 年大学研究院所的开办状况

1934 年 5 月国民政府教育部颁布的《研究院规程》对大学研究院之性质、组织机构、研究生教育等作了统一要求。依学科名，研究院分文、理、法、教育、农、工、商、医等科研究所。各研究所依其本科所设各系而分若干学部，称为研究所某部（如理科研究所物理部）[②]，即以学科名为研究所名称，以学系名或专业名为学部名称。由此，我国现代大学的研究院所由各校自主设置转变为须经国

[①] 表中只列举了有研究院所新增的年份；各年研究院所总数并非递加新增研究院所数，而是减去了已停办或已改组的研究院所数；1932 年北京大学研究院实际有文史、自然科学和社会科学 3 部，因未称研究所，故在此只视为 1 个研究院。

[②] 宋恩荣、章咸选编：《中华民国教育法规选编》，江苏教育出版社，2005，第 399 页。

民政府教育部统一核准才可设置的运行轨道，表明我国研究生教育的制度化，研究所也正式为国民政府所承认。从1935年至1946年，经国民政府教育部备案的大学研究所数及学部数见表3.2：

表3.2　1935—1946年各年度经教育部备案的大学研究所数及学部数统计表①　（单位：个）

	1935年	1936年	1937年	1938年	1939年	1940年	1941年	1942年	1943年	1944年	1945年	1946年
研究所数	15	22	18	23	30	30	36	45	42	49	49	51
学部数	28	35	23	26	46	51	64	75	69	87	90	95

从表3.2可以看出，不论是研究所数还是学部数，只在1937年和1943年两年度有所减少。1937年是由于全民族抗战爆发，大学的各项工作深受影响，研究所的发展亦受冲击，所以研究所数量有所减少。而1943年的减少，甚至包括其后几年的缓步增长，均与国民政府教育部的有意控制有关。如1943年国民政府教育部就曾令各高校近期内不得增设任何研究学部。为了解各学科研究所和学部的发展情况，现统计了1935—1946年各年度学科研究所数和学部数，具体见表3.3：

表3.3　1935—1946年各年度学科研究所数（学部数）统计表②

年度	文	法	商	教育	理	工	医	农
1935	3(8)	3(3)	1(1)	1(2)	4(10)	1(1)	0	2(3)
1936	4(9)	4(5)	1(1)	1(2)	7(12)	2(2)	0	3(4)
1937	4(5)	3(3)	0	1(2)	6(8)	1(1)	0	3(4)
1938	5(5)	3(3)	0	3(4)	6(8)	2(2)	1	3(4)
1939	6(8)	4(4)	1(1)	3(5)	7(13)	5(10)	1(1)	3(4)
1940	6(10)	5(6)	1(1)	3(4)	7(15)	5(10)	0	3(5)
1941	8(13)	5(7)	1(1)	3(4)	8(18)	6(12)	1(1)	4(8)
1942	10(15)	5(7)	1(1)	3(4)	10(22)	6(11)	5(6)	5(9)
1943	9(14)	4(6)	1	3(4)	8(18)	6(11)	6(7)	5(9)
1944	11(18)	6(10)	2(2)	3(5)	9(22)	7(12)	6(7)	5(11)
1945	11(20)	7(12)	2(2)	8(8)	7(20)	6(13)	5(7)	3(11)
1946	10(17)	8(12)	1(1)	3(5)	8(23)	7(12)	8(13)	6(12)

---

① 蒋致远主编：《第二次中华民国教育年鉴》第四册，（台中）宗青图书公司，1991，第11页。
② 同上。

为进一步了解此时期大学研究院所在各阶段发展的具体情况，下面列出了1936年和1941年全国大学研究所和学部的统计表。

1936年，全国已有各科研究所24个，学部39个（含暂停或未招生数），具体见表3.4：

表3.4 1936年全国大学研究所和学部统计表[①]

序号	学校	研究所	学部
1	国立清华大学	文科研究所	中国文学、外国文学、哲学、史学
		理科研究所	物理、化学、算学、生物学
		法科研究所	政治、经济（暂停招生）
2	国立北京大学	文科研究所	中国文学、史学
		理科研究所	数学、物理、化学
		法科研究所	法学（暂停招生）
3	国立中山大学	文科研究所	中国语言文学、历史
		教育研究所	教育学、教育心理学
		农科研究所	农林植物、土壤
4	国立中央大学	理科研究所	算学
		农科研究所	农艺
5	国立武汉大学	工科研究所	土木工程
		法科研究所	经济
6	国立北洋工学院	工科研究所	采矿冶金
7	私立南开大学	商科研究所	经济
		理科研究所	化学工程
8	私立燕京大学	文科研究所	历史
		理科研究所	化学、生物
		法科研究所	政治
9	私立东吴大学	法科研究所	法律
10	私立金陵大学	文科研究所	史学（准予1937年招生）
		理科研究所	化学
		农科研究所	农业经济
11	私立岭南大学	理科研究所	生物、化学

全民族抗战爆发后，众多高校纷纷内迁，大学的研究工作大多未能正常

[①] 中国第二历史档案馆编：《中华民国史档案资料汇编 第五辑 第一编 教育》，江苏古籍出版社，1994，第1385—1386页。

进行，原有的扩充计划也未能按时实现。有鉴于此，1938年，国民政府教育部拨出专门经费，鼓励人才和设备较好的国立大学适当增设研究所和学部。至1941年年底，全国大学研究所和学部统计见表3.5：

表3.5　1941年全国大学研究所和学部统计表①

序号	学校	研究所	学部
1	国立中央大学	文科研究所	史学、哲学
		理科研究所	数学、物理、化学、地理
		工科研究所	电机、机械、土木
		法科研究所	政治、经济
		师范科研究所	教育心理
		农科研究所	农艺、森林
		医学研究所	生理学
2	国立西南联合大学	文科研究所	中国文学、外国文学、史学、哲学
		理科研究所	数学、化学、物理、生物、地质
		工科研究所	电机、机械、土木
		法科研究所	政治、经济
3	国立中山大学	文科研究所	中国文学、史学
		农科研究所	土壤、农林植物
		师范科研究所	教育学、教育心理
4	国立武汉大学	工科研究所	土木、电机
		法科研究所	经济、政治
5	国立浙江大学	文科研究所	史地
		理科研究所	数学
		工科研究所	化工
6	国立四川大学	文科研究所	中国文学
		理科研究所	化学
7	国立东北大学	文科研究所	史地
8	国立西北工学院	工科研究所	矿冶
9	国立西北农学院	农科研究所	农田水利
10	国立西北师范学院	师范科研究所	教育学

---

① 蒋致远主编：《第二次中华民国教育年鉴》第二册，（台中）宗青图书公司，1991，第86—87页。注：1938年7月国民政府教育部公布《师范学院规程》，将原来的教育研究所改称为师范研究所；1946年12月在《改进师范学院办法》实施后，又将师范研究所改称为教育学研究所，所以它们在不同时期有不同的称谓。另外，西南联合大学时期，北京大学、清华大学、南开大学的研究生教育并未合并，研究所仍归各校办理，而此资料未有体现。

(续表)

序号	学校	研究所	学部
11	私立南开大学	商科研究所	经济
12	私立金陵大学	文科研究所	史学
		理科研究所	化学
		农科研究所	农业经济、园艺
13	私立燕京大学	文科研究所	史学
		理科研究所	物理、化学、生物
		法科研究所	政治
14	私立辅仁大学	文科研究所	史学
		理科研究所	物理
15	私立岭南大学	理科研究所	生物、化学
16	私立东吴大学	法科研究所	法律

需要说明的是，由于上述资料统计的研究所和学部是经国民政府教育部备案且进行研究生教育的所部，因此未经备案的或不招收研究生的研究所并未统计在内，如交通大学研究所、齐鲁大学国学研究所、华西大学中国文化研究所和教育研究所等。但实际上，它们也进行了很多的研究工作，并且其中有的在后来也得到了国民政府教育部的正式承认，纳入了研究院的管理体制。关于此点，徐中玉在其《学术研究与国家建设》中也有所提及：

> 另外各大学有些研究机构，因各种原因，未能正式成立，不过他们也有相当的工作。比如中央大学的机械特别研究班；中山大学的细菌学、解剖学、病理学、生理学、药物学等研究所，地质调查所，土壤调查所；华西大学的文化研究所；齐鲁大学的国学研究所等等。①

三、1947—1949年大学研究院所的发展规模

1946年12月，国民政府教育部废止了《研究院规程》，另行公布了新的《研究所规程》。通过政策的变化，废止了大学研究院和研究学部的设置，一律

---

① 徐中玉：《学术研究与国家建设》，国民图书出版社，1942，第7页。

改称为研究所，使其与学系打成一片，研究所的名称根据学系名称之。按照这样的规定，原来的学部全部演变成了研究所，因此一时间大学研究所的数量急剧增加。至1947年，33所高校已有156个研究所。具体见表3.6：

表 3.6 1947年全国大学研究所统计表[①]

序号	学校	院别	研究所
1	国立中央大学	文	中国文学、外国文学、史学、哲学
		理	数学、地理、心理学、生物学、物理学、化学
		法	法律、政治学、经济学、社会学
		农	农业经济、农艺、森林学、畜牧兽医
		工	土木工程、机械工程、电机工程
		医	生物化学、生理学、公共卫生、法医
		师范	教育学
2	国立中山大学	文	中国文学、史学
		理	植物
		农	土壤学
		师范	教育学
		医	病理学、生理学、细菌学、解剖学、药理学
3	国立武汉大学	文	中国文学、史学
		理	物理学、化学
		法	经济学、政治学
		工	土木工程、电机工程
4	国立浙江大学	文	教育学、史地、史地教育
		理	数学、物理学、化学、生物学
		工	化学工程
		农	农业经济
5	国立四川大学	文	中国文学
		理	化学
6	国立同济大学	理	土地测量
		医	细菌学

---

① 蒋致远主编：《第二次中华民国教育年鉴》第二册，(台中)宗青图书公司，1991，第87—88页。

（续表）

序号	学校	院别	研究所
7	国立厦门大学	理	中国海洋、水产
8	国立复旦大学	法	经济学
9	国立交通大学	工	电信学
10	国立湖南大学	工	矿冶学
11	国立贵州大学	文	中国文学
12	国立东北大学	文	史学
12	国立东北大学	理	地理学
13	国立南开大学	商	经济学
13	国立南开大学	工	化学工程
14	国立清华大学	文	中国文学、外国文学、史学、哲学
14	国立清华大学	法	社会学、经济学、政治学
14	国立清华大学	理	数学、心理学、地学、物理学、气象学、化学、生理学
14	国立清华大学	工	电机工程、土木工程、化学工程、机械工程、建筑工程、航空工程
14	国立清华大学	农	植物病理、植物生理、昆虫
15	国立北京大学	文	中国文学、东方语文、西方语文、史学、哲学、教育学
15	国立北京大学	法	法律学、政治学、经济学
15	国立北京大学	理	数学、化学、物理学、动物学、植物学、地质学
16	国立重庆大学	理	数学
16	国立重庆大学	工	化学工程、电机工程
17	国立山东大学		海洋研究所（筹备）
18	国立台湾大学	医	热带医学、生理学、病理学、结核病、植物学
18	国立台湾大学	农	农业化学、农业生物学
18	国立台湾大学	工	电机工程
19	国立政治大学		研究部
20	国立北平师范学院	师范	教育
21	国立上海医学院	医	药理学、病理、生物化学
22	国立江苏医学院	医	寄生虫学
23	国立西北农学院	农	农业水利
24	国立西北工学院	工	矿冶工程

(续表)

序号	学校	院别	研究所
25	国立西北师范学院	师范	教育学
26	国立沈阳医学院	医	生理学、病理学、药理学、细菌学、解剖学、内科学、外科学、放射线科学
27	私立金陵大学	文	历史学、社会学
		理	化学
		农	农艺学、园艺学、农业经济
28	私立燕京大学	文	历史学、政治学
		理	化学、生物学
29	私立岭南大学	理	生物学、物理学、化学
30	私立辅仁大学	文	人类学、史学、经济学
		理	物理学、化学、生物学
31	私立齐鲁大学	医	寄生虫学
32	私立东吴大学	法	法律学
33	私立朝阳学院	法	法律学

总体来看，尽管民国时期政局不稳、社会动荡，但大学研究院所数量还是一直呈增长趋势。1934年以前，由于国家层面上关于研究院所的专门制度尚未出台，故各有关大学在移植西方大学制度的过程中，把设立研究院所作为一种自觉行为，就已有参差不齐的研究院所达36个。从表3.2看，《研究院规程》颁布后，由于研究院所设置得到规范整治，故1935年仅有研究所15个。此后，研究所数量增速更为显著，研究所总量在1937年稍有回落，此后几年又再度增长。1946年同1935年相比，大学研究所数增加了36个，学部数增加了67个。《研究所规程》颁布后，研究所由颁布前的51个，突增至1947年的156个，当然这与学部改称研究所的规定有关，但即便把1947年的156个研究所当作学部数量来比较，则1946年学部的数量是95个，1947年较1946年也增加了61个，约增长了64%。而到1948年，研究所数量又有所增加，如私立广州大学设立了研究所。因此，1948年，全国34所高校共设立了166个研究所，比1947年又增加10个。其具体增减情况见表3.7：

表 3.7　1948 年全国大学研究所的增减情况[1]

序号	学校	新增的研究所	撤销的研究所
1	浙江大学	中国文学、人类学	
2	厦门大学	化学	
3	复旦大学	生物学	
4	清华大学	农业化学	植物生理
5	北京大学	生理学、病理学、细菌学、解剖学、生物化学、公共卫生	
6	山东大学	水产	
7	政治大学		研究部
8	江苏医学院		寄生虫学
9	上海医学院	寄生虫学	药理学、病理、生物化学
10	私立岭南大学	经济学	
11	私立广州大学	经济学	

第二节　各科研究院所的创建与发展

自从北京大学始创研究所之后，由于受各校师资和设备条件等因素的影响，不同学科研究院所的始建时间有先有后，不同学科研究院所的发展规模也有多有少。大学研究院所发展的这种学科差异，也会导致不同学科间的研究生教育失衡。

---

[1] 蒋致远主编：《第三次中华民国教育年鉴》第一册，（台中）宗青图书公司，1991，第 81 页。

一、文科研究所的创建与发展

我国大学的文科研究所最早设立于北京大学。1917 年 11 月，北京大学成立了文科研究所，分国文、英文和哲学三门。但创建后成效不明显，因此进行了改组。1922 年 1 月，北京大学研究所国学门成立。1932 年 6 月，北京大学成立研究院，研究所国学门升格为北京大学研究院文史部。清华学校于 1925 年成立了国学研究院，创办四年后，于 1929 年 6 月停办。1930 年秋，清华大学另办研究院，成立了中国文学、哲学、历史等研究所。[①]1926 年，厦门大学模仿北京大学研究所国学门创设了国学研究院。1928 年 1 月，中山大学语言历史学研究所成立，至 1931 年 1 月改名为文史研究所。1928 年，燕京大学成立了国学研究所。1930 年，金陵大学成立了中国文化研究所。1930 年秋，齐鲁大学成立了国学研究所。据笔者不完全统计，至《研究院规程》颁布前，我国已有上述 7 所大学设立过文科研究所。很明显，此期文科研究所的设置，主要以国学研究院所为主。可见，20 世纪 20 年代的"整理国故运动"，催生了诸多国学研究机构。

1934 年 5 月《研究院规程》颁布后，根据规定，设立文科的学科名应作为文科研究所名，之前的文史研究所、国学研究所成为文科研究所之下的学部，当然不招收研究生的特种研究所除外。由是，1934 年，北京大学研究院文史部改称文科研究所，下设中国文学和史学两部；全民族抗战爆发后，北京大学内迁，研究所一度停顿，时至 1939 年 8 月，北京大学文科研究所在昆明恢复工作，下设中国文学部、语言学部、哲学部、历史学部。1935 年，中山大学成立研究院，文史研究所更名为文科研究所，下设中国语言文学部和史学部。1935 年夏，燕京大学文科研究所历史学部正式成立。1935 年，清华大学成立研究院，设立了文科研究所；1941 年 10 月，清华大学文科研究所恢复成立，设中国文学、历史、外国语文、哲学四部。1936 年，金陵大学文科研究所史学部成立；1942 年秋，增设社会福利行政学部。辅仁大学文科研究所史学部

---

① 清华大学校史研究室编：《清华大学史料选编 第二卷 国立清华大学时期（1928—1937）》，清华大学出版社，1991，第 586—592 页。

成立于 1937 年 6 月，当时整个文科研究所仅有史学部一部；1944 年，文科研究所增设了人类学部。① 1939 年 7 月，浙江大学建立文科研究所史地学部，史地学部下设史学、地形学、人文地理学、人类学五个组。1940 年，四川大学在成都成立了文科研究所，下设史学、中国文学、语言文学三组。1940 年，齐鲁大学开始筹设文科研究所历史学部，但未获批准。1940 年秋，迁入四川三台县的东北大学成立了"东北史地经济研究室"，1942 年 8 月，改名为文科研究所，内设史地学部，分历史、地理、经济史地三组。1942 年 6 月，在乐山的武汉大学向国民政府教育部申请设立文史研究所，后来批准成立文科研究所文史学部。1945 年秋，贵州大学成立文科研究所，分为中国文学部及西南文物研究部，因经费困难，先成立中国文学部。② 据统计，1935—1946 年，经国民政府教育部备案的大学文科研究所数和学部数见表 3.8：

表 3.8 1935—1946 年各年度经国民政府教育部备案的大学文科研究所数和学部数③
（单位：个）

	1935年	1936年	1937年	1938年	1939年	1940年	1941年	1942年	1943年	1944年	1945年	1946年
研究所数	3	4	4	5	6	6	8	10	9	11	11	10
学部数	8	9	5	5	8	10	13	15	14	18	20	17

值得说明的是，由于战时北京大学、清华大学和南开大学组建为西南联合大学，虽然它们的研究所并没有合并，但有些统计资料将它们视为一校。

在国民政府教育部 1946 年 12 月颁行的《研究所规程》中，取消了研究院，将各研究所划归各学院管理。根据这一规定，文科研究所的原有学部改称研究所，并附设于文学院。于是，文科研究所又有新设。如 1947 年 5 月，武汉大学的文史学部改为中国文学研究所和历史研究所；1948 年，浙江大学就增设了中国文学研究所和人类学研究所。到 1948 年，全国大学设立文科研究所共计 28 所。具体情况见表 3.9：

---

① 孙邦华：《会友贝勒府——辅仁大学》，河北教育出版社，2004，第 54 页。
② 《贵州大学校史》编写委员会编：《贵州大学校史 贵州大学分册》，贵州大学出版社，2007，第 39 页。
③ 蒋致远主编：《第二次中华民国教育年鉴》第四册，（台中）宗青图书公司，1991，第 11 页。

表 3.9 1948 年全国大学文科研究所分布情况[①] （单位：个）

大学	研究所	研究所数
中央大学	中国文学、外国文学、史学、哲学	4
中山大学	中国语言文学、历史	2
武汉大学	中国文学、史学	2
浙江大学	中国文学、史地、人类学、史地教育	4
四川大学	中国文学	1
贵州大学	中国文学	1
东北大学	史学	1
清华大学	中国文学、外国文学、史学、哲学	4
北京大学	中国文学、东方语文、西方语文、史学、哲学	5
金陵大学	历史学	1
燕京大学	历史学	1
辅仁大学	人类学、史学	2
总计		28

二、法科研究所的创建与发展

1917 年年底，北京大学设立了政治、经济、法律三个法科研究所；1932 年，在研究院之下设社会科学部。1930 年，清华大学创办了政治学、经济学两个法科研究所；1933 年，增设社会学研究所。1931 年，燕京大学设立了社会、政治、经济等法科研究所。1932 年，岭南大学成立了社会研究所；该所 1937 年更名为西南社会调查所；1948 年更名为西南社会经济研究所。1934 年 12 月，中山大学在社会系内成立社会研究所。也就是说，在国民政府教育部颁布《研

[①] 蒋致远主编：《第三次中华民国教育年鉴》第一册，（台中）宗青图书公司，1991，第 81—82 页。

究院规程》前,设有法科研究所的大学仅有上述数校。

1934年5月《研究院规程》颁布后,按照国民政府教育部要求,除未招收研究生的特种研究所外,各校纷纷将原来已有的社会学研究所、政治学研究所、经济学研究所等统一改属于法科研究所,同时有些大学也开始新设法科研究所。如1934年,北京大学把原来研究院下的社会科学部改为法科研究所。1934年,清华大学设立法科研究所政治学部和经济学部。1934年,燕京大学设立了法科研究所政治学部。1935年1月,武汉大学设立法科研究所经济学部,后又添设了政治学部。1935年,经过申报和国民政府教育部核准,东吴大学在原有培养硕士研究生的基础上,成立法科研究所法律学部。

全民族抗战爆发,诸多大学研究院所工作被迫中断。不过在此期间,有的又慢慢恢复或新增。如1939年8月,北京大学恢复研究院,法科研究所下设法律、政治学、经济学等学部。1939年8月,中央大学增设法科研究所政治经济学部;1944年8月,又添设法律学部。1940年,清华大学先后恢复法科研究所的政治、经济、社会学部。东吴大学迁重庆后,1943年法科研究所才得以恢复。1944年,朝阳学院设立法科研究所,下设行政法学和比较法学两部。据统计,从1935—1946年,经国民政府教育部备案的大学法科研究所和研究学部一直处于缓慢增长的态势。具体情况见表3.10:

表3.10　1935—1946年各年度经国民政府教育部备案的大学法科研究所数和学部数①
（单位:个）

	1935年	1936年	1937年	1938年	1939年	1940年	1941年	1942年	1943年	1944年	1945年	1946年
研究所数	3	4	3	3	4	5	5	5	4	6	7	8
学部数	3	5	3	3	6	7	7	7	6	10	12	12

从上表可见,1942年,全国大学法科研究所之学部数总计7个。据有关学者统计,这7个学部的具体情况如下:从学部类型分布看,法律学部1个、政治学部3个、经济学部2个、政治经济学部1个;从学校性质分布看,国立大学5个、私立大学2个。②

---

① 蒋致远主编:《第二次中华民国教育年鉴》第四册,(台中)宗青图书公司,1991,第11页。
② 《全国大学及独立学院法科研究所之学部数》,《高等教育季刊》1943年第1期。

1946年12月《研究所规程》颁布后，原有学部改称研究所。此外，还有大学新设法科研究所。如1947年，复旦大学原商科研究所经济学部改称经济研究所，并归属于法学院；1947年，中央大学新设立了社会学研究所；1948年，私立广州大学新设立了经济学研究所。至1948年，全国大学法学院设立法科研究所的情况见表3.11：

表3.11　1948年全国大学法学院设立法科研究所的分布情况①　（单位：个）

大学	研究所	研究所数
中央大学	法律、政治学、经济学、社会学	4
武汉大学	经济学、政治学	2
复旦大学	经济学（复员前属于商学院，称商科研究所，后来改属法学院）	1
清华大学	社会学、经济学、政治学	3
北京大学	法律学、政治学、经济学	3
私立东吴大学	法律学	1
私立广州大学	经济学	1
私立朝阳学院	法律学	1
总计		16

三、教育研究所的创建与发展

虽然1918年北京高等师范学校就设立了教育研究科，但其时该科并非真正意义上的研究机构，仍主要进行师资培养。1928年2月，中山大学正式创办了教育学研究所，庄泽宣为研究所主任，这是我国大学教育研究所的肇始。该研究所乃是鉴于当时"国内的教育太外国化而不合于国情""为谋中国教育问题之研究与解决"而创设的。②1931年9月，北平师范大学研究院教育科

---

① 蒋致远主编：《第三次中华民国教育年鉴》第一册，（台中）宗青图书公司，1991，第81—82页。
② 国立中山大学编：《国立中山大学教育学研究所一览》，国立中山大学出版部，1929，引言。

学门成立①；1932年9月，经该校务会议议决，又将研究院改为研究所，专门负责教育研究及训练教育专门人才。②其目的也是想对国外"抄袭得来"的教育给予实验，故研究所非常注重教育调查。中央大学在1930年就有教授建议创办教育研究所，但因故未成。直到1934年，艾伟主持中央大学教育学院工作，才设立教育实验所。其创办目的乃是想通过"心理的和统计的实验，解决教育问题，建立中国化的科学教育"③。艾伟还就其名称为"教育实验所"而不是"教育研究所"加以解释。他认为"研究"未必经过实验的历程，而可靠的、客观的研究则必经过实验的研究。④总之，这一时期，大学教育研究所处于初步创立、自由发展和摸索前进阶段，虽然其创立适应了教育改革的需要，也契合教育学界日益高涨的研究意识，但它们并没有得到迅速发展，甚至没有得到足够重视。⑤

1934年5月《研究院规程》颁布，以及1935年《学位授予法》及其相关考试细则出台后，大学研究院所的设置及其研究生教育才有了制度保障。此后，大学出现了一个兴办研究院所的高潮。可教育研究所在这一潮流中显得有些冷清。根据《研究院规程》，仅是对原有研究所进行了改制。如在1935年，中山大学将教育学研究所改名为教育研究所，分设教育学和教育心理学两个学部，并增设义务教育、民众教育、心理实验及统计测验等研究室。⑥1938年7月，国民政府教育部公布《师范学院规程》，又要求将原有教育研究所改称为师范研究所。⑦于是中山大学教育研究所改名为师范研究所，仍分教育学和教育心理学两个学部；中央大学教育实验所则改为师范科研究所教育心理学部，并于1944年经国民政府教育部核准增设教育学部，内分教育哲学及教育史、教育及学校行政、中小学教材教法等三组。1937年七七事变后，北平师范大学奉令内迁，1938年成为西北联合大学的

---

① 黎锦熙：《研究所略史》，《师大月刊》1932年第1期。
② 国立北平师范大学编：《国立北平师范大学一览》，国立北平师范大学，1934，第235页。
③ 《中大创办教育实验所》，《教育周刊》1934年第184—185期。
④ 艾伟：《教育实验所之使命》，《教育丛刊》1934年第2期。
⑤ 肖朗、王有春：《近代中国国立大学教育研究机构综论》，《高等教育研究》2012年第8期。
⑥ 国立中山大学研究院教育研究所编：《本所研究事业十年》，国立中山大学研究院教育研究所，1937，第93页。
⑦ 国民政府教育部参事处：《教育法令汇编》第4辑，正中书局，1939，第46页。

师范学院，内设师范研究所，起初仅设教育学部，与过去的教育研究所相衔接。1939 年 8 月，师范学院从西北联合大学中分出，独立为西北师范学院。因此，原西北联合大学师范学院的师范研究所改名为西北师范学院师范研究所。[①]1943 年 11 月，私立华西协合大学依托该校的乡村教育系正式创办教育研究所，内分教育心理、中等教育、国民教育、教育行政及社会教育等五组。由于西北师范学院师范研究所承袭了北平师范大学研究所，故而就严格意义上说，从《研究院规程》颁布后至抗战结束，实际只有华西协合大学新设了教育研究所。但由于华西协合大学是私立大学，而抗战期间，国民政府教育部规定私立大学不得设教育系和师范学院，由是该校教育研究所并不被国民政府所承认，所以其时经国民政府教育部备案的大学教育研究所数并不包含它。1935—1946 年全国大学教育研究所或师范研究所数和学部数见表 3.12：

表 3.12　1935—1946 年全国大学教育研究所或师范研究所数和学部数[②]　（单位：个）

	1935年	1936年	1937年	1938年	1939年	1940年	1941年	1942年	1943年	1944年	1945年	1946年
研究所数	1	1	1	3	3	3	3	3	3	3	3	3
学部数	2	2	2	4	5	4	4	4	4	5	5	5

从上表可见，自 1935 年以来，全国大学教育研究所和学部的数量总体上呈缓慢增长的态势。12 年来，虽然教育研究所增加了 2 个，增长了 2 倍；学部增加了 3 个，增长了 1.5 倍，但其绝对数量还是偏少，与其他学科研究所比较起来，发展速度相对滞缓得多。如 1938 年，全国大学的研究所数为 23 个、学部数为 26 个，而其中师范研究所仅有 3 个、学部 4 个，分别约占 13% 和 15%；到 1946 年，全国大学研究所有 51 个、学部 95 个，而其中师范研究所仍只 3 个、学部 5 个，分别约占 6% 和 5%。[③]

1946 年 12 月，国民政府教育部新公布了《研究所规程》；同月，又修正《改

---

① 国立西北师范学院编：《师范研究所概况》，《国立西北师范学院校务汇报》1939 年第 1 期。
② 教育年鉴编纂委员会编：《近代中国史料丛刊三编　第 11 辑　第二次中国教育年鉴　第 6 册》，文海出版社，1986，第 11 页。
③ 蒋致远主编：《第二次中华民国教育年鉴》第四册，（台中）宗青图书公司，1991，第 11 页。

进师范学院办法》，复将师范研究所改称教育学研究所。①根据这些规定，中山大学、中央大学和西北师范学院的师范研究所改为教育学研究所。另外，1947年，北平师范学院、浙江大学和北京大学新增设了教育学研究所。其中浙江大学和北京大学的教育学研究所均设在本校文学院之下。因此，据国民政府教育部统计（不含华西协合大学教育研究所），1947年，全国大学研究所总数是156个，其中教育学研究所6个，约占4%，比1946年又有所下降。②

总之，据笔者不完全统计，从1928年至1949年，设立过教育研究所或师范研究所的高校计有中山大学、中央大学、北平师范大学、西北师范学院、华西协合大学、北平师范学院、浙江大学和北京大学等8所大学。但在1947年之前，即便加上华西协合大学教育研究所，全国大学的教育研究所一直维持在4个左右，而且其增速明显缓于其他学科研究所。究其原因，除受日本侵华战争影响、始创时间相对较晚以及高校经费支绌等客观原因外，可能主要与其时学界一些学者的主观认识有关。当时有些学者对教育学的学术性持质疑的态度。如20世纪30年代，时任北京大学教授的傅斯年就曾挑起了"教育学是否为一门学科"之争，并与众多教育学者就此问题展开了激烈论辩。傅斯年虽然不否定在大学中设教育研究所，但反对设教育学院和教育学系，认为"教育学本身不成一种严整的独立的训练"③。而实际上，当时的教育研究所往往依托和附设于教育学院或教育学系，"皮之不存，毛将焉附"，因此，傅斯年的观点无疑不利于教育研究所的发展。对此，张礼永就认为："这场论争，若从教育研究所的待遇来看，不但没有帮助，反而有遏制。"④但无论怎样，早期教育研究所的创设促进了我国教育学学术的进步，对新教育的中国化也产生了一定的推动作用。

---

① 宋恩荣、章咸选编：《中华民国教育法规选编》，江苏教育出版社，2005，第465页。
② 蒋致远主编：《第二次中华民国教育年鉴》第二册，（台中）宗青图书公司，1991，第87—88页。
③ 傅斯年：《再谈几件教育问题》，《独立评论》1932年第20期。
④ 张礼永：《教育学能否立于大学之林？——三十年代教育学者与傅斯年的大论战之回顾与探析》，《现代大学教育》2013年第5期。

四、商科研究所的创建与发展

我国大学的商科研究所最早成立于私立南开大学。南开大学商科研究所经济学部的前身是1927年秋成立的社会经济研究委员会。它是直属于学校的独立研究机构。1931年,社会经济研究委员会与文学院经济系合并为经济学院,成为一种半教学、半研究的机构。1934年秋,按照《大学组织法》和《研究院规程》,经济学院改组为商科研究所经济学部,后来大家习惯称其为经济研究所。

另一个商科研究所是1944年创办于重庆的复旦大学商科研究所。早在1942年,复旦大学改为国立,此研究所一开办就附设于该校。1947年,该所随复旦大学迁返上海后,根据《研究所规程》的要求,商科研究所改名为经济研究所,隶属于法学院经济系。[①]

再一个就是光华大学的商科研究所。1945年,光华大学创办商科研究所,内分会计、工商管理、国际贸易与金融三部门,当年秋即开始招生。[②]

现将1935—1946年各年度全国大学商科研究所数和学部数列于表3.13:

表3.13　1935—1946年各年度全国大学商科研究所数和学部数[③]（单位：个）

	1935年	1936年	1937年	1938年	1939年	1940年	1941年	1942年	1943年	1944年	1945年	1946年
研究所数	1	1	0	0	1	1	1	1	1	2	2	1
学部数	1	1	0	0	1	1	1	1	0	2	2	1

总体来看,在整个民国时期,据现有史料可知,只有南开大学、复旦大学和光华大学曾以商科作为研究所的名称,且这些商科研究所也惯称经济研究所。但事实上,其时诸多大学的经济学部都设在法科研究所之下,1946年后,这些经济学部也都改称为经济研究所。而南开大学、复旦大学和光华大学之

---

① 复旦大学校史编写组编:《复旦大学志　第一卷(1905—1949)》,复旦大学出版社,1985,第344—345页。
② 《光华大学下季起设立商科研究所》,《燕京新闻》1945年第22期。
③ 教育年鉴编纂委员会:《近代中国史料丛刊三编　第11辑　第二次中国教育年鉴　第6册》,文海出版社,1986,第11页。

所以设商科研究所经济学部，笔者认为是因为在有资格设立研究所的高校中，它们具备了两个条件：其一，从学院的设置来看，此两校均设有商学院；其二，从学科的设置来看，此两校均有商科。

五、理科研究所的创建与发展

1917年11月，北京大学就已设立了数学、物理和化学三门研究所，归属理科。到1922年，这些研究所均停办。1932年，北京大学成立研究院，根据《国立北京大学研究院规程》规定，研究院分设自然科学、文史、社会科学3部，其中自然科学部下设数学、物理学、化学、地质学、生物学、心理学6个部。1929年，清华大学停办国学研究院后，就试办了物理研究所；1930年，又办了化学研究所、生物研究所和算学研究所；1932年又成立了心理研究所；1933年又增加了地理学研究所。岭南大学于1930年设置研究院学科委员会，次年招收生物学研究生。1932年秋，金陵大学在理学院下首先设立了化学研究所。1932年，南开大学成立了应用化学研究所，附设于理学院。也就是说，在1934年《研究院规程》颁布前，已有北京大学、清华大学、岭南大学、金陵大学和南开大学设立了理科研究所。不过，在此期间的研究所基本上是以学系或专业命名。

1934年5月国民政府教育部颁布《研究院规程》后，规定以学科或学院名称作为研究所的名称。因此，部分大学开始设立理科研究所，并将之前的研究所改为理科研究所之下的学部，并不断增设发展。如1934年6月，根据国民政府教育部规定，北京大学将自然科学部改为理科研究所，下设数学部、物理学部、化学部；1939年夏，北京大学决定恢复办研究院，理科研究所下设数学部、物理学部、化学部、地质学部和生物学部。1934年，清华大学设立理科研究所，下设物理学部、化学部、数学部和生物学部；1939年，清华大学恢复了理科研究所的物理学部、算学部、生物学部；1940年恢复心理学部；1941年增设地学部。1934年11月，中央大学设立理科研究所算学部，至复员前，有数学、物理、化学、地理、生物等学部。1934年，燕京大学设立理科研究所生物学部和化学部。1935年，金陵大学将化学研究所改为理科研究所化学部。1935年，南开大学成立理科研究所化学部。1935年，岭南大学将原来的研究院学科委员会改为理科研究所，设生物学部，分昆虫学、寄生虫学、植物学三门；次年增设化学部，分有机化学、物理化学、工业化学三门。1937年6月，辅仁大学设立理科研究所物理学部；1941年秋增设化学部和生物学部。①浙江大学于1937年设立化学研究所；1939年添设理科研究所数学部，下设解析和几何组；1942年增设生物学部，下设植物和动物组。四川大学于1938年12月设立了应用化学研究处；1941年秋设立了理科研究所，应用化学研究处归属理科研究所。②1941年，武汉大学设立理科研究所，内设数学部、物理学部、化学部和生物学部。此期间设立有理科研究所的大学共计达到11所。据统计，从1935—1946年，经国民政府教育部备案的大学理科研究所数和学部数均有明显增长。其具体情况见表3.14：

表3.14 1935—1946年各年度经国民政府教育部备案的大学理科研究所数和学部数③
（单位：个）

	1935年	1936年	1937年	1938年	1939年	1940年	1941年	1942年	1943年	1944年	1945年	1946年
研究所数	4	7	6	6	7	7	8	10	8	9	7	8
学部数	10	12	8	8	13	15	18	22	18	22	20	23

1946年12月，国民政府教育部新公布了《研究所规程》。由是，1947年后，各大学将原有的学部改名为研究所，同时又有一些高校新增设研究所，如复旦大学于1948年筹设生物研究所。至1948年，理科研究所在全国大学的分布情况见表3.15：

---

① 孙邦华：《会友贝勒府——辅仁大学》，河北教育出版社，2004，第54页。
② 曾宗英：《理科研究所应用化学研究所概况》，《国立四川大学周刊》1946年第4期。
③ 蒋致远主编：《第二次中华民国教育年鉴》第四册，（台中）宗青图书公司，1991，第11页。

表 3.15　1948 年全国大学理科研究所分布情况①　（单位：个）

大学	研究所	研究所数
中央大学	数学、地理、心理学、生物学、物理学、化学	6
中山大学	植物	1
武汉大学	物理学、化学	2
浙江大学	数学、物理学、化学、生物学	4
四川大学	化学	1
同济大学	大地测量	1
厦门大学	中国海洋、化学、水产	3
复旦大学	生物学	1
东北大学	地理学	1
清华大学	数学、心理学、地学、物理学、气象学、化学、生理学	7
北京大学	数学、化学、物理学、动物学、植物学、地质学	6
重庆大学	数学	1
山东大学	水产、海洋	2
台湾大学	植物学	1
私立金陵大学	化学	1
私立燕京大学	化学、生物学	2
私立岭南大学	生物学、物理学、化学	3
私立辅仁大学	物理学、化学、生物学	3
总计		46

六、工科研究所的创建与发展

我国最早设立工科研究所的大学是南洋大学。1926 年，南洋大学成立工业研究所，分物理、化学、机械、材料四部。次年，材料和机械两部合并，另设电机部。1928 年，国民政府交通部接管南洋大学，并将其改名为交通大学。1930 年，黎照寰主校后，扩充改组工业研究所，将其更名为交通大学研究所，

---

① 蒋致远主编：《第三次中华民国教育年鉴》第一册，（台中）宗青图书公司，1991，第 81—82 页。

并亲任所长。该所分工业研究和经济研究两部,工业研究部设材料组、设计组、机械组、电气组、物理组、化学组,经济研究部设社会经济组、实业经济组、交通组、管理组、会计组、统计组。[①] 此外,该研究所于1931年和1933年先后在唐山土木工程学院、北平铁道管理学院两分校设立了分所。这些研究所及其分所均是独立于各院系的专门研究机构,直属于学校或分校。到1933年,北洋工学院也成立了矿冶工程研究所和工程材料研究所。由于北洋工学院研究所的创始人李书田曾为交通大学唐山分院院长兼研究所所长,故其创办的研究所在组织结构方面也受交通大学研究所的影响。如矿冶工程研究所设地质、探矿、冶金、选矿和燃料等五组;工程材料研究所设砖石、木材、钢铁、水泥及混凝土、柏油沥青五组。同时北洋工学院的两研究所也不是附设于学系,所下分组,也是专门研究机构。总之,至1934年5月《研究院规程》颁布之前,尽管全国约有12所大学先后创设了36个不同学科的研究所,但设立了工科研究所的仅有交通大学(含分校)和北洋工学院,并且它们的工科研究所皆实行所、组两级建制,均是专门研究机构,且不开展研究生教育。

  1934年5月,国民政府教育部颁布《研究院规程》后,工科研究所数量不断发展。如,1934年年底,北洋工学院根据上述规定,将工程材料研究所和矿冶工程研究所合并,设立北洋工学院工科研究所。次年便开始招收工科研究生,成为一个融研究生教育与科学研究为一体的机构。1938年,内迁后的北洋工学院与北平大学工学院、东北大学工学院和私立焦作工学院组建西北工学院,并设立工科研究所。如是,原北洋工学院工科研究所变成了西北工学院工科研究所。又如,1935年1月,武汉大学设立工科研究所土木工程学部[②],1942年再添电机工程学部;1938年11月,清华大学在昆明设立工科研究所;1939年,中央大学设立工科研究所土木部、机械部和电机部[③];1941年8月,浙江大学成立工科研究所化学工程学部,下设油脂工业组、燃

---

  ① 《交通大学校史》撰写组编:《交通大学校史资料选编 第二卷 1927—1949》,西安交通大学出版社,1986,第227—229页。
  ② 周叶中、涂上飙编:《武汉大学研究生教育发展史》,武汉大学出版社,2006,第15页。
  ③ 《南大百年实录》编辑组编:《南大百年实录 上卷 中央大学史料选》,南京大学出版社,2002,第412页。

料工业组和纺织工业组①；1942 年 1 月，湖南大学设立工科研究所矿冶学部，分采矿和冶金两组。另外，交通大学研究所 1937 年停办后，到 1940 年 8 月，通过了《交大工科研究所组织简章》，拟设电机部和机械部。②但直到 1943 年 9 月，才与交通部电信总局、中央广播工业管理处、中央电工器材厂、中央无线电器材厂合作设立了工科研究所电信学部，习称电信研究所。③此外，抗战期间，重庆大学设立了电机工程研究所。据统计，从 1935—1946 年，经国民政府教育部备案的大学工科研究所数和学部数均有明显增长。现将具体情况列表 3.16：

表 3.16　1935—1946 年各年度经国民政府教育部备案的大学工科研究所数和学部数④
（单位：个）

	1935年	1936年	1937年	1938年	1939年	1940年	1941年	1942年	1943年	1944年	1945年	1946年
研究所数	1	2	1	2	5	5	6	6	6	7	6	7
学部数	1	2	1	2	10	10	12	11	11	13	13	12

从上表可见，1935—1938 年间，工科研究所数和学部数均维持在 1—2 个的规模，并且研究所数与学部数保持 1∶1 的比例，也就意味着 1 个研究所一般只设 1 个学部。而到 1939 年，研究所数达到 5 个，学部数达到 10 个，分别是上一年的 2.5 倍和 5 倍，研究所数和学部数达到 1∶2 的比例，也就是说 1 个研究所平均有 2 个学部。可见，工科研究所的设备条件、师资力量和研究生培养力均得到了加强。自 1939 年以后，工科研究所和学部的数量虽有小幅增长，但总体上保持着比较稳定的规模。即便到 1946 年，工科研究所及学部也基本上维持抗日战争后期的发展状况，其中研究所 7 个、学部 12 个。由此可见，1939 年之所以会成为工科研究所发展的一个转折点，显然与全民族抗战爆发后急需工科研究和工科人才的战时环境及其需求有关，也与战时政府对大学研究院所的鼓励措施和补助政策有关，如当时对工科研究所的补助力度就明显大于其他学科研究所。即便如此，工科研究所的相对数量和绝对数

---

① 《遵义地区教育志》编纂领导小组编：《遵义地区教育志》，贵州人民出版社，1993，第 364 页。
② 凌安谷主编：《西安交通大学大事记　1896—2000》，西安交通大学出版社，2004，第 104 页。
③ 凌安谷主编：《西安交通大学大事记　1896—2000》，西安交通大学出版社，2004，第 111 页。
④ 蒋致远主编：《第二次中华民国教育年鉴》第四册，（台中）宗青图书公司，1991，第 11 页。

量都还是偏少。

1946年12月，国民政府教育部新公布了《研究所规程》。根据这一规定，1947年后，又有北洋大学、台湾大学、南开大学等校增设了工科研究所。如复校并恢复原名后的北洋大学，为加强学科建设，提高人才培养的水平，于1947年恢复设立了土木工程、水利工程、采矿工程、冶金工程和化学工程等5个研究所。[①] 至1948年，全国大学工科研究所达到24个，具体情况见表3.17：

表3.17　1948年全国大学工科研究所分布情况[②]　（单位：个）

大学	研究所	研究所数
中央大学	土木工程、机械工程、电机工程	3
武汉大学	土木工程、电机工程	2
浙江大学	化学工程	1
交通大学	电信学	1
湖南大学	矿冶学	1
南开大学	化学工程	1
清华大学	电机工程、土木工程、化学工程、机械工程、建筑工程、航空工程	6
重庆大学	化学工程、电机工程	2
台湾大学	电机工程	1
西北工学院	矿冶工程	1
北洋大学	土木工程、水利工程、采矿工程、冶金工程、化学工程	5
总计		24

从上表可见，在1948年，全国约有11所大学已设有工科研究所，研究所数量达到24个，正好在1946年12个学部的基础上翻了一番。可见，抗战胜利后，国家建设对工科人才和学术研究的需求明显增加。此外，值得一提的是，

[①] 北洋大学－天津大学校史编辑室编：《北洋大学－天津大学校史》第1卷　1895.10—1949.01，天津大学出版社，1990，第371页。
[②] 蒋致远主编：《第三次中华民国教育年鉴》第一册，（台中）宗青图书公司，1991，第81—82页。

整个民国时期，尚不见有私立大学设立过工科研究所。虽然南开大学于1947年后设立了工科研究所，但该校已于1945年改为国立，即其工科研究所是在"国立"之后才设立。究其原因，笔者认为，一是当时的私立大学基础较好者大多是教会大学，它们早期办学的主要使命就是进行文化渗透，有此历史基础，故而学校学科及其相关机构的设置已形成了一定的"办学模式"，以至于理、工、农、医等实类学科研究所鲜有设立，工科和医科研究所更未有设立；二是因为工科研究所的创办经费明显高于其他文理类学科研究所，而国民政府对私立大学研究院所及其研究生教育又缺乏足够的补助，这也对私立大学开办实类学科研究所带有很大的负面影响。

七、农科研究所的创建与发展

最早设立农科研究所的大学是中山大学。1928年，中山大学农学院成立了植物研究室。1929年，学校将这个研究室扩充为农林植物研究所。1932年，中山大学农学院又接管了原隶属于广东省建设厅农林局的土壤调查所。因此，中山大学有了两个农科研究所。但此时它们均是大学内的专门研究机构，并未开展研究生教育。至1934年5月《研究院规程》颁布之前，尽管全国约有12所大学先后创设了36个不同学科的研究所，但设有农科研究所的大学仅有中山大学一校。

1934年5月《研究院规程》和1935年《学位授予法》及其相关考试细则颁布后，农科研究所不断增设。如1934年11月，中央大学设立了农科研究所，下设农艺学部；1941年，增设森林学部；1943年，又增设农业经济学部；1944年，再增设畜牧兽医学部。1935年春，中山大学将原有的农林植物研究所和土壤调查所合并成为农科研究所，而原来的两个所改称为农林植物学部和土壤学部。1936年秋，金陵大学正式设立农科研究所，下设农业经济学部；1940年，增设农艺学部；1941年，又增设园艺学部。1941年，西北农学院设立农科研究所，下设农田水利学部。1942年，浙江大学设立农科研究所农业经济学部。① 也就是说，至抗战胜利前夕，全国仅有中山大学、中央大学、金陵大学、西北农学院和浙江大学等5校设立了农科研究所并进行研究生教育。

值得注意的是，1934年8月，清华大学也设立了农业研究所，但此农业研究所与航空、无线电、金属、国情普查等5个研究所统称为清华特种研究所。它们只进行科学研究而不招收研究生，故其未列在国民政府教育部的统计范围之内。据统计，从1935—1946年，全国大学农科研究所数和学部数的年度分布情况见表3.18：

表3.18　1935—1946年全国大学农科研究所数和学部数② （单位：个）

	1935年	1936年	1937年	1938年	1939年	1940年	1941年	1942年	1943年	1944年	1945年	1946年
研究所数	2	3	3	3	3	3	4	5	5	5	3	6
学部数	3	4	4	4	4	5	8	9	9	11	11	12

从上表可见，自1935年以来，全国大学农科研究所和学部的数量总体上呈缓慢增长的态势。12年来，虽然农科研究所增加了4个，增长了2倍，学部增加了9个，增长了3倍，但其绝对数量还是偏少。

到1947年，又有清华大学、台湾大学新设了农科研究所。至1948年，农科研究所在全国大学的分布情况见表3.19：

表3.19　1948年全国大学农科研究所分布情况③ （单位：个）

大学	研究所	研究所数
中央大学	农业经济、农艺、森林学、畜牧兽医学	4
中山大学	土壤学	1
浙江大学	农业经济	1
清华大学	植物病理、农业化学、昆虫	3
台湾大学	农业化学、农业生物学	2

---

① 刘曰仁主编：《中国农科研究生教育 1935—1990》，辽宁科学技术出版社，1991，第15—16页。
② 蒋致远主编：《第二次中华民国教育年鉴》第四册，（台中）宗青图书公司，1991，第11页。
③ 蒋致远主编：《第三次中华民国教育年鉴》第一册，（台中）宗青图书公司，1991，第81—82页。

（续表）

大学	研究所	研究所数
西北农学院	农业水利	1
金陵大学	农艺学、园艺学、农业经济	3
总计		15

从上表可知，到1948年，全国有7所大学设立了农科研究所，研究所总数达到15个，也就是在1946年12个学部的基础上增加了3个。到1949年，又有北京大学设立了农艺学研究所、昆虫学研究所和土壤研究所，并招收研究生。[①]因此，农科研究所总数达到了18个。

八、医科研究所的创建与发展

我国最早创设医科研究所的大学是中山大学。1927年夏，中山大学分别成立了生理学研究所、病理学研究所、细菌学研究所；1928年10月，成立了解剖学研究所；1929年8月，又成立了药物学研究所。[②]由于当时医学院采用德国制，因此，这些研究所均以德籍教授为研究所主任。德国教授回国后，我国教授才接任主持工作。事实上，在1934年《研究院规程》颁布前，也仅有中山大学设立了医科研究所，但这些研究所均是教学基地，并未开展研究生教育。所以后来国民政府教育部批准研究院成立医科研究所病理学部之后，医科研究所发表声明称：

> 病理学部以从事有计划之研究工作并培养专门人才，此乃本校研究院研究单位之一，而原有病理学研究所则仍旧为本校医学院教学单位之一，分道扬镳，相辅相成，其目的盖为推动吾国医学之进步。[③]

自1934年5月国民政府教育部颁布《研究院规程》，尤其在全民族抗战爆发后，医科研究所发展较快。如1940年，同济大学迁入四川南溪县后，设立了细菌学研究所。1941年，北平大学医学院成立了中药研究所。[④]1941年，

---

① 刘曰仁主编：《中国农科研究生教育 1935—1990》，辽宁科学技术出版社，1991，第18页。
② 黄义祥编：《中山大学史稿（1924—1949）》，中山大学出版社，1999，第487—488页。
③ 黄义祥编：《中山大学史稿（1924—1949）》，中山大学出版社，1999，第380页。
④ 甄橙：《医学与护理学发展史》，北京大学医学出版社，2008，第219页。

中央大学研究院增设了医科研究所[①]，该所在复员之前，设有生理学部、公共卫生学部和生化学部。[②]1942年8月，江苏医学院设立医科研究所寄生虫学部，且在次年春开始招收研究生。1942年，齐鲁大学设立医科研究所寄生虫学部。1942年，中山大学研究院增设医科研究所，只是单设病理学部。[③]至1943年10月，设立了医科研究所的大学有中央大学、中山大学、同济大学、上海医学院和江苏医学院。从1935—1946年，全国大学医科研究所数和学部数的年度分布情况见表3.20：

表3.20　1935—1946年各年度全国大学医科研究所数和学部数[④]　（单位：个）

	1935年	1936年	1937年	1938年	1939年	1940年	1941年	1942年	1943年	1944年	1945年	1946年
研究所数	0	0	0	1	1	0	1	5	6	6	5	8
学部数	0	0	0	0	1	0	1	6	7	7	7	13

总体来看，1938—1946年，虽然医科研究所和学部的总量不多，但其增长的速度十分明显，可见战争对医学人才和医疗设备的需求十分急迫。当然，上述统计的所部数只是经国民政府教育部备案的所部数，另外如中山大学的细菌学、解剖学、病理学、生理学和药物学等研究所因未经备案且不招收研究生而未统计在内。

依据1946年12月《研究所规程》的要求，1947年7月，中山大学医科研究所病理学部改为病理学研究所；9月，医学院恢复办理生理、细菌、解剖和药理学等研究所。[⑤]1947年，沈阳医学院有生理、病理、药理、细菌、解剖、内科、外科、放射线科等8个研究所。[⑥]1947年12月，北京大学通过了医科研究所暂行章程[⑦]；到1948年4月时，北京大学医学院增设了生理学、病理学、细菌学、解剖学、生物化学、公共卫生等6个研究所。[⑧]1948年8月，同济大

[①] 南京大学高教研究所编：《南京大学大事记　1902—1988》，南京大学出版社，1989，第5页。
[②] 王德滋主编：《南京大学百年史》，南京大学出版社，2002，第210页。
[③] 黄义祥编：《中山大学史稿（1924—1949）》，中山大学出版社，1999，第490页。
[④] 蒋致远主编：《第二次中华民国教育年鉴》第四册，（台中）宗青图书公司，1991，第11页。
[⑤] 吴定宇主编：《中山大学校史（1924—2004）》，中山大学出版社，2006，第219页。
[⑥] 国民政府教育部教育年鉴编纂委员会编：《第二次中国教育年鉴　二》，商务印书馆，1948，第206页。
[⑦] 王学珍、郭建荣主编：《北京大学史料　第四卷：1946—1948》，北京大学出版社，2000，第55页。
[⑧] 王学珍、郭建荣主编：《北京大学史料　第四卷：1946—1948》，北京大学出版社，2000，第564页。

学医学院扩建细菌学研究所，招收研究生，设立寄生虫学馆和实验动物饲养所。① 至1948年，医科研究所在全国大学的分布情况见表3.21：

表3.21 1948年全国大学医科研究所分布情况② （单位：个）

大学	研究所	研究所数
中央大学	生物化学、生理学、公共卫生、法医	4
中山大学	病理学、生理学、细菌学、解剖学、药理学	5
同济大学	细菌学	1
北京大学	生理学、病理学、细菌学、解剖学、生物化学、公共卫生	6
台湾大学	热带医学、生理学、病理学、结核病	4
上海医学院	寄生虫学	1
沈阳医学院	生理学、病理学、药理学、细菌学、解剖学、内科学、外科学、放射线科学	8
私立齐鲁大学	寄生虫学	1
总计		30

第三节 大学研究院所发展的总体特征

从我国大学研究院所的创建与发展过程来看，研究所经历了从无到有、由少到多、从管理凌乱到管理规范的变化过程。这体现了大学科研机构及研究生教育不断组织化和制度化的过程。在此进程中，大学研究院所的发展变化必然要受到本国政治、经济和文化发展变化的影响。因此，其时大学研究院所的发展状况也呈现出了下述一些时代特征。

一、地域布局上极不均衡

民国时期我国高等学校在地理分布上很不均衡。起初，国民政府教育部

---

① 翁智远、屠听泉主编：《同济大学史》第一卷（1907—1949），同济大学出版社，2007，第143页。
② 蒋致远主编：《第三次中华民国教育年鉴》第一册，（台中）宗青图书公司，1991，第81—82页。

将全国高校的布局划为北部、中部、东部、南部及西北部五区[①],东部高校数居第一位,北部居第二位,中部居第三位,南部居第四位,西北部最少。各区之中,上海独占 25 校,北平有 14 校,广州有 7 校,南京有 6 校。受此影响,大学研究院所的地域分布亦呈现类似不均衡的特点。根据表 3.1 的统计可知,1934 年以前,大学研究院所全都集中在北部、东部和南部,而中部和西北部各大学尚未有研究院所设立;就分布城市而言,研究院所又全集中在北平、南京、上海、天津、广州和济南 6 个城市内,如 1934 年,北平 16 个、广州 4 个、南京和天津各 3 个、上海和济南各 1 个。

全民族抗战爆发后高校纷纷内迁,我国高等教育的布局也随之发生较大的变化。四川、云南等省的高校数量增加迅速,中部和西北部的大学研究所也从无到有,如其时立足西部地区的武汉大学、四川大学、贵州大学、西北工学院、西北农学院和西北师范学院都设有研究所。抗战胜利后,内迁高校又纷纷回迁,对西北部的高等教育发展有所影响。为了反映五区之间研究所的发展状况,现将 1935 年、1936 年、1941 年和 1947 年各区研究所数量辑集于表 3.22:

表 3.22　四个年度全国五区的大学研究所数[②]　(单位:个)

	1935 年	1936 年	1941 年	1947 年
北部	10	13	8	63
中部	0	2	4	14
东部	2	4	14	59
南部	3	3	7	17
西北部	0	0	3	3

由上表看出,北部和东部的研究所发展较快,研究所总量和增幅处于领

[①] 五区中各省、市高校分布:北部平、津、冀、晋、鲁各省市共计 30 校,中部川、鄂、豫、湘各省共计 17 校,东部京、沪、江、浙、皖、赣各省市共计 45 校,南部两广、闽、滇各省共计 13 校,西北部陕、甘两省及新疆维吾尔自治区共计 3 校。
[②] 杜元载主编:《革命文献》第 56 辑,(台北)中国国民党中央委员会党史史料编纂委员会,1971,第 153—156 页;蒋致远主编:《第二次中华民国教育年鉴》第二册,(台中)宗青图书公司,1991,第 86—88 页。

先地位；中部、西北部发展甚为迟缓。就 1947 年而言，北部地区高校的研究所约占全国的 40%、东部约占 38%，两区共占约 78%；就 1947 年同 1935 年相比，北部增加了 53 个、东部增加了 57 个、南部增加了 14 个；中部和西北部虽已从无到有，分别是 14 个和 3 个，但增量仍然有限。再就城市分布而言，据表 3.4 可知，1936 年全国共有研究所 24 个，其中北平 9 个、南京 5 个；另据表 3.6 可知，1947 年全国研究所北平 49 个、南京 33 个、广州 13 个、上海 8 个，仅北平和南京两地就占全国的一半以上。可见，高校回迁后，研究所还是集中在东部和北部的几个主要城市，研究所这种地理分布不均的格局并未发生根本性的改变。当然，大学研究院所的地域分布，也反映了各地区政治、经济和文化的发展状况，更可看出我国当时学术中心及研究生教育中心之所在。大学研究院所的这种布局不平衡状况也深深影响了地区间经济和文化的发展，这仍然是当今研究生教育区域平衡、协调发展所面临且必须解决的重要问题。

二、学科结构上应时所需

大学研究院所创建初期，研究所的设置较为自主，有以学校之名开设，有以学科之名创办，也有以学系专业之名设置，这从表 3.1 中即可看出。现以学科观之，当时的研究所即已涵盖了文、理、法、教育、商、工、医、农等 8 大学科，而且以文科影响最大，其中清华大学、北京大学、厦门大学、中山大学等校以及燕京大学、金陵大学和齐鲁大学等教会大学的国学研究院所均有不错的成绩，这种设置情景显然与当时"整理国故"的热潮有关。当然，交通大学工业研究所、中山大学教育研究所等也有不凡贡献。但就整体而言，此期是以设文类研究院所为主、实类研究院所为辅。

从 1937 年到 1945 年，大学的科研取向以及社会对人才的需求取向发生了较大变化，都更加带有应用的色彩。如 1938 年，国民政府教育部就曾指示各个大学，除研究纯粹学术之外，应随时研究各种社会实际问题，以配合抗战救国的现实需要。① 因此，科研直接为抗战服务已成为战时教育的主旋律，并且一些与国防相关的工业、医疗等科研也得到了空前繁荣和发展。这些特征在研究所的学科分布上也有类似体现，但不同时段各科研究所的数量变化也有很大差异。如从本章表3.3《1935—1946年各年度学科研究所数（学部数）统计表》中看，虽然战乱时期大学各科研究所的数量皆有不同程度地增加，但是它们之间的增长幅度有所异同。如医科研究所，1938年全国仅有1个，而到1946年则有了8个，增速最为明显；再如工科研究所，1935年全国仅北洋工学院有1个工科研究所，而到1946年则有了7个，增速也很快，而其他学科研究所的数量增幅只不过在2倍左右。尽管工、医两科研究所增幅大，但其绝对数量和所占比例还是偏少。总体来看，文、法、教育等文类研究所的数量有所增加，但所占比例反而有所下降，如1935年文类研究所共有8个，约占研究所总量的53%；而1941年有17个，约占47%；1946年有22个，约占43%。而理、工、农、医科等实类研究所数量则有所增长，1935年为7个，约占研究所总量的47%；1941年为19个，约占53%；1946年则有29个，约占57%。可见，研究所的开办和增加带有明显的时代烙印，更集中于为现实服务。

三、公私立大学差异明显

此期既有公立大学设立的研究所，也有私立大学设立的研究所，但它们之间的发展状况及研究生培养水平表现得也很不平衡。由表3.1可知，公立大学设立研究所的时间早于私立大学，且设立了研究院所的12所大学中，公立7所、私立5所；公立大学研究院所数量也多于私立大学，如1934年公立大学研究所有30个，而私立仅有6个。由此可见，在大学研究院所的初创期，公立大学研究院所的发展优势即已呈现。

1934年《研究院规程》颁布后，尤其抗战时期政府鼓励公立大学发展研究院所并给予政策倾斜和资金补助，故如中央大学、北京大学、清华大学等

---

① 杜元载主编：《革命文献》第56辑，（台北）中国国民党中央委员会党史史料编纂委员会，1971，第159页。

公立大学，它们拥有一流的人才、一流的设备，因此它们的科研实力根本不是私立大学所能比肩的。①因此，公立大学研究院所的研究领域更宽、涉及学科更全，如中央大学、清华大学几乎囊括了除商科外的所有学科。相比而言，私立大学研究所偏于文类（文科、法科、商科和教育科等学科），不重实类（理科、工科、农科和医科等学科），如工科研究所则一直未有设立，而且大多只设单个研究所或学部。为了比较分析大学研究所在公立大学与私立大学之间数量的分布情况，现选取了1936年、1941年和1947年的数据示于表3.23：

表3.23　三个年度研究所（学部）在公、私立大学中的分布情况②　　（单位：个）

	1936年		1941年		1947年	
	设研究所的高校数	研究所（学部）数	设研究所的高校数	研究所（学部）数	设研究所的高校数	研究所数
公立大学	6	13(24)	10	25(48)	26	134
私立大学	5	9(11)	6	11(16)	7	22

从上表看，一方面，设有研究所的公、私立大学数量都有所增长，但设有研究所的私立大学之数量增速相对缓慢。例如公立大学，从1936年的6校增至1947年的26校，增长了约3.3倍；而私立大学，1936年有5校，到1941年有6校，至1947年也只有7个教会大学设立了研究所，增速显然缓于公立大学。另一方面，研究所在公、私立大学之间的数量分布也不平衡，如1936年，6校公立大学共有研究所13个，约占总量的59%，每校平均约2.2个；私立大学5校共9个，约占总量的41%，校均1.8个。而1941年，10校公立大学共有研究所25个，约占总量的69%，校均2.5个；6校私立大学共有研究所11个，约占总量的31%，校均约1.8个。1947年，26校公立大学共有研究所134个，约占总量的86%，校均约5.2个；7校私立大学共有研究所22个，约占总量的14%，校均约3.1个，其设所总量还不足

---

① 张剑：《略论中国近代科研机构体制及其特征》，《史林》2008年第6期。
② 中国第二历史档案馆编：《中华民国史档案资料汇编　第五辑　第一编　教育》，江苏古籍出版社，1994，第1385—1386页。

中央大学(26个)或清华大学(23个)一校之数。比较可见,私立大学研究所所占的比例是日渐减小,而公、私立大学的校均研究所数量反倒进一步拉开了差距,两者发展差异明显。这是公、私立大学享受政府待遇不同的结果,有一定的历史原因。

第四节　专业研究院所与大学研究院所的发展问题

在大学研究院所的创建与发展之时,大学之外的专业研究院所也在快速发展。因此,两类研究机构成为了民国时期的两大科研系统。但受管理体制的影响,两者在发展过程中出现了各自为政、相互独立的问题,并严重影响了彼此的学术交流与合作。

一、民国时期专业研究院所的发展

专业研究院所是指大学以外的各类专门学术研究机构,本书主要指各级政府及其职能部门创办的研究院、研究所、实验所和调查所等。我国的专业学术机构起步于1912年实业部筹设的中央地质调查所。该所1916年正式成立。作为政府部门的首个专业学术机构,该所具有"开物成务、利用厚生"的实用目的,同时具有相当明确的学术追求。1922年8月,中国科学社生物研究所在南京建立,这是我国最早的民办专业研究机构。1927年南京国民政府成立后,专业研究院所的设立和发展有了较大的进步。除1928年创设的中央研究院和1929年创建的北平研究院等综合研究院外,各地相继创办了诸如国立编译馆、中央农业实验所、中央工业实验所等各种专业研究机构。

据国民政府教育部统计,到1934年,全国的专业学术机关达到35所。现将1912—1934年各年度全国专业学术机关的总数列于表3.24:

表 3.24　1912—1934 年各年度全国专业学术机关总数①

年度	1912	1913	1914	1915	1916	1917	1918	1919	1920	1921	1922	1923
总数	1	1	1	1	1	2	3	3	3	3	3	3
年度	1924	1925	1926	1927	1928	1929	1930	1931	1932	1933	1934	
总数	3	4	6	11	13	7	19	22	25	28	35	

至 1936 年 10 月底，全国大学之外的专业研究院所达到 45 所。日本悍然发动全面侵华战争后，由于部分省市沦为战区，除少数学术机关迁移后方外，不少研究机关因战争无法继续开展研究而被迫停顿，导致专业研究院所数量一度骤减。到 1941 年，专业研究院所仅有 12 所。② 此后，随着战局的逐步稳定，专业研究院所才得以缓慢恢复和发展。据国民政府教育部统计，1941—1947 年，各年度全国专业研究院所的数量见表 3.25。

表 3.25　1941—1947 年各年度全国专业研究院所总数③

年度	1941	1942	1943	1944	1945	1946	1947
总数	12	14	17	20	23	31	29

总体来看，民国时期大学研究院所（见表 3.1 和 3.2）与专业研究院所的创建与发展有着同样兴衰进退的经历：两者的始创时间均在民国初期，但专业研究院所的首创时间先于大学研究院所；两者快速发展期均出现在 20 世纪 20 年代末 30 年代初，并且规模旗鼓相当。在发展过程中，虽然两者都不同程度地受到日本侵华战争影响而一度发展停滞，但抗战胜利之后，又都有所发展。1946 年年底，国民政府教育部对大学研究院所进行改革，此后大学研究院所的发展速度和规模明显超越了专业研究院所。

二、大学研究院所与专业研究院所发展中的问题

比较两类研究机构的发展可知，到 20 世纪 30 年代初，全国的专业研究

---

① 《我国近年来高等教育的发展》，《更生》1937 年第 3 期。
② 秦孝仪主编：《中华民国文化发展史》，（台北）近代中国出版社，1981，第 857 页。
③ 教育年鉴纂委员会编：《近代中国史料丛刊三编　第 11 辑　第二次中国教育年鉴　第 6 册》，文海出版社，1986，第 31 页。

院所与大学研究院所都处于各自发展的良好时期，彼此之间也有一些交流与合作。但总体来说，自创始之后，两者大多处于各自为政、相互分离的状态，未能将各自所拥有的、稀缺的人才资源及物质资源整合起来发挥作用，这种并驾齐驱而各行其道的做法，极不利于当时的研究生教育和学术研究事业的发展。这些问题也引起了当时一些有识之士的关注，他们纷纷站出来批评这一现象。

（一）分工合作不足

针对两者合作不足的问题，傅斯年曾指出："若干实验的科学，离开大学的趋势，颇为增加。专门的研究院所，不与大学相关系的，日益增多。"[①]因此他认为，大学研究院所与专业研究院所，两者虽有区别，但并非毫不相关，只是因人因事的分工不同而已，两者应有必要的分工合作，且工作内容不必重复。由是他建议：专业研究院所负责大规模的、大量设备的、长期在外的、超负荷的研究；大学研究院所则应承担相对简单的且可培养学生的研究工作。[②] 1934年，有关人士对两类研究机构重复设置的问题也提出了批评："中央研究院和北平研究院因系两个组织，故所设研究所颇有相重复的……此外还有若干公私立的研究团体，其间互相重叠的，又不知有多少。"针对这种合作不足的现象，他建议全国各研究所全部划归一个半官式的总机关来统一管理，各研究所的地理位置也要尽可能地集中，只有这样，它们才会有更加显著的成绩。[③]

1942年，叶佩华著文对这些问题进行了进一步的揭露，并提出了解决两者互助合作问题的方案："各大学研究院所，除分别与教育部发生直的联系外，各院所间颇少横的联络，影响所及，难免人力及物之浪废（费）。""应严将实行研究院所之合作办法，加强直的联系，建立横的联络，并进一步与各专业研究院所密切合作。"[④] 同年，徐中玉在《中国近代学术研究之回顾与展望》一文中也明确指出，大学研究院所与专业研究院所之间出现了"有或不能合作，

[①] 傅斯年：《中国人的德行》，中国工人出版社，2012，第279页。
[②] 傅斯年：《改革高等教育中几个问题》，《独立评论》1932年第14期。
[③] 《学术研究工作的途径》，《北辰杂志》1934年第16期。
[④] 叶佩华：《我国大学研究院所设施情形之检讨》，《高等教育季刊》1942年第4期。

有或不知合作，重复浪费，叠床架屋"的弊端。他认为，导致两者不能合作的原因，关键在于"政府没有负起积极领导、积极援助的责任"，以致整个国家"学术未能注意综合、统整，许多研究是支离破碎，似实而虚"。①直到新中国成立后，在筹设中国科学院期间，当时许多科学家还提到民国时期中央研究院与北平研究院存在各自为政的弊端：它们的研究所设置重叠；目光局限于自己所在的研究所；与大学和其他科学研究机构缺乏密切的联系合作。②

（二）人员交流不畅通

在中央研究院成立之初，该院曾明文规定研究人员不得外出兼课。时任中央研究院社会科学研究所所长陶孟和曾建议，"中央研究院研究所应与大学研究院所打通"，但中央研究院实际负责人根本不予采纳，以至于"研究所和各大学全无联系，殊为遗憾"。陶孟和认为，专业研究院所的研究人员若与大学隔绝开来，其结果是双方都将蒙受损失，因此他提议："为打通研究所与大学，使两者发生关系，应任随研究员、副研究员在大学授课。同时大学教授亦可由研究所聘为兼任研究员，或同时约请来担任研究一二年。"若能这样，不仅中央研究院各所可以充实力量，而且大学的研究事业也可以逐渐建设提高。③但直到1946年10月召开的中央研究院第二届评议会第三次年会，才出台允许研究人员外出兼课的决议。也就是说在1946年之前，两者之间的人员交流几乎完全滞塞。

实际上，这一问题也曾引起官方的重视。如在1940年5月，国民政府教育部学术审议委员会在重庆举行首次会议，专门讨论了"大学研究院所与专业研究院所合作"的议案，且主要针对两者之间的人才交流问题。会议认为，一般情况下，中央研究院和北平研究院两个专业研究院的设备条件往往优于大学研究院所，但其时这两个专业研究院的设备不能为大学研究院所的研究生所利用，因此，会议建议两者互相合作培养研究生。一方面，各大学研究院的研究生在校完成相关课程一年之后，如需要特殊的图书仪器设备以资研究者，可送到两个专业研究院所继续研究学习一年；另一方面，

---

① 徐中玉：《中国近代学术研究之回顾与展望》，《时代中国》1942年第4—5期。
② 樊洪业主编：《中国科学院编年史：1949—1999》，上海科技教育出版社，1999，第2页。
③ 徐正榜、陈协强主编：《名人名师武汉大学演讲录》，武汉大学出版社，2003，第208—209页。

若各专业研究院所招收研究生，研究生第一年的课程学习工作，也可在附近的大学研究院所内进行，第二年则回到原专业研究院继续研究学习，研究期满经考核及格，也可授予硕士学位。此外，会议还要求各研究院所之间也应密切联系、互相合作。①遗憾的是，这一议案终究未能得到真正落实。

由上可见，大学研究院所和专业研究院所创建后，两者在学术合作、人员交流、设备共享等方面，基本上处于相互独立、各自为政的状态，各级各类科研机构的分工合作远未有效进行，这种状态在一定程度上阻碍了学术的进一步发展。

三、影响民国大学研究院所与专业研究院所发展的因素

两类研究机构之所以会出现职能分工不明确、人员交流不畅通的问题，显然起因于政府管理科学研究事业的制度不够完善，学术发展缺乏总体的规划。深入考究起来，其时两类研究机构的职能管理部门不同、组织职能重复、地域布局和研究类型差异等，都是造成上述后果的因素。

（一）管理部门各自为政

整个民国时期，中国研究机构的开办，一直取法于外域。因为其时世界各国在办理此类机构时又各有自身的法式，故而中国在借他山之石时，所攻的玉料也存在差异。一方面我国学习法国的国家研究院体制，建立了隶属于民国中央政府、地方政府及有关产业部门的研究机关，诸如中央研究院、北平研究院、中央地质调查所等一批政府部门的研究院所，从而形成了专业研究机关的科研体系；另一方面，由于蔡元培等人十分推崇德国大学的教学与科研相统一的办学原则，仿行德国学制而在大学中设立各种研究所。从北京大学首创大学研究所开始，到20世纪30年代，我国大学研究院所制度日渐完善，初步形成了与前一科研体系有别的大学科研体系。

在专业研究院所和大学研究院所两套科研系统生成和成形过程中，由于设置动因、经费来源、人员配置等均出自不同的领域和部门，于是这两套科

---

① 边理庭：《我国研究院所发展概况》，《教育杂志》1940年第8期。

研系统又归属于不同的政府职能部门来管理：国立大学研究院所由民国政府教育部管理，省立大学研究院所由地方政府教育机关负责管理；中央研究院隶属于国民政府，北平研究院又隶属于国民政府教育部；而中央地质调查所等归属于国民政府的其他各相关职能部门；至于其他诸多省立专业研究院所的管理则是地方政府的事务。这些学术机关属于不同的组织系统，故而会有不同的组织目标及与之相适应的体制和功能。这种条块分割的管理模式，在体制上易于促成两者形成相对独立的科研系统。另外，虽然当时中央研究院是全国最高学术机构，肩负着对全国科学研究工作的"指导、联络和奖励"的使命，但其职能与权限决定它只是充当联络各科研机关的桥梁，并无直接管理其他学术机构的权力，同时也缺乏由它负责协调两者合作交流的具体制度，从而导致全国的科研机构长期处于各自为政、相互分离的状态。这种管理的不足招致机构间进行交流合作缺失良好的体制基础。

（二）职能分工交叉不明

两类研究机构在创建与发展过程中，一直存在着职能分工不明确的问题。在创建初期，大学研究院所兼具两种职能：一种犹如今日的研究生院，具有人才培养与学术研究相结合的功能，如北京大学国学研究所、清华国学研究院等；另一种则是充当完全的专业研究机构角色的专业研究院所，如其时的交通大学工业研究所、南开大学经济研究所、中山大学语言历史研究所等，它们只进行科学研究而未进行人才培养。因此，后者的功能与专业研究院所没有太大的区别。但20世纪20年代末以后，我国专业研究院所普遍建立，这就必然要求两类研究机构之间应有明确的职能分工。由是，1934年国民政府教育部颁布了《研究院规程》，从制度上确定了大学研究院所以研究生教育为主的功能。但有一些大学研究院所仍只从事专门研究而不招研究生，如清华大学的5个特种研究所、金陵大学的中国文化研究所、南开大学的边疆人文研究室等即是这样。

然而高校之外的一些专业研究院所，除进行专门研究外，也在寻求人才培养的职能。如中央研究院，其下设有10余个研究所，在成立之初就确立了其研究生教育的功能。1929年出台的《国立中央研究院研究所组织通则》，就要求其旗下的研究所设助理员、研究生，在研究员的指导下从事调查研究工作,为此还通过了《国立中央研究院设置研究生章程》。①1936年行政院公布的《国立中央研究院研究所组织通则》,又有"研究所得设研究生若干人,由各所用考试方法选拔之"②的规定。虽然由于各种原因,最后中央研究院未能正式开展研究生教育,但事实上招收了许多助理员,这些人员与研究生之间不过一纸文凭的差别而已。由此可见,两类研究机构的职能具有相似性,两者工作种类和事业分工并不十分明显,均在追求人才培养与学术研究两方面的功能,力求自成一个学科齐全、功能多样的独立科研系统。

(三)地域布局存在差异

民国时期,因为东部地区教育资源较为发达,大学研究院所大多集中在东部省份城市,中部和西部相对稀少。如1935年时,7所大学共设有15个研究所,分布于4个省市,其中北平8个、广州3个、南京2个、天津2个③;1936年时,11所大学共设有24个研究所,分布于6个省市,其中北平9个、南京5个、广州4个、天津3个、武汉2个、上海1个。④而同一时期大学之外的专业研究院所,1934年时,全国共有35个,分布于13个省市,其中南京8个、江苏6个、北平5个、上海4个、江西3个、湖南2个,福建、湖北、河北、山东、山西、广东、广西各省1个⑤;1936年时,共有45(据原文中分省市的数据推算,当为"46",可能是当时罗列各省市数据有误——编者注)个,涉及16个省市,其中南京10个、江苏8个、上海6个、北平4个、江西4个、湖南3个、山东2个,福建、湖北、河南、山西、河北、陕西、广西、天津、广州各1个。⑥可见,两类研究机构除在北平和南京两市相对集中之外,专业研究院所的分布显得更加零散,而且很多省立专业研究所还设置在县城。在当时交通与电讯不发达的情况下,这种地域的分布,又在无形中给两者的

---

① 《国立中央研究院设置研究生章程》:《国立中央研究院总报告》,1929年第2期。
② 中国第二历史档案馆:《中华民国史档案资料汇编 第五辑 第一编 教育》,江苏古籍出版社,1994,第1358页。
③ 杜元载主编:《革命文献》第56辑,(台北)中国国民党党史史料编辑委员会,1971,第153—156页。
④ 中国第二历史档案馆编:《中华民国史档案资料汇编 第五辑 第一编 教育》,江苏古籍出版社,1994,第1385—1386页。
⑤ 国民政府教育部统计室:《二十三年度全国高等教育统计》,商务印书馆,1936,第296页。
⑥ 《全国各主要学术机关之近况》,《全国学术工作咨询处月刊》1936年第12期。

合作带来了不便。事实上，这种格局一直到抗战胜利之后都未有多大的改变。

（四）研究功能各有偏重

从研究学科类型来看，两类研究院所也各不相同，故而其研究功能也各有偏重。由于大学研究院所是以文类学科为主，且兼具人才培养和科学研究两种功能，其科研又主要是为教学服务的，所以这类研究院所的科研以基础性研究为主，而应用性研究较少。比较而言，高校之外的专业研究院所是以实类学科为主、以应用性研究为重点的研究机构。虽然在中央研究院和北平研究院两大综合性国立研究院中也有理论研究，但无论是其地质研究所，还是物理研究所、化学研究所，也都积极关注应用性的研究。再如，中央地质调查所虽是理论研究机构，但因涉及地质矿产，所以还专门成立了应用性研究部门——燃料研究室，因此其与应用研究也有比较密切的关系。至于其他中央部属和地方政府设立的研究机构，则几乎都是应用性研究机构。这种研究类型的差异也给两者的合作交流带来了研究方式、研究取向、研究内容等诸多的不适应，从而削弱了它们之间合作交流的学术基础。

第五节　留学教育与大学研究院所的发展问题

留学教育是我国近代输入西方现代文明的一个重要方式，为近现代中国培养了大批的新知人才。但随着我国近代大学研究院所的创设与发展，大学研究院所日益成为我国人才培养与学术研究的重要阵地。由此，在留学教育背景下，如何发展我国大学研究院所成为了学者们一直争论的焦点。在本书第一章中，关于朱光潜、蔡元培和罗宝珊等学者的相关观点已做过详述，现就一些其他学者的相关言论再加以阐释。他们主要从"争取学术独立""节省留学经费"以及综合两者的角度，论述了大学研究院所发展的必要性。

一、从"争取学术独立"的角度论大学研究院所发展

1917年年底，北京大学创办研究所后，清华学校、厦门大学、中山大学等校也陆续设置了研究院所。与此同时，随着出国热的升温和留学问题的显现，人们也开始对留学教育进行反思甚或批评，并希望逐步在国内发展大学研究院所，以造就专门人才，寻求学术的独立。

如在1935年，姚薇元对当时的高等教育进行了猛烈批评，他指责当时的高等教育打着"学术独立"的幌子，实际上还全是"留洋预备学校"。甚至他认为刚创设的大学研究院也不过是利用环境做投考留学的准备而已，如有些人在研究院数年，每年投考留学而始终不动手写论文。因此，他说："照这样情形下去，再办十年二十年大学研究院，也是徒劳无功的。在留学政策之下，大学研究院是办不好的，学术独立是永无希望的！"在他看来，派遣留学既不经济，也不利于学术独立，自己本国办大学研究院所目的就在于引导高深研究，使本国学术达独立之地位。他比喻说："这样拿本国的原料，送到外国工厂制造的办法，究竟是不经济而有碍本国工业的发展的。我们总想设法自己来建立工厂自己制造。"①不过，他并不主张停止派遣留学，认为在不得已之时，仍有派遣留学的需要。

1942年，陈东原对留学教育之弊也进行了揭露。他认为由于留学之故，社会上形成了所谓的英美派、德日派之类，并且彼此互为水火、纠纷迭起，于治国、治学、治人、治事皆为不利；另外，多数留学生，虽有很多外国学问，可对本国之文史哲艺却往往知之甚少。因此，他认为："不谋本国学术之独立，而惟留学教育之是恃，于此等处，弊害尤大。"他指出，学术独立并非一蹴而就之事，必须耗以岁月培养扶植。他说："本国之大学研究院所，现既逐渐发展，学术独立之望，或可于此开始。"②在他看来，学术独立还得依赖于大学研究院所发展。1947年时，陈东原再次谈及这个问题。他说如果留学这种状况永不改进，中国学术便永远不能独立，永远落在人家的后面，而且他

---

① 姚薇元：《大学研究院与学术独立》，《独立评论》1935年第136期。
② 陈东原：《我国之大学研究院》，《学生之友》1942年第1期。

把这一流弊归因到我国大学研究院所不发达的现状之上。在他看来，我国的留学生，在国外通常有优良的成绩，但回国之后因为无继续研究或发展的机会，致使学术上无法再进，造成一种浪费。因此他指出，要想健全大学本科，要想留学教育有效，充实研究院，争取学术独立，是必要的。当然，他也指出，在学术独立没有达到之前，还不能也不应完全停止留学生的派遣，而在学术独立以后，留学生的数量，毋须加以限制，也自然会减少。①

潘菽也在1947年对当时的留学政策提出了一些批评："中国的留学政策在开始的时候是对的，但沿袭下来，一直到现在而未加改变，那就是一个极大的错误。"他指出，虽然我国的留学政策发挥了输入新学术的功用，这在中西文化初接触的阶段也很必要，但停留在这个阶段，就有悖于时代的要求。他说：

> 中国的留学政策一向是一种贩运政策，只知道向人家讨现成饭而不知道自己耕耘……这种事实已充分明白告诉我们，过去的贩运留学政策，也就是买办留学政策，只是以使我们的学校愈益落在人家之后，愈益使我们在学术上陷于附庸的地位。况且，现在所执行的这种留学政策等于是把最高级的教育权交与别人。这样所教育而成的人才是否能适用于中国，就大成问题。②

由是他提议："现在的留学政策必须改变，必须把贩卖货物式的留学改变为采选农场品种式的留学。"他认为提倡国内的研究，就必须增加研究机关、充实研究设备、宽筹研究经费等。他认为国内有了研究深造的机会，赴国外学习的人就自然会减少，留学就仅是一种补充，那是促使学术独立最重要的途径。③

二、从"节省留学经费"的角度论大学研究院所发展

当然，在战争频繁、经济萧条的境况下，为谋求人才培养和学术研究的实效性，也有一些学者从经济实惠性出发，希望通过节约留学经费来扩大发

---

① 陈东原：《争取学术独立的必要与可能》，《教育通讯》1947年第6期。
② 潘菽：《学术独立》，《学识》1947年第10期。
③ 同上。

展本国的大学研究院所。

如 1929 年在论述人才缺乏的问题时,杜佐周就建议"一方面唯有继续遣派留学""另方面正可多聘外国专家担任教授"。他认为采用后种方法所收成效更大:

> 实在更觉经济,因为遣派留学,费用既甚浩大,训练亦不普遍。例如现在留学欧美者,大约有三四千人之多。每年每人的所费,约须在两千元左右。如是,每年当费六七百万元。倘若以此巨款,在国内建设大规模的研究院,仿照从前日本的方法,聘请外国真有学问、真有研究的各种专门人才来华,担任教学指导的责任,必可较为得计。①

数年后,在回答王云五先生的七个重要教育问题时,杜佐周重申了前述观点,认为派遣留学生耗费极大,倘若能从留学经费中,每年节省七八百万元,全为筹办各科研究院或学院及聘请国外有名教授之用,则至少必可粗成规模,不至远逊于各国一般研究院或学院的标准。若能如此继续十年,即成为世界最完全的研究院或学院亦不难。他认为政府必须认识到这种留学政策之不经济,积极改良。由是他积极建议,在近期内即停止派遣文哲、法政、经济、教育、历史等科的留学生,以其所省的经费,为筹备这些科目的研究院及选聘世界有名的教授之用:"倘能如此经营数年,将来必可成为一个优美完善的学术研究机构。这诚是一种最根本与最永久的办法。"②紧随杜氏阐明上述主张之后,同年,任鸿隽评价当时教育当局积极提倡大学设立研究所是教育政策的一个转变与进步时,也明确指出:

> 在我们的大学还没办到设研究所的程度,派遣留学自然是一个不得已的补救方法……但这个情形,如长此继续下去,则国内的大学只能永远给外国大学做一个预科。而且能出洋留学的人数究竟有限,将来我国各项建设需才甚多,也不能靠外国大学来替我们供给。所以在我们的大学已渐次发达,大学内设研究所已渐到可能的时候,

---

① 杜佐周:《中国教育的改造和建设》,《教育杂志》1929 年第 2 期。
② 杜佐周:《试答王云五先生七个重要的教育问题》,《教育杂志》1934 年第 3 期。

遣派留学与设立研究所便多少含有一种矛盾性。①

所以他认为："留学政策直接的是有妨于大学研究所的发展的。"但他并不提倡停派留学生而速办大学研究所。作为经济之策,他建议用部分留学经费来办大学研究院所。他引证说:

> 民国二十年出洋学生七百二十八人,设定每人留学四年,所需的费用不下八百万元。又设这样情形继续十年,则此项费用为八千万元。因每年留学生的数目都有增加,前后搭计,每年的留学经费决不在一千万元以下。这笔经费若拿来办大学研究所,固可以开办一二十个而有余,即用它的半数,也有十个八个不愁设备费与经费的无着了。②

同在1947年,欧阳湘也强调,起初我国的留学教育不过是在国内人才缺乏的时候一种不得已的过渡办法。他认为,目前这种办法理应不能继续;就是仍有继续的必要,也应该审慎考虑,如应在质的方面加以提高、在量的方面加以限制。在目前研究机构存在的条件下,派遣留学生的必要性,也要根据人才需要的缓急和多寡,以及可否在国内自己培养等情况而定。假如决定派遣,也要坚守宜严不宜宽、宜精不宜滥的原则。由是他建议在国币贬值、外汇很高的情况下,应节约留学费用来办大学研究院所:

> 我们若少送百名,则可把省下来钱,在国内办一所像个样子的大学;少送二十名,则可在国内添设一个像个样子大学研究所。现在我国国库空虚,经费支绌。与其花费大量的金钱,把青年们大批地送到外国去研究,何若采"精选少送"主义,拿省下来的钱,来充实研究的设备,提高研究的标准,作一较久的打算呢?③

三、从两方面兼顾论大学研究院所发展

除上述从"争取学术独立"和"节省留学经费"两种不同思路来论定发

---

① 任鸿隽:《大学研究所与留学政策》,《大公报》1934年12月23日。
② 同上。
③ 欧阳湘:《学术独立与留学制度》,《教育通讯》1947年第10期。

展大学研究院所的学术主张外，更有一些学者则兼此两点"理由"来阐述大学研究院所的发展问题，即考虑如何节省留学经费来办好大学的研究院所，借以谋求学术独立。

1935年，吴有训在清华大学二十四周年纪念会上发表讲演。他首先肯定了留学教育带来的益处："国内现在进行研究的工作者大部系留学生，所以今日学术上所得的一点成就，也可说是留学政策的一种收获。"但他又认为，对留学教育的作用不可迷信："在现在自己有一批人正在努力独立工作的时候，留学考试是否仍然视为造就专门学者的唯一办法，是大可讨论的问题。"所以他进而指出："一面开办研究所，一面拼命的留学考试，是不甚相容的政策。"他例证留学政策带来的不良影响时说，本来一些助教和成绩较好的学生，对于正在进行的工作，本有好的成果，但因预备留学考试而导致工作效率大减，有时竟至为零，以致有些工作无法进行，甚至中途停止。有鉴于此，他认为"以派遣留学生的经费聘外国学者来华任教"，"这是更经济的办法"。在他看来，聘请国外专家来充实大学研究院所比派遣留学更为实惠，况且"现在所举行的留学考试，事实上是妨碍了中国的学术独立工作，不能不认为是一件严重的事体"。最后，他有所折中地表示自己的观点："我反对现在的留学考试，我并没有说中国以后不应派留学生。任何学术已经独立的国家，还是不免有这回事，不过人家的派遣的方法、资格及意义，是很值得我们参考玩味的。"①

1936年，邹文海在对照近代苏俄和日本借助引用国外技术人才收到甚大成效的基础上，对中国自身的留学教育颇感失望，认为中国应该少派留学生，将省下来的经费用来发展自身的研究机关：

> 中国的办法，大批派遣留学生，官费既极吝啬，年限又复短促，到外国去不过学一点西方人的生活习惯，这种政策，行之数十年，国家的人才依然很感觉得缺乏，国家的文化，依然是感觉得落后……中国于民穷财尽之秋，多派留学生当然是不经济的办法。而其流弊所及，尚不只金钱的损失。因为多派留学生，政府受财政的限制，

---

① 吴有训：《学术独立工作与留学考试》，《独立评论》1935年第151期。

>不得不减低官费，不得不缩短留学的年限。①

所以，"要求中国学术之独立，仅仅派遣留学生不能收其全功。我国一方面也应当设有研究机关，既可以利用本国的材料，又可以省掉许多经费"。显然，他这里所指的研究机关，无疑包括大学研究院所在内。

1947年，齐思和著文论述学术独立的问题时，同样表达了借减派留学生发展研究机构以谋学术独立的思想主张。他认为当今之世，立国的重要条件不仅是人民、领土、物产与政治组织等，还必须有大批大批的专家和自身独立的学术。针对当时"我国仍以使青年赴外国留学为训练高等专家的唯一方法"的现状，他颇不以为然地说：

>我们若对于国内的教育制度不加以改良，不与留学回国的专家们以继续研究的机会，他们不但不能继续研究，而且他的知识不久便会落伍。照这样下去，中国的学术永远是处于被动的地位，永远赶不上外国。②

若要赶上外国的学术，中国就必须积极发展大学研究院所：

>我们如果要提倡专门研究，必须扩充大学研究院的组织。以前专靠外国替我们造就高级专门人才的办法，不但太不经济，而且长此以往，我们的学术永无独立之一日，永远是处在被支配被领导的地位。③

总之，自从我国大学设立研究院所以来，发展大学研究院所与大力派遣留学生之间，即在求法于海外与增力于自身这两种路径的选择方面，始终存在着一些矛盾，由此也引发了学者们对精力和财力该摆放在何处的问题展开了积极的讨论。由于受社会政治、经济和文化等因素的影响，他们论争的出发点和着力点也存在某些差异。但在论述大学研究院所发展与派遣留学的关系时，他们并未将两者完全对立起来，而是在立足于本国学术滞后和经费匮乏的现实基础上，建议发展本国的大学研究院所，以节省留学费用和争取学术独立，达到学术研究与人才培养的效益最大化。

---

① 邹文海：《论留学政策》，《民族杂志》1936年第7—12期。
② 齐思和：《论如何争取学术独立》，《东方杂志》1947年第10期。
③ 同上。

第四章

大学研究院所管理模式与运行

在不同的发展阶段，由于受国家政治经济制度、社会环境以及研究院所自身制度等因素的影响，大学研究院所的隶属关系、组织结构、人事管理、经费来源等也表现出一些不同的特征，这也在一定程度上影响着大学研究院所的职能。由于当时大学的特种研究所是独立研究机构，并不开展研究生教育，其管理模式和运行机制也有其特殊性。

第一节　大学研究院所的隶属关系

根据其研究性质、学科门类及隶属关系等标准，大学研究机构可以划分成不同的体系，其中隶属关系是一个被人们广泛采用的分类标准。基于这种划分法，大学研究机构可以分作两类：一类为直属于学校的研究机构。这类研究机构包括合一型和独立型两种类型：合一型是指院系和研究机构是一套人马、两块牌子，独立型则是研究机构与院系分开，独立建制。另一类是隶属于院系管理的研究机构。这类研究机构按照是否与教研室、实验室等分开设立亦可分为合一型和独立型两种类型。作为大学研究机构的大学研究院所并不例外，其隶属关系亦有上述两类。由于受国家有关制度的影响，在不同的时间段，其主流形式亦有不同。

一、1917—1934 年大学研究院所的隶属关系

在 1902 年至 1917 年之间，大学之内有设置通儒院和大学院的制度构想，它们均设于大学之上，是学制系统的最高层级，直接隶属于学校。1917 年年底，北京大学首创研究所之后至 1934 年《研究院规程》颁布前的 17 年时间里，由于政权更替、时局动荡，其间政府亦未正式出台大学研究院所的具体规章制度，因此各校研究院所的设置也各行其是，管理体制相对混乱。这一时期的大学研究院所隶属关系，大致有如下三种模式：

模式一：研究院所直属于学校，与学院同级，有的由校长亲自主持（如图 4.1）。如 1921 年成立的北京大学研究所国学门，研究所所长由校长亲自担任，因此研究所直属学校，不归属于任何院系。1932 年，北京大学成立研究院，研究院分设自然科学、文史、社会科学 3 部，随即此前仅有的研究所国学门改组为研究院文史部，研究院直属学校，院长仍由校长兼任。又如 1925 年成立的清华国学研究院，研究院为清华学校之一部，因为其时学校有

```
            ┌──────┐
            │ 学校 │
            └──┬───┘
        ┌──────┴──────┐
   ┌────┴────┐   ┌────┴─────┐
   │学院（系）│   │研究院（所）│
   └─────────┘   └──────────┘
```

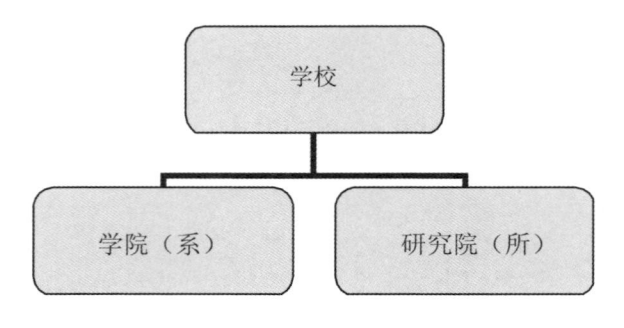

图 4.1　研究院所直属于学校的隶属关系图

留美预备部、大学部和国学研究院三部分，故国学研究院与其他两部并行直属学校管理。1929年国学研究院停办后，随后成立了清华大学研究院，研究院之下首先设立物理和外国语文2个研究所；1930年又新增了中国文学、哲学等8个研究所；至1933年，研究院已有研究所达13个。研究院院长由校长兼任。可见，清华的研究院此期一直归属学校直接管理。又如1926年成立的南洋大学工业研究所，下分物理、化学、机械和材料4部。1930年春，学校将工业研究所扩建为交通大学研究所，下设工业、经济两大研究部，各部又分六个组，校长黎照寰亲任所长。研究所还先后于1931年和1933年在唐山土木工程学院、北平铁道管理学院两分校设立了分所，分所所长亦由各分院院长兼任。可见它们也是独立于各院系的专门研究机构，直属于学校。再如1930年金陵大学设立的中国文化研究所，是作为一个直属于学校的专门研究机构。由此，中国文化研究所与文、理、农三学院并列，形成了"三院一所"的格局，一直以来都是一个院级的研究机构。

模式二：研究所附设于学院，与学系平级（如图4.2）。如1928年，中

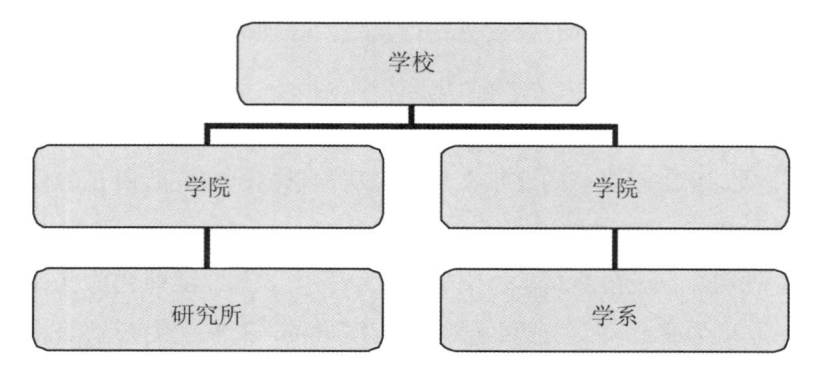

```
            ┌──────┐
            │ 学校 │
            └──┬───┘
        ┌──────┴──────┐
   ┌────┴────┐   ┌────┴────┐
   │  学院   │   │  学院   │
   └────┬────┘   └────┬────┘
   ┌────┴────┐   ┌────┴────┐
   │ 研究所  │   │  学系   │
   └─────────┘   └─────────┘
```

图 4.2　研究所附设于学院的隶属关系图

山大学成立的语言历史学研究所、教育学研究所和农林植物研究所，前两者附设于文学院，后者附设于农学院。而其时该校的细菌学研究所、生理学研究所、病理学研究所、解剖学研究所和药物学研究所附设于医学院。1932年，南开大学成立了应用化学研究所，《南开大学应用化学研究所章程》第三条明确说明："本所为天津南开大学理学院附设之机关，由南开大学校长就理学院教授中聘任一人为本所主任。"[1]可见，应用化学研究所隶属于理学院。1932年秋，金陵大学在理学院下首先恢复设立了化学研究所，由戴安邦任主任。[2]可见，化学研究所隶属于学院管理，其职务由化学系教师兼任，是合一型研究机构。

模式三：研究所附设于学系，往往以学系名作为研究所名（如图4.3）。如1917年年底，北京大学文、理、法3科共设立了9个研究所，文科之下设国文学、英文学、哲学3个研究所，理科之下设数学、物理学、化学3个研究所，法科之下设法律学、政治学、经济学3个研究所。可见，北京大学初创的研究所是按照文、理、法3科所属之各学门来分别设置。又如1928年中山大学成立的化学工业研究所附属于理学院化学系；1929年由中山大学接管的两广地质调查所附设于地质学系。1933年，北洋工学院成立的矿冶工程研究所和

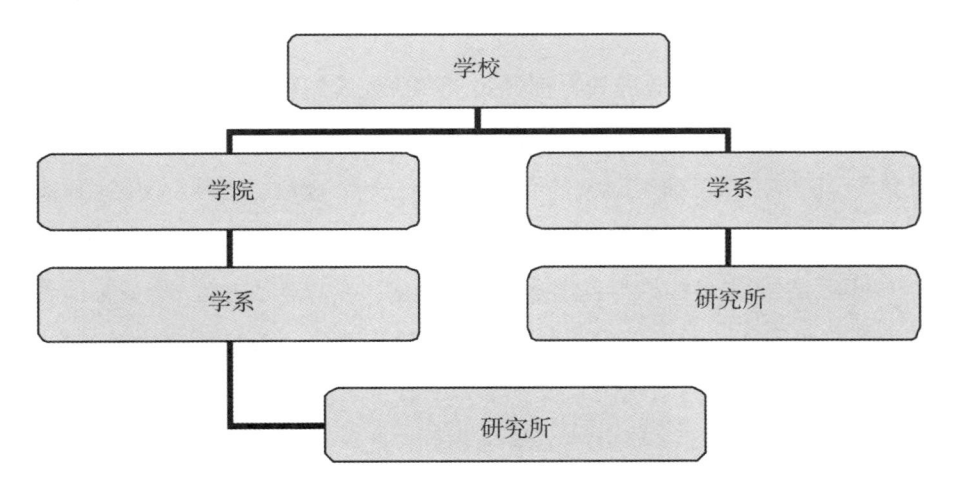

图4.3 研究所附设于学系的隶属关系图

---

[1] 王文俊、梁吉生、杨珣等选编：《南开大学校史资料选（1919—1949）》，南开大学出版社，1989，第358页。
[2] 张宪文主编：《金陵大学史》，南京大学出版社，2002，第242页。

工程材料研究所,是专门研究机构。章程规定两所所长分别由两系系主任担任。可见,此两研究所均附设于各有关学系。

可见,在1934年《研究院规程》颁布之前,研究院与研究所之间有时是同级的关系,有时又是上下层级关系。具体言之,在1929年《大学组织法》规定"大学得设研究院"之前,研究院与研究所之间是同级关系,只是各校对研究机构的称谓不同而已,如1925年清华学校的国学研究院、1926年厦门大学的国学研究院等。而1929年之后,研究院与研究所之间基本是一种包含的关系,即在研究院之下设研究所,如1929年清华大学研究院下就设立了各个研究所,1932年北京大学研究院下设自然科学、文史、社会科学3部。另外,此期既有从事专门研究的独立研究院所,亦有学术研究与人才培养兼顾的研究院所,如交通大学研究所和金陵大学中国文化研究所等属于前者,清华国学研究院和中山大学教育研究所等属于后者。再则,此期既有与学院同级并直属于学校的研究院所,亦有在学院之下设立的与学系平行的研究所,也有附设于学系的研究所;既有独立型研究院所,亦有合一型研究院所。

二、1934—1946年大学研究院所的隶属关系

1934年5月,国民政府教育部颁布了《研究院规程》,按其要求,研究院之最小单位为学部,若干学部构成一个研究所,已成立3个研究所时始得称研究院。研究所依其研究对象的性质,分为文科、理科、法科、教育(师范)科、农科、工科、商科和医科研究所等8学科类,研究所名称与大学各学院之名称相应,学部之名称约与各学系之名称相应。各大学已成立3个研究所者,即名为某校研究院。研究院设院长1人,由校长兼任,各科研究所及各学部各设主任1人,亦由各学院院长及各学系主任兼任。研究院之下为研究所,研究所之下为研究学部,研究院与学院并行。此种研究院所主要偏重于研究生教育,但也兼顾教师的研究便利。另外,由于在1934年之前大学即已出现了一些专门研究机构,如交通大学的工业研究所、金陵大学的中国文化研究所等。这些研究机构并不招收研究生,只进行科学研究,因此当时习惯于将此类研究所称为特种研究所。《研究院规程》颁布后,有些特种研究所进行

了改制，也开始进行研究生教育，如南开大学的经济研究所；也有些特种研究所依然不招收研究生，如交通大学研究所和金陵大学中国文化研究所等。尤其为满足抗战需要，此类特种研究机构有所增加，如南开大学的边疆人文研究室等。这些特种研究机构有的属各院系管理，有的也直属于学校。

综观此期研究院所的隶属关系，有的大学成立了研究院，研究院与其他学院并行直属于学校，研究院下设各科研究所，各科研究所又由各学部组成；没有成立研究院的大学，其研究所仍然附设于各相关学院或学系，隶属于学院或学系；而对于特种研究所，有的直属于学校，有的附设于学院或学系。因此，此期的研究院所隶属关系可简约为如下两种模式：

图 4.4 所示是大学成立了研究院的模式。如 1935 年，北京大学、清华大学和中山大学首先被批准成立研究院。北京大学研究院下设文科研究所、理科研究所和法科研究所，各研究所之下设各学部。清华大学研究院也由文、理、法三科研究所组成，以前本有的研究所改称为学部，分属于三科研究所之下。除此之外，清华大学还有一些特种研究所，如该校的航空、农业、无线电、金属、国情普查等 5 个研究所，这些研究所是专门的独立研究机构，直属学校管理，不属任何院系，也不归属于研究院。中山大学研究院下设文科研究所、教育研究所和农科研究所，各所亦是由各学部组成。此外，中山大学还有文学院的社会研究所、医学院的病理研究所、药物研究所等研究所。这类研究所不招收研究生，也未被国民政府教育部正式承认，因此不归研究院管理。

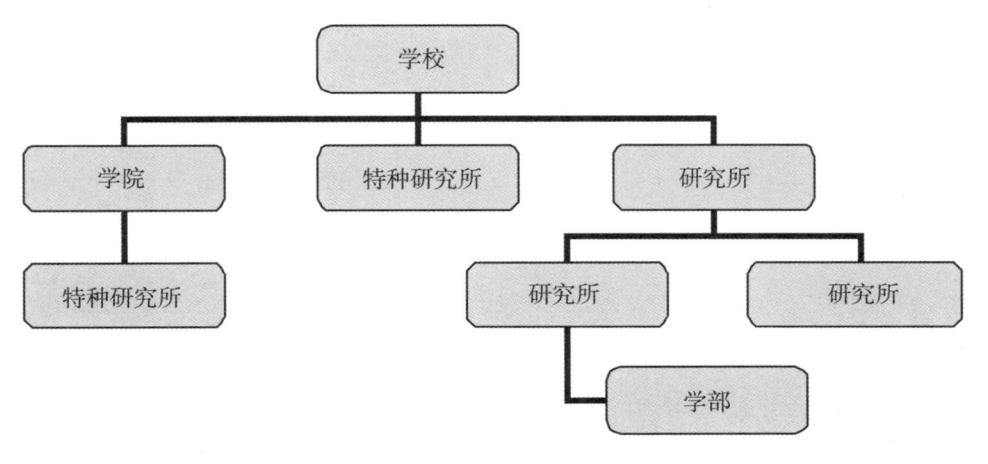

图 4.4　模式一：成立了研究院的隶属关系图

时为中山大学文科研究所主任的吴康就曾描述说："研究院外，文学院有社会研究所，法学院有经济研究部，理学院有化学工业研究所、两广地质调查所，医学院有解剖学、生理学、病理学、药物、细菌学研究所，等等，以后可视事实需要，增设入研究院。"①

图 4.5 所示是大学没有成立研究院的模式。如交通大学研究所 1937 年停办后，1943 年开始在电机系设立了工科研究所电信学部，后习惯称为电信研究所。1935 年，南开大学成立了商科研究所（通常称经济研究所）和理科研究所。商科研究所附设于商学院，院长和所长由何廉同时兼任；理科研究所仍属理学院。1942 年，南开大学成立了边疆人文研究室，附设于文学院。1935 年，国民政府教育部就批准金陵大学设立文科、理科和农科研究所，但没有成立研究院。1945 年 5 月 7 日至 8 日，校长陈裕光在纽约参加中国基督教董事会第 13 届年会，并向董事会全面汇报办学情况。该董事会即决定在 13 所中国教会大学中选定 2 所成绩优良者重点办好研究院，以把中国教会大学办学水平提高到一个新的层次。结果金陵大学和燕京大学以高票入选。后来因为内战爆发，该决议未能实施。②事实上，金陵大学之所以未能办成研究院，除内战之故外，还与 1946 年国民政府教育部取消研究院设置的政策有关。由

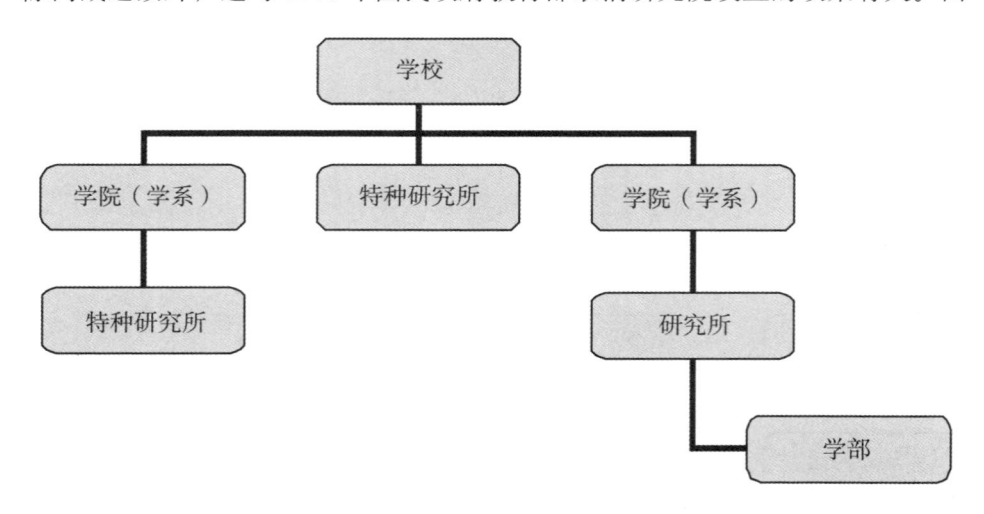

图 4.5　模式二：未成立研究院的隶属关系图

---

① 吴康：《国立中山大学研究院扩充计划书》，《语言文学专刊》1937 年第 3—4 期。
② 王运来：《诚真勤仁　光裕金陵——金陵大学校长陈裕光》，山东教育出版社，2003，第 82 页。

于金陵大学一直未成立研究院，因此金陵大学文科研究所史学部附设于文学院，理科研究所化学部附设于理学院，农科研究所农业经济部附设于农学院。① 后来成立的边疆人文研究室附设于文学院的社会学系，而中国文化研究所仍自成单位，直属学校。北洋工学院 1934 年年底根据国民政府教育部之规定，合并本院原工程材料研究所和矿冶工程研究所，设立了国立北洋工学院工科研究所，研究所主任由院长李书田兼任。1939 年并入西北工学院后，工科研究所主任由电机工程系主任刘锡瑛教授兼任。

三、1946—1949 年大学研究院所的隶属关系

1946 年 12 月，国民政府教育部颁布了《研究所规程》，取消了研究院的建制，研究所下也不设学部，研究所直接归属于学院或学系管理，或与各学系并列，研究所名称也以学系名称之。另外，有的特种研究所仍游离于学院之外，作为专门研究机构而直属学校；有的仍然附设于学院或学系。由此，各培养研究生的研究所统一归属于学院或未成立学院的学系管理，而特种研究所依然属学校或学院管理。所以，此后的研究所隶属关系比较单一（见图 4.6）。

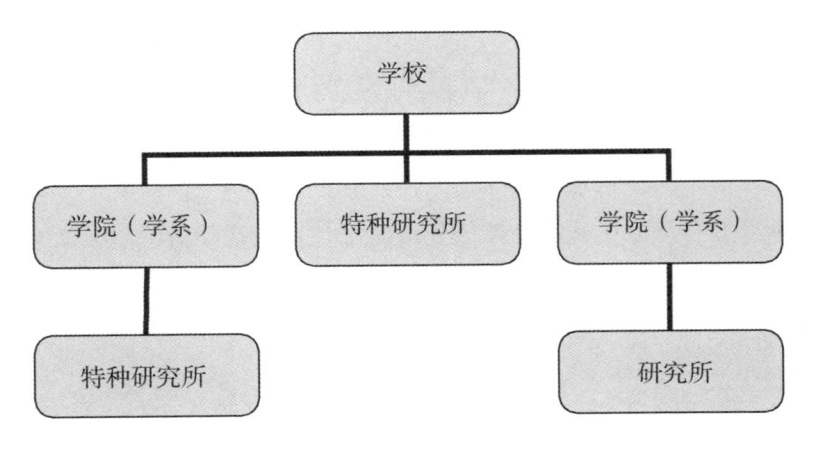

图 4.6 《大学研究所暂行组织规程》颁布后的研究所隶属关系图

---

① 《五十五年来之金陵大学》，《金陵大学校刊》1943 年第 321 期。

如北京大学，至1947年，原有的15个学部均改称为研究所，分别设于文、法、理3个学院；清华大学有23个研究所，分设于文、法、理、工、农5个学院；中山大学有10个研究所，分设于文、理、农、师范和医学5个学院；南开大学商学院有经济学研究所，工学院有化学工程研究所；金陵大学有历史、社会、化学、农业经济、农艺、园艺等研究所，分别隶属于文、理、农等学院，唯有中国文化研究所仍然单列，为独立单位；交通大学工科研究所电信学部改称电信研究所，仍属电信系。1946年，北洋工学院恢复北洋大学之名，1947年恢复设立土木工程、水利工程、采矿工程、冶金工程和化学工程等5个研究所，所长由相关学系主任兼任。

总之，民国时期大学研究院所的隶属关系并没有固定的模式，各大学根据自身的实际需要而灵活设置研究院所。虽然国民政府出台了相关规章制度，但也主要是针对具有研究生教育功能之研究院所的规范，而对于特种研究所的设置并无相关规范措施。因此，在一所大学中基本不存在只有学校直管或院系管理的单一模式，而大多是两种模式共存；另外，大学中的研究所也一般是独立型与合一型并存，以合一型为普遍。但相对来说，具有研究生教育功能之研究院所是整个时期的主流，其设置则由无序走向有序，从不规范转向规范。当然，由于大学研究院所的隶属关系不同，从而影响其组织结构，也就影响了其效能的发挥。这也正是本章探讨它们隶属关系的主要意图和意义之所在。它们隶属于学校、学院或学系，一般须通过上级部门方能与外界发生业务关系。这种建制上的非独立性，有可能摆脱一些行政事务，集中力量从事科研工作，但在承接外界任务、制订计划等管理活动时，又常会由于环节、层次增加而受阻。

第二节 大学研究院所的组织结构

大学研究院所作为大学内部的一个独立系统，其内部由多个组织要素构成。但是不同大学的研究院所、同一大学的不同研究院所或不同发展阶段的同一研究院所，它们的组织结构又有所不同。由于各大学研究院所组织结构多是受政府管理制度、大学研究院所自身制度和学校管理方式的影响，故而其内部组织是各校自主建制，并无统一的模式和标准。有鉴于此，本节在分析大学研究院所的内部组织时，主要采取分时段、列个案的方式进行阐述。

一、1917—1934年大学研究院所的组织结构

1926年9月始，厦门大学国学研究院在原来《厦门大学国学研究院组织大纲》的基础上，由原北京大学研究所国学门主任沈兼士主持制定了《厦门大学国学研究院章程》及下属六个部的办事细则。规定研究院院长由校长兼任，综理本院一切事务，并且在该院设立委员会。院下分研究、陈列、图书、编辑、造形、出版6部。部下设组，每组设主任1人。其中研究部分为语言文字学组、史学及考古学组、哲学组、文学组、美术音乐组，职员分为研究教授、导师、助教、学侣、书记，负责各组研究工作；陈列部分为古物组、风俗物品组、研究成果组，职员分为干事、事务员、书记，负责保管陈列研究人员发掘的或收集的古代文物、风俗物品以及本院的研究成果；图书部分为访购组、目录组、典藏组，职员分为干事、编辑、事务员、书记，负责图书资料的采购、编目、保管、出借等工作；编辑部分为丛书组、报告组、定期刊物组、翻译组，职员分为干事、编辑、书记，负责编纂或编辑丛书、报告、刊物和翻译工作；造形部分为摄影组、图画组、模型组、摩拓组，职员分为干事、事务员、书记，负责有关各项技术工作；出版部分为印刷组、发行组，职员分为干事、事务员、书记，负责书刊的出版发行事宜。在研究模式上，厦门大学国学研究院仿照北京大学研究所国学门。行政与学术负责人依托于文科，职员则与文科各系教员互有兼职。

成立于1927年的中山大学语言历史学研究所很快便制定组织大纲，使研究工作有条不紊开展起来了。其组织大纲规定："本研究所以作语言与历史之科学的研究，并以造成此项人才为宗旨。"围绕这个宗旨，所内设立了事务委员会和出版物审查委员会，并制定各委员会的章程。为便于进行工作，事务委员会下设5个股作为办事机构。这5个股分别是文书股、图书股、出

版股、调查股、庶务股。出版物审查委员会则负责审查该所一切出版物。另外，所内为开展学术活动，还分别成立民俗、考古、历史、语言四学会，另设风俗物品陈列室、古物陈列室和档案整理室等。各股室各自都有明确的职责，股室之间分工协作。从各股室的组织分工来看，恰如一个组织严谨、分工有序的专业出版社，从而保证了研究所《国立中山大学语言历史学研究所周刊》《国立中山大学民俗周刊》（简称《语史所周刊》《民俗周刊》）两刊物及丛书的正常出版，也使调查、对外交流工作得以有条不紊地进行。关于其内部的组织结构，可见下面的组织系统图（图4.7）：

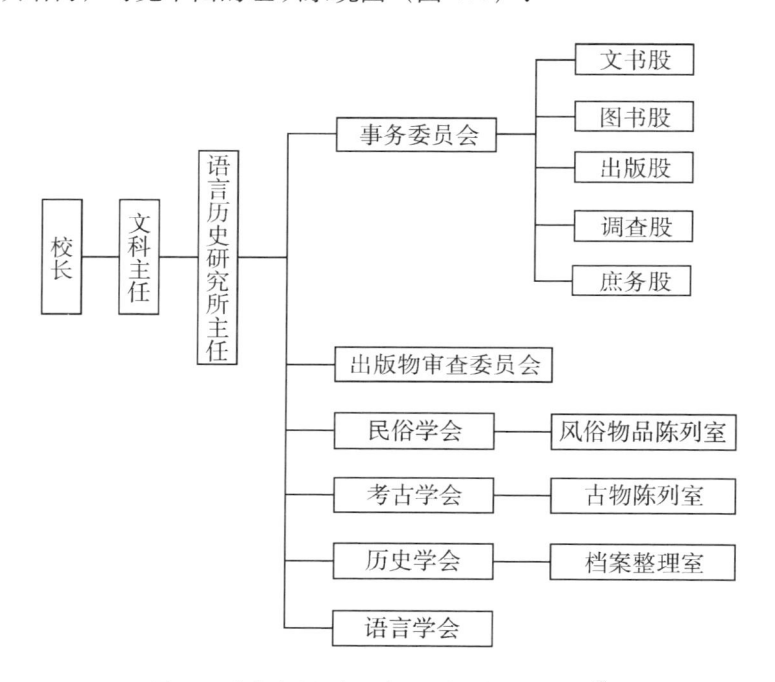

图4.7 中山大学语言历史学研究所组织系统图①

由图4.7可见，中山大学语言历史学研究所不是一个单纯只为集中若干学者专家的研究性团体，它还兼具历史博物院、专业图书馆、出版机构之综合特色，是一个具有严密组织、严格分工的多功能现代学术研究机构。由于中山大学语言历史学研究所的主事者和骨干成员如顾颉刚、容肇祖、商承祚等人多来自北京大学国学门，所以在组织体制上，也多仿北京大学研究所国学门。因此，

---

① 吴定宇主编：《中山大学校史（1924—2004）》，中山大学出版社，2006，第89页。

其内部建构与第一章中北京大学研究所国学门的组织结构十分相似。

中山大学教育学研究所于1928年设立，内设教育学部和教育心理学部，下设图书室、心理实验室、教育研究室、教育博物室和教育编辑室。1933年8月，庄泽宣辞去所长职务后，崔载阳接任了教育学研究所主任之职。接任所长后，崔载阳对教育学研究所进行了一系列的改革。他首先对组织结构和人事编制进行了调整。由于研究工作的扩展，教育学研究所以前相对简单的组织结构已经无法满足和适应其科研工作的需要，于是在研究所之下设有设备和研究两大部。设备部内包括教育图书室、教育博物室、教育编译室和心理实验室；研究部内包括普通教育部、社会教育部、实验心理部和教育行政部。每部设主任1人，所长崔载阳兼任普通教育部主任、周葆儒为社会教育部主任、雷通群为教育行政部主任、许逢熙为实验心理部主任。除各部主任外，还有指导教授范琦、王越和杨敏祺，助教有方颐和林锦成。1937年石牌新校舍落成后，教育研究所迁入，增设了义务教育、心理实验、统计测验等研究室。至此，教育研究所分设教育图书室、教育博物室、义务教育研究室、民众教育研究室、心理实验研究室、统计测验研究室、主任室、办公室、编译室、指导教授室、课室、会议室、休憩室、员生住室等。为了开展研究工作，教育研究所还陆续设立了四个实验场地，即龙眼洞乡村教育实验区、花县乡村教育实验区、石牌乡村服务实验区以及小学实验班。

1926年南洋大学成立工业研究所，分物理、化学、机械、材料四部。次年材料和机械两部合并，另设电机部。研究所建有各类实验室、实验工厂等。1928年交通部接管南洋大学，并改称交通大学。1930年国民政府交通部将原工业研究所扩建为交通大学研究所，并制定了一个该所成立之后最为完备、详明的章程——《国立交通大学研究所暂行组织规程》。该规程规定：本研究所为交通大学之学术研究机关，暂分工业研究及经济研究二部。工业研究部下设设计组、材料组、机械组、电气组、物理组、化学组，经济研究部下设社会经济组、实业经济组、交通组、管理组、会计组、统计组。[①] 此外1931

---

① 《交通大学校史》撰写组编：《交通大学校史资料选编 第二卷 1927—1949》，西安交通大学出版社，1986，第227—229页。

年和 1933 年分别于唐山、北平设立分所，并分别制定了唐山土木工程学院分所和北平铁道管理学院分所的暂行组织规程，如唐山土木工程学院分所下设设计组、材料及机械组和化学组。① 为了使研究所的各项工作都有法可依、有章可循，各个工作岗位都分工明确，职责清晰。为此，交大研究所还制定了《交通大学研究所各组章程》，对各组的工作范围、人员配置等做了详细要求。② 另外，还制定了一系列的规则、条例，如"研究所所务会议规则""研究所所员服务条例""研究所办事规则""研究所代办各路局委托事项简章"和"研究所代办外界委托事项简章"等。③ 这样就使得交大研究所形成了一整套相当完备的规章制度。此外，交通大学研究所还设所务会议，讨论所长交议事宜及审查各组研究成绩，由所长、秘书、各组主任及专任研究员组成。所务会议是一个融行政决策和学术审议为一体的组织，对于全所的工作都有着举足轻重的作用。值得特别指明的是，所务会议具有较为浓重的民主色彩，因为全所重要事务的审议与决策并不是完全取决于所或组的主要负责人，各组的研究员也有发言权和决定权，因此他们在其中也起着举足轻重的作用。在我国大学科研体制化的起步阶段，交大研究所就已实行了这种先进的民主管理制度，确属难得。交大研究所的管理实行所、组两级建制。各组的领导管理模式与研究所的管理模式相似，也是每组设主任 1 人，主持本组的研究事宜；组设组务会议，作为组内审议与决策的机关，议决本组的重要事项。各组还依据研究所规程要求，制定了本组的章程、工作大纲和办事细则等。这些章程或大纲在实际工作中也确实能起到规范和指南作用。如材料组在 1930 年 11 月 7 日举行第一次组务会议，通过了"本组之工作大纲及办事细则"。自后至 1936 年，材料组曾召开组务会议共有 18 次，而所有通过的议案，均是依照大纲及办事细则，再根据国家社会需要之缓急，将各种研究题目分配给各研究人员。④

---

① 《交通大学研究所唐山分所暂行组织规程》，《交大唐院周刊》1931 年第 18 期。
② 《交通大学校史》撰写组编：《交通大学校史资料选编　第二卷　1927—1949》，西安交通大学出版社，1986，第 229–231 页。
③ 交通大学编：《国立交通大学研究所一览　中英对照》，交通大学，1931，第 1—5 页。
④ 《交通大学校史》撰写组编：《交通大学校史资料选编　第二卷　1927—1949》，西安交通大学出版社，1986，第 239 页。

二、1934—1949 年大学研究院所的组织结构

1935 年，北京大学公布了修订的《国立北京大学研究院暂行规程》，研究院下分文科、理科和法科三科研究所，各科研究所主任分别由文、理、法三院院长兼任。设院务会议，由院长、各所主任、各所委员会秘书、大学本科课业长及秘书长组成，负责学术上之计划及管理责任。各所设委员会，由院长于各所已设研究科目之各部分中选聘 5 至 9 人组成，称为"文科研究所委员会""理科研究所委员会""法科研究所委员会"。[①]其中，文科研究所设有金石拓片室、考古学室、明清史料室、语音乐律实验室和编辑室。1946 年北京大学返回北平后，文科研究所未聘所长，而是设置了委员会来主持工作，委员会由文学院长、各系主任以及文科研究所各室的负责人组成。其下设明清史料整理室、古器物整理室、民国史料整理室、金石拓片整理室、语音乐律实验室 5 部门。可见北京大学文科研究所的组织结构严密、分工明确，而且内部所设部门随着任务的完成也随之解散，根据研究工作的实际需要而新设立之。

1935 年中山大学研究院成立后，研究院设总办事处，办理一切院务；又设院务会议，筹划各种院务工作。总办事处设秘书 1 人，承院长命计划院务工作，起草章程规则，执行院务会议议决事项，办理国内外学术联络事宜。另设助理、事务员、文书若干人。院务会议由院长、教务长、事务长、秘书、各所主任、各部主任组成，每学期开会两次以上。开会时，大学其他学院有关院长、系主任列席。会议职权：拟定全院计划、审定本院预决算及各项章程规则；审核研究生之入学及毕业、研究生之工作及奖学金以及其他重要事项。各所、部各设主任 1 人，指导教授若干人，职员若干人。[②]起初，研究院设有文科研究所、教育研究所和农科研究所。其中，文科研究所由原来的语言历史研究所改组而成。文科研究所暂设中国语言文学部和历史学部，其中中国语言文学部暂设语言组、文学组和古籍校订组，并设各组研究室：语言学研究室、文学研究室及古籍校订室；历史学部暂设考古组、档案组、民俗组，并分别

---

① 王学珍、张万仓编：《北京高等教育文献资料选编：1861—1948》，首都师范大学出版社，2004，第 700 页。
② 梁山等编：《中山大学校史 1924—1949》，上海教育出版社，1983，第 67 页。

设置古物陈列室、档案整理室、风俗物品陈列室。① 与语言历史学研究所时期相比，没有了学会的建制，而代之以组；事务委员会的五股建制仍然延续。教育研究所分教育学部与教育心理学部。农科研究所分农林植物学部与土壤学部。1942年起，经国民政府教育部批准，增设医科研究所，学校共4科研究所。文科研究所设中国语言文学部（内分语言学组、文学组）和历史学部（内分史学组、人类学组），教育研究所分设教育学部和教育心理学部，农科研究所分设农林植物学部和土壤学部，医科研究所设病理学部。各学部多有附设的研究室、实验室、陈列室等。如历史学部设有古物陈列室、风俗物品陈列室；教育学部设有三民主义教育研究室、教育博物室、教育编译室；教育心理学部设有心理实验室、统计测验室；农林植物学部设有植物标本室；土壤学部设有土壤化学实验室、土壤物理实验室；病理学部设有尸体解剖室等。

南开大学经济研究所成立之初，由于经费不足，工作人员仅教授1人、助理员1人。至1927年社会经济研究委员会成立后，始有主任之设，并置有研究助理员1人、书记兼计算员3人、调查员8人。经济学院时期，设院长1人总理一切院务，由校长聘任。此外设研究主任1人，负责设计及指导研究工作；秘书1人，承院长旨意处理各项事务。其图书、统计、抄写、打字等工作，各有专人，分组负责。1935年经济研究所改组成立后，组织方面仅改院长为所长，其他未作更多变化。但因工作增多，人事日繁，组织则因实际需要而比以前严密。研究主任仍负责设计指导研究工作，各人分别进行研究，事务方面设秘书室于所长办公室中，下分5组：

(1) 文牍组，撰拟公文函件，保管档案及从事其他书记应办事项；

(2) 事务组，主要保管和领用文具，收发邮件及其他不属于各组的事项；

(3) 统计组，主要是计算、绘图、调查物价及编制指数；

(4) 图书组，编目、出纳、剪报、打字及定期刊物的交换和保存；

(5) 出版组，主要校对、发行及其他关于出版的事项。

各组均由组长一人负责。至于担任研究工作的研究员及助理员等，人数

---

① 国立中山大学研究院总办事处编：《国立中山大学研究院年报》，国立中山大学出版部，1937，第142—163页。

不定，因工作之性质及需要而有增减。所内还成立了6个委员会：过刊编辑委员会、中文季刊编辑委员会、英文季刊编辑委员会、图书委员会、研究奖学金审查委员会和论文审查委员会。①

金陵大学中国文化研究所成立后，随即成立执行委员会，规划所务，以徐养秋为主任委员，即所长，刘乃敬、贝德士（A. S. Bates，美国人）、刘国钧、吴景超为委员；设立图书委员会，以研究员李小缘、贝德士、刘国钧为委员，办理选购图书事宜。李小缘负责中文图书的选购，贝德士则负责外文图书的选购。1936年，金陵大学文科研究所、理科研究所和农科研究所成立，后来各学部陆续增设，如农科研究所后来先后设立了农业经济学部、农艺学部和园艺学部，农艺学部包括作物育种、植物病理及昆虫三组。另外，各科研究所设立之后，均分别成立了各科研究所委员会，并通过这一组织管理本所事务。如文科研究所史学部开办后，随即成立了委员会，由文学院院长刘国均、中国文化研究所所长徐养秋和史学系主任贝德士3人为委员，后来拟定了规章、课程及招生简章等，议决由中国文化研究所研究员及史学系教授充任导师和开设课程，图书设备由中国文化研究所供给。但全民族抗战爆发后，学校西迁，人员离散，后来重新成立了以刘国钧、王绳祖、陈恭禄、徐益棠和李小缘组成的委员会，以李小缘为主任。② 从委员之兼任也可看出，中国文化研究所与文科研究所之间的联系相当紧密。

前面已经提到，北洋工学院研究所的创始人李书田曾为交通大学唐山分院院长兼研究所所长，故其创办的研究所在组织结构方面也受交通大学研究所的影响。1933年时，北洋工学院矿冶工程研究所设地质、探矿、冶金、选矿和燃料等5组；工程材料研究所设砖石、木材、钢铁、水泥及混凝土、柏油沥青5组。至于组织方面，各研究所均设所长1人。矿冶工程研究所所长以本院矿冶工程学系主任充任之，设秘书1人，由所长荐请院长聘任之；工程材料研究所所长以本院专任构造工程教授或工程材料教授充任之，同样也

---

① 南开大学经济研究所编：《十年来之南开大学经济研究所》，南开大学经济研究所，1937，第3—4页。
② 金陵大学编：《五年来之金陵大学文学院》，金陵大学，1943，第9页。

设秘书 1 人。各设助理研究员若干人,分别由两系教员和助教兼任。[①]1934 年该院拟定《国立北洋工学院工科研究所暂行组织章程》,于当年 12 月 5 日经国民政府教育部核准。该章程包括定名及宗旨、组织、研究生、经费、附则 5 章 24 条。其中,第二章"组织"规定:本研究所为学院的学术研究机关,暂设矿冶工程部;研究所得于所属权限内直接对外办理一切事务;研究所设主任 1 人,由本院院长兼任,总理所务,并规划研究事宜;研究所设事务员 1 至 3 人,书记 1 至 2 人,由院长派充之,或就本院教职员中指定兼任之;研究所得设专任、兼任助理及特约研究员各若干人,由院长聘任之;研究所专任研究员就国内专门学者聘请担任,并须常川驻所研究,兼任研究员就本院教授、副教授、教员中聘请担任,须于授课之外到所工作,特约研究员就国内有关之专门学者聘请担任,遇必要时须到所或在外工作;研究所各部各设主任 1 人,主持各该部研究及指导研究生事宜,均由本所主任指定研究员兼任之;研究员须按期报告研究成绩;研究所得设所务会议,讨论本所一切重要事宜,以本所主任及各部主任组织之;研究所得设各项委员会,审议或执行院长或主任指定之事项。[②]

从大学研究院所组织的整体情况来看,大多研究院所都成立了研究院所务会议或研究院所委员会,作为一个领导机构负责管理研究院所内一切事务。这种民主化的管理模式,一定程度上可以优化、提高研究院所的工作效率。此外,研究院所根据学术研究工作的需要,研究所之下往往设研究室、研究部、实验室等,学部之下往往设组,各自承担相应的工作任务。有的研究所还附设有实验场、实验区等作为实验研究基地。事实上,大学研究院所往往一经成立,即有规范的各种组织,从而保障了学术研究活动与人才培养活动的有序开展。总体而言,由于学校管理体制不同、研究院所的功能不同,所以各大学的研究院所之组织结构互不相同、各具特色。

---

① 北洋大学—天津大学校史编辑室编:《北洋大学—天津大学校史资料选编》(一),天津大学出版社,1991,第 297—299 页。
② 北洋大学—天津大学校史编辑室编:《北洋大学—天津大学校史资料选编》(一),天津大学出版社,1991,第 302 页。

第三节　大学研究院所的人事管理

研究人员队伍是大学研究院所得以发展的内在力量，人事政策是激发工作热情和提高工作效率的调节剂。研究人员队伍本身在数量、年龄、知识、专业、职称等方面的构成，都会影响研究院所组织的整体功能与效率。其时大学研究院所的人事聘任和管用，主要呈现以下特点。

一、尽力节约学术研究的成本

为了节约办所的成本，其时的大学研究院所多采用专、兼职人员相结合的方式来聘用教职人员。

北京大学研究所国学门设立"导师"和"通信员"的名目，给予居住在北京的外籍学者或不在北京大学任教而学有专长的中国学者以"导师"的名称；又给予住在北京之外或国外学者以"通信员"的名义。"导师"须负责指导研究生写作论文；"通信员"则主要是对国学门的发展提出建议，担任类似顾问的角色。这些"导师"和"通信员"实际就是一种兼职人员。根据1927年印行的《国立北京大学研究所国学门概略》，其内收录了一份《研究所国学门主要职员录》，从1922至1927年间，在国学门中担任过导师的有7名，担任过通信员的有8名。①

同样，中山大学语言历史学研究所也多聘校外知名学者为名誉顾问。据统计，1927年到1930年间，在研究所担任过名誉顾问的有邓尔雅、陈垣、谢英伯、容庚、何遂、赵元任、傅斯年、辛树帜、童仲华。②研究院成立后，文科研究所依然采用聘请国内外著名学者担任名誉导师的方法来促进研究工作

---

① 北京大学研究所编：《国立北京大学研究所国学门概略》，北京大学研究所，1927，第2—3页。
② 国立中山大学语言历史学研究所编：《国立中山大学语言历史学研究所概览》，国立中山大学语言历史学研究所，1930，第128—131页。

的开展。如中国语言文学部名誉导师是章太炎、叶恭绰、张孟劬、马叙伦、陈石遗、唐文治、赵元任、罗常培、高本汉、夏敬观、吴梅、易大厂、温丹铭、谢英伯；历史学部名誉导师是陈垣、陈受颐、温丹铭、谢英伯、朱易光、张星烺、张孟劬、邓之诚、顾颉刚、傅斯年、岑仲勉、陶希圣、刘节、马衡、黄文山。① 到1944年3月，文科研究所聘请校外著名教授专家为名誉导师共40人。② 这些名誉导师不仅是国内外该领域的著名专家学者，而且他们来自各类机构和众多部门。从中可以看出，当时中山大学人才聘任的力度之大、领域之广。

交通大学研究所各组的研究人员，除少量外聘的特约研究员外，其余大多是来自本校的相关学系，如化学组的来自化学系，材料组的来自机械系和土木系，电机组的来自电机系等。他们既教学又科研，集教师与科研人员两种角色于一身。如在1930年，全所的专、兼职人员共有52人，其中各组主任和研究员就有30人，研究所工作人员大部分是兼任者，也有兼职的外籍人员。兼职研究所的学术骨干，主要人物有电机工程学院院长张廷金、物理系主任裘维裕、化学系主任徐名材、经济学家马寅初等。此外，该所还聘请了一些兼职顾问或特约研究员。③ 如1936年，该所教职员有39人之多，其中兼职的顾问和特约研究员就有13名之多，占总数的三分之一。④

南开大学经济研究所兼职人员在全所人员中所占比例甚大。1937年，研究所中教员和研究员共30人，⑤ 其中仅有4名专职研究员和1名专职编译员，其余25名都是兼职人员，兼职者约占总职员的83%。在兼职教员中，除林同济和张纯明2人来自本校文学院外，其余23名兼职教员均来自该校的商学院。另据经济研究所研究生杨敬年回忆，当时经济研究所的老师不但包括经济系的全体老师，而且也包括政治系的一些老师，如张纯明、王赣愚、林同济、张金鉴等，此外还有社会学家陈序经、法学家刘朗泉等人，仿佛和伦敦政治经济学院相似，真正做到了兼容并包。⑥ 后来，这种兼职现象一直存在。南开

---

① 吴定宇主编：《中山大学校史（1924—2004）》，中山大学出版社，2006，第122页。
② 黄义祥：《中山大学史稿（1924—1949）》，中山大学出版社，1999，第390—391页。
③ 交通大学编：《国立交通大学研究所一览 中英对照》，交通大学，1931，第1—5页。
④ 交通大学编：《交通大学一览 民国二十五年度》，交通大学，1936，研究所职员录第1—3页。
⑤ 南开大学经济研究所编：《十年来之南开大学经济研究所》，南开大学经济研究所，1937，第57—60页。
⑥ 杨敬年：《期颐述怀》，南开大学出版社，2007，第250—251页。

大学应用化学研究所的研究人员，大多也是由化工系教师兼任，这些人兼顾科研和教学双重职责。如该所1928—1952年的17名研究人员，其中除两名助理研究员情况未知外，其余15名均是本校化工系教授。①这种兼职可谓相得益彰，化工系学生在这里找到了实践场所，同时也成为这里的技术力量。

金陵大学中国文化研究所研究人员均由文学院的教师兼职。根据从事研究的时间长短，他们被分为专任研究员与兼任研究员。一般研究时间超过讲授时间两倍以上者，为专任研究员；不满者则为兼任研究员；协助研究员做研究者，称为助理研究员。为加强与全国学术界的联系，扩大中国文化研究所的影响，中国文化研究所通过学校函聘学有专长的知名学者为特约研究员。②据商承祚回忆，1932年徐养秋聘请他的名义就是作为金陵大学教授兼研究所专任研究员。他说，当时研究所的成员有胡光炜、李小缘、陈中凡、陈登原、徐益棠、王古鲁、刘国钧、吴景超、刘铭恕、史岩、黄云眉、吴白陶、王伊同、刘继萱等十余人，有专任和兼任研究员，但多数人为兼任者。③1933年前后，该所的兼任研究员有刘国钧、贝德士、刘继宣等，特约研究员有吕凤子、汪孔祈、杭立武等。④据徐雁平和何庆先的不完全统计，先后在中国文化研究所任职的研究人员有25名。⑤这25名研究人员中，有专任研究员10名、兼任研究员9名、助理研究员5名、1人不详。研究所的所有研究员中兼职研究员近半数，他们有的来自中央大学、清华大学，有的来自世界书局等单位。正如罗宗真所回忆：

> 历史系和中国文化研究所有相互交流与支持的教学、科研关系。研究所聘任的研究员除完成科研任务外还可以在历史系兼课，历史系师生也可以充分利用中国文化研究所的图书资料和研究成果，双方相得益彰。⑥

北洋工学院工科研究所曾设有特约研究员。被聘为特约研究员者，有前采矿工程教授孙昌克及本院毕业生当时任军政部上海炼钢厂厂长的周志宏博

---

① 张培富：《海归学子演绎化学之路　中国近代化学体制化史考》，科学出版社，2009，第175页。
② 张宪文主编：《金陵大学史》，南京大学出版社，2002，第153页。
③ 商承祚：《我与金陵大学》，《东南文化》2002年第9期。
④ 徐有富、徐昕：《文献学研究》，江苏古籍出版社，2002，第131页。
⑤ 徐雁主编：《杰出人物与中国思想史》，江苏教育出版社，2000，第421—422页。
⑥ 罗宗真：《考古生涯五十年》，凤凰出版社，2007，第9页。

士，建设委员会淮南煤矿局总工程师许本纯博士，实业部汉口商品检验局局长王宠佑先生等人，后来又增加本院毕业生对矿冶学术及事业极有成绩的侯德均先生等人。除特约研究员仍旧外，截至1937年2月初，北洋工学院工科研究所矿冶工程部之研究员及导师均是本校各系的教授或教员。①

二、重视保证学研队伍的质量

为了保证学研队伍的质量，大学研究院所在人事聘用的对象上，倾向于有留学经历的高学历人员。

北京大学研究所国学门委员会成立之初，其骨干人员为国文、史学、哲学三系的教授。兼任国学门委员的文科教授中，只有胡适曾留美，其余人员均为曾留学日本的章太炎的学生。后来，新聘任的国学门委员中，徐旭生、刘复、李宗侗和张竞生等人都具有留法背景。此外，还有留学德、美的林语堂、江绍原等中坚分子。因此可以说，虽然国学门主要是由留日的章太炎门生响应胡适"整理国故"的号召而成立，然而当它继续发展时，却陆续吸纳了欧美留学生加入，共同为国学研究开创出新的局面。②

清华大学无线电研究所的任之恭、叶楷、孟昭英和范绪筠等四位专业教授都是在无线电、半导体物理等方面学有所成的留美归国学者。其中如任之恭于1929年获得宾夕法尼亚大学无线电硕士学位，后来又入哈佛大学专攻电讯和物理，获物理哲学博士学位；孟昭英于1933—1936年在加州理工学院攻读博士学位；叶楷为哈佛大学博士，专门研究充气管及其特性等问题；范绪筠为麻省理工大学科学博士，专门研究低压放电等问题。③

中山大学教育研究所聘任的教授大多数是在教育学和心理学领域有一定造诣和影响的中青年学者，其中不少人有留学国外的经历。如研究所主任崔

---

① 国立北洋工学院教务处编：《国立北洋工学院工科研究所概况 民国二十五、六年度》，国立北洋工学院教务处，1937，第4—5页。
② 陈以爱：《中国现代学术研究机构的兴起：以北大研究所国学门为中心的探讨》，江西教育出版社，2002，第80—84页。
③ 张思敬、孙敦恒、江长仁主编，北京大学、清华大学、南开大学等编：《国立西南联合大学史料 三 教学、科研卷》，云南教育出版社，1998，第659页。

载阳是在法国里昂大学获得的博士学位；钟鲁斋教授毕业于美国丹佛大学，获得了教育学博士学位；雷通群教授毕业于美国斯坦福大学，获得教育硕士学位。

交通大学研究所也聘任了不少留学人员，如1936年的职员中，9位具有美、德、法的留学经历，其中两人获得博士学位。9位留学人员的简况见表4.1：

表4.1 1936年交通大学工科研究所职员中有留学经历人员名单[①]

姓名	履历	姓名	履历
柯成枞	哥伦比亚大学理科硕士	高鹿鸣	法国巴黎工程专门学校肄业
陈伯庄	哥伦比亚大学化学工程师	谭沛霖	美国芝加哥大学经济学博士
曹丽顺	美国宾夕法尼亚大学肄业	张又新	德国佛朗府大学经济学博士
张天才	美国康奈尔大学农科硕士	马思齐	法国巴黎政治经济大学毕业
沈慈辉	美国康奈尔大学理科硕士		

交通大学电信研究所也拥有一支高学历、勇于探索创新的教师队伍。该所的教授大多接受过研究生教育，获得了工科类的博士或硕士学位。如张钟俊于1937年年底获得美国麻省理工学院博士学位，朱物华于1926年获得美国哈佛大学博士学位，周同庆于1933年获得美国普林斯顿大学博士学位，蔡金涛于1936年获得美国哈佛大学电讯工程的硕士学位，徐璋本于1940年获得美国加州理工学院博士学位。黄席椿于1940年获得德国德累斯顿工业大学的特许工程师学位，任朗于1945年获得哈佛大学硕士学位。

南开大学经济研究所聘请的留学人员占有不小的比例。如1937年在全所30名教员和研究员当中，有留学经历者17名，约占57%，而其中留美学者15人，正好是研究所教员的一半，并且都是获有博士或硕士学位等高学历人员及教授级职称人员。其中17名留学人员的简况见表4.2：

---

① 交通大学编：《交通大学一览 民国二十五年度》，交通大学，1936，第1—3页。

表 4.2　1937 年南开大学经济研究所有留学经历的教员及研究员简况①

姓名	履历	姓名	履历
丁佶	哈佛大学硕士	林同济	加利福尼亚大学博士
丁洪范	菲律宾大学学士	陈序经	伊利诺伊大学博士
方显廷	耶鲁大学博士	符致远	华盛顿大学硕士
王海波	加利福尼亚大学硕士	袁贤能	纽约大学博士
何廉	耶鲁大学博士	张金锴	斯坦福大学硕士
李卓敏	加利福尼亚大学博士	张孟令	哈佛大学博士
吴大业	南开大学学士，哈佛大学研究	张伟弢	哈佛大学硕士
吴华实	康奈尔大学硕士	张纯明	耶鲁大学博士
李锐	伦敦政治经济学院研究		

至 1941 年时，该所教员及研究员只有 17 人，约为 1937 年的一半，但有留学经历者却占 14 名，超过全所人数比例的 82%。此 14 名留学人员的具体情况见表 4.3：

表 4.3　1941 年南开大学经济研究所有留学经历的教员及研究员一览②

姓名	履历	姓名	履历
方显廷	耶鲁大学博士	韩鸿丰	汉堡大学博士
陈序经	伊利诺伊大学博士	吴大业	南开大学学士、哈佛大学研究
张纯明	耶鲁大学博士	邓传诗	维也纳大学博士
李卓敏	加利福尼亚大学博士	陈国平	耶鲁大学博士
朱炳南	伊利诺伊大学博士	陈振汉	哈佛大学博士
段茂澜	哥伦比亚大学博士	滕茂桐	伦敦政治经济学院
鲍觉民	伦敦大学博士	崔书香	威斯康星大学硕士

可见，留美高学历学者仍然是教员及研究员中的主体。事实上，这一现象一直在保持，如在 1933 年南开大学经济研究所隶属于经济学院期间，就出现

---

① 南开大学经济研究所编：《十年来之南开大学经济研究所》，南开大学经济研究所，1937，第 57—60 页。
② 南开大学经济研究所编：《南开大学经济研究所一览》，南开大学经济研究所，1941，第 12—13 页。

了第一个小高潮，在17名教员当中，有留美经历者10名，约占58.8%。到1945年抗战胜利前夕，所里共有成员10名，其中有留美经历者8名，其余两位有留英经历。抗战胜利后，南开大学复校后改为国立，在研究所内的9名教授当中，有留美经历者5名。[①]到1949年，这种状况依然在延续，14名教职员中，留学人员有9人，其中留英3人、留美6人。[②]

南开大学应用化学研究所也聘任了不少留学人员。1928—1952年，该所聘任的留学人员见表4.4：

表4.4　1928—1952年南开大学应用化学研究所有留学经历的研究人员简况表[③]

姓名	留学经历	姓名	留学经历
张克忠	美国麻省理工学院博士	谢明山	英国伦敦皇家理工学院博士
邱宗岳	美国克拉克大学博士	姚玉林	美国密歇根大学博士
杨石先	美国耶鲁大学博士	潘正涛	法国巴黎大学博士
张洪沅	美国麻省理工学院博士	汪德熙	美国麻省理工学院博士
苏元复	英国曼彻斯特大学硕士	汪家鼎	美国麻省理工学院硕士
卢焕章	英国伦敦大学帝国学院博士	丁绪淮	美国密歇根大学博士
伉铁俊	美国西格兰工业酒精厂、派勃斯物发酵厂工程师	张建侯	美国麻省理工学院博士

在全所17位研究人员中，除3位研究人员留学情况不明外，其他14位人员都有出国留学经历（其中10名留学美国、3名留学英国、1名留学法国），留学美国者又以美国麻省理工学院的博士居多。

金陵大学中国文化研究所也吸纳了诸多留学归国者。据徐雁平和何庆先的不完全统计，先后在金陵大学中国文化研究所任职的著名学者与研究人员中，有留学经历者占半数。

[①] 李翠莲：《留美生与中国经济学》，南开大学出版社，2009，第180—184页。
[②] 王文俊、梁吉生、杨珣等选编：《南开大学校史资料选（1919—1949）》，南开大学出版社，1989，第380—381页。
[③] 张培富：《海归学子演绎化学之路：中国近代化学体制化史考》，科学出版社，2009，第175页。

表 4.5　金陵大学中国文化研究所有留学经历的人员一览表①

姓名	学历	姓名	学历
徐养秋	伊利诺伊大学硕士	刘国钧	威斯康星大学哲学博士
王钟麟（古鲁）	东京高等师范文科毕业	刘继宣	东京帝国大学研究院毕业
吴景超	芝加哥大学社会学系博士	徐益棠	巴黎大学博士
李小缘	哥伦比亚大学图书馆学硕士	刘铭恕	早稻田大学文学部毕业
杭立武	伦敦大学政治学硕士	吕湘（叔湘）	留学牛津大学、伦敦大学
雷海宗	芝加哥大学哲学博士		

从这些研究人员的教育背景来看，美国、日本、英国和法国等海外著名大学毕业回国者占多数，其中又以留美归国者居多。这种教育背景使得他们在从事中国文化研究时，能够从世界文化发展比较的视角来看中国文化的独特性，研究视野更为开阔，方法亦更为科学。

北洋工学院工科研究所的研究人员大多是留美学者。如李书田是美国康奈尔大学土木工程博士，刘锡瑛是美国哈佛大学电机工程硕士，张湘琳是美国北卡罗莱纳州立大学土木工程硕士，刘之祥是美国科罗拉多矿冶学院矿冶工程学士，常锡厚是美国爱阿华大学硕士及 TVA 工程师，萧连波是美国伊利诺伊大学化学工程学士及美国锡瑞克大学研究院及森林学院研究员。此外，也有一些留学德、英、法等国家的人士，如魏寿昆是德国德累斯顿工科大学工学博士、王自新是英国伦敦大学机械工程博士等。②

岭南大学理科研究所的教职员，基本上是清一色的留美人员，如 1940 年在职人员中就有 11 人有留美背景。他们的简况见表 4.6：

---

① 徐雁主编：《杰出人物与中国思想史》，江苏教育出版社，2000，第 421—422 页。
② 北洋大学—天津大学校史编辑室编：《北洋大学—天津大学校史》第 1 卷　1895.10—1949.01，天津大学出版社，1990，第 371—374 页。

表4.6　1940年岭南大学理科研究所教职员学历情况①

姓名	学历	姓名	学历
陈心陶	美国哈佛大学哲学博士	莫古礼	美国俄亥俄州立大学哲学博士
富伦	美国加利福尼亚大学哲学博士	麦克福	美国康奈尔大学哲学博士
梁敬敦	美国宾夕法尼亚大学硕士	孔宪保	美国加利福尼亚大学哲学博士
贺辅民	美国明尼苏达大学硕士	卞柏年	美国布朗大学哲学博士
赵恩赐	美国康奈尔大学哲学博士	容启东	美国芝加哥大学哲学博士

三、充分体现学术研究的包容性

为了能聘用到有真才实学的学者，大学研究院所在人才选聘上又打出了"不拘一格""唯才是选"这张牌，这显示了其学术研究的包容性。

北京大学研究所国学门创设后，成立了研究所国学门委员会。国学门委员会名单中，以校长身份兼任研究所所长的蔡元培，同时又是委员会的委员长；作为教务长的顾孟余、作为图书馆主任的李大钊也是委员会委员；其余委员都是文科教授，如马裕藻是国文系主任，沈兼士是国文系教授，胡适是哲学系主任，朱希祖是史学系主任，钱玄同、周作人也都是国文系教授。随着国学门学术工作的不断开展，其他北京大学教授也加入委员会的行列。至1923年年初，新加入的委员包括总务长蒋梦麟、图书部主任皮宗石、图书部中文图书主任单不庵、图书部古物美术品主任马衡以及周树人、徐旭生、张凤举等。②其后又陆续增聘了刘复、陈垣、李宗侗、李四光、袁同礼、沈尹默等担任委员一职。还聘请了王国维、陈垣、柯劭忞、夏曾佑、陈寅恪等人为导师。③可以说是网罗了当时国内一批学有专长的精英人士。国学门主事者秉

---

① 《本校理科研究所报告》，《岭南大学校报》1940年第77期。
② 《研究所国学门重要纪事》，《国学季刊》1923年第2期。
③ 北京大学研究所编：《国立北京大学研究所国学门概略》，北京大学研究所，1927，第2—3页。

持着"我们的机关是只认得学问,不认得政见与道德主张"①的态度,先后与上述学者建立了联系并将之招入麾下,以期共同推动学术的发展。

清华国学研究院对聘请的教授和讲师有四个标准:一是受聘者须有中国文化的全部知识;二是须有正确精密的科学的治学方法;三是对于欧美、日本学者研究东方语言和中国文化的学术成果要熟悉;四是愿意亲近、接触并热心指导学员,让学生能在短时间内学到丰富的知识和治学的方法。②世人熟知的研究院四大导师王国维、梁启超、陈寅恪和赵元任,即是依据如此标准聘请来的。他们聘请师资重视真才实学,不慕虚名,不轻信文凭。例如,在这四位专任教授中,只有赵元任有美国哈佛大学的博士学位,而王国维、梁启超、陈寅恪三人虽是著名的学者,但均无博士或硕士等高学历头衔,陈寅恪甚至连学士学位都没有,梁启超的"文学博士"也是到清华国学研究院之后由美国耶鲁大学授予的。但谁也不可否认他们都是有真才实学的大家,其如王国维通晓英、日、德等国数种语言,对西方哲学深有研究;陈寅恪通晓英、法、日、德、拉丁、希腊以及蒙古文、满文、西夏文、梵文等十余种文字,而且其史学造诣享誉海内外。正是由于国学院有这种崇尚实学、不拘一格的用人之道,才保证了研究院拥有一流的师资。从深层次看,其破格用人的意义,更重要的还在于他们有前瞻的学术眼光,重视新学问,兼采中外学术。其时西方现代科学取得的不少新成就,建立的不少新学科,就是通过他们引入的。这几位国学大师聚集清华,使国学研究院成为强大的"学术磁场",不仅引发了学生对国学的浓厚兴趣,而且使该校一跃成为国内著名的"国学重镇"。

金陵大学中国文化研究所的人员聘任,其特色就是不拘一格、唯才是举。如自学成才的黄云眉,一生只上过两年学,由于在研究明史等方面成绩卓著,也被聘为研究员。李小缘的长子李永泰研究员后来对研究所的用人方式有过这样的总结:(研究所)不拘一格纳人才。研究所的研究人员有3类,即专任研究员、兼任研究员、特约研究员(校外学者)。陈登原是一位讲师,却被破格聘为专任研究员,年轻的黄云眉被聘为研究员,他们后来都成为文史名家、

---

① 顾颉刚:《一九二六年始刊词》,《北京大学研究所国学门周刊》1926年第13期。
② 吴宓:《清华开办研究院之旨趣及经过》,《清华周刊》1925年第2期。

著名教育家。名头响亮的中国艺术史学家吕凤子在中央大学任教，该所便聘他为特约研究员。①

正是通过从校外延揽一批著名专家的方式，中国文化研究所进一步充实了研究队伍，提高了研究水平，从而提升了金陵大学中国文化研究所在全国的学术地位。

综合观之，从这些大学研究院所的人事管理与人员聘用来看，主要呈现以下几个特点：一是几乎每个研究院所的研究人员都是由专职人员和兼职人员组成的，其中兼职人员往往又以本校相关院系的教员兼职为主，当然一些高校亦有以通信研究员或名誉顾问的方式聘请一些校外人员兼职。这种专兼结合的人员聘任方式，一定程度上可以缓解当时研究机构经费及师资力量不足的窘境，实则又可以通过兼职的形式聘请到更多相关领域的大家名师，在提高本研究院所知名度的同时，亦可进一步加强彼此间的学术交流与合作。二是其时的研究院所都倾向于聘用有国外留学经历的高才生，尤其是理工科研究所，有留学经历者甚至占全所研究人员的半数以上。在这些留学归国人员中，又以留美人员为主。导致这一现象的原因很多，本国大学研究院所自身发展程度不高而无法培养优质师资是其中之一；另外，除与当时欧美国家高等教育及科研水平有关外，还有一个重要原因就是当时社会对留学生有一种特别青睐的心态。三是当时的大学研究院所对国内知名学者的延聘，坚持不拘一格、唯才是选的用人原则。不限学历出身，不限门派身份，用人的唯一标准就是要有真才实学，这体现了其学术研究的包容性。还有一个现象是，一些外国学者也以专任或兼任研究员的身份加入大学研究院所的队列，尤以北京大学国学门和交通大学研究所最具代表性，这反映了当时的研究院所已有国际交流的意向，同时也表现出他们希望通过转换学术视野来研究中国的问题或指导我国的学术研究。关于这一现象，本书的第六章另有所述，在此不赘。

---

① 王运来：《诚其勤仁　光裕金陵——金陵大学校长陈裕光》，山东教育出版社，2003，第183页。

第四节 大学研究院所的经费来源

经费是大学研究院所赖以生存的物质保障，也是研究院所正常发展的重要支撑，因此对当时研究院所的经费来源进行剖析，可以探究各研究院所的经费来源渠道及其背景，以及研究院所发展与经费来源之间的关系问题。民国大学研究院所的经费来源渠道较多，有政府拨款、国内外各类基金会和社会团体的资助以及其自身的对外有偿服务等。在诸多的资助方式中，政府给予大学研究院所基础设施、学术研究和研究生津贴的补助，相对而言最为稳定和持续，对我国大学研究院所的发展及其学术研究与人才培养等发挥了重要作用。

一、中央政府的补助政策

中央政府拨付给大学研究院所的专门经费，主要让他们用于基础设施、学术研究和研究生津贴等方面。相对而言，这些经费是有制度保障的，是相对稳定和持续的。因此，这也是大学研究院所经费来源的主要途径。

（一）政府对大学研究院所基础设施的补助

1934年以前，大学研究院所未被政府正式承认，因此，政府并没有专门经费拨给大学的研究院所。其所需经费只是在学校经费中预算或由各类基金会和社会团体提供资助。1934年《研究院规程》颁布后，大学研究院所的地位才得到认可，政府开始给国立大学研究院所拨付专门经费，并明确其具体用途。如1939年国民政府教育部令各校筹设研究学部后，对于国立各校研究院所以学部为单位分别予以补助，以为添置考备之用。电机、机械、土木、矿冶、农林植物、土壤、化学、物理等学部，每学部补助3000元；中国文学、史学、数学、教育学、教育心理学、史地、经济、农艺等学部，每学部补助2000元。其时，前一类补助有16学部，后一类补助有14学部，共计补助费为 7.6 万元。①

1940 年以后，由于物价不断上涨，政府也酌情提高了大学研究院所的补助费，按学科性质拨给每学部 3 万元到 4 万元，明确规定其作为充实设备和材料之用。事实上，到 1941 年又追加 124 万元作为国立研究院所之经费，以研究所为单位，重定了补助标准。本来其时的大学研究所以学科为名，分为文科、法科、师范科、商科、理科、工科、农科和医科等八科研究所，可是当时仅有私立南开大学设有商科研究所，而补助对象只为国立大学研究所，故此补助的研究所类别中缺商科研究所。具体补助标准见表 4.7：

表 4.7　1941 年大学研究所的补助标准② 　（单位：万元）

	设 1 学部者	设 2 学部者	设 3 学部者	设 4 学部者	设 5 学部者
理、工、医科	4	5	6	7	8
文、法、农、师范科	3	4	5	6	7

从上表可以看出，在学部数相同的情况下，理科、工科、医科研究所比文科、法科、农科、师范科研究所每所多补助 1 万元。从此期各学部的拨款数量上看，政府在某种程度上更倾向于对实类研究所的资助，当然这也与实类研究所所需实验材料等费用较多有关。据统计，当时应受补助之研究所计有 26 个，共 48 学部，共补助 107 万元，并指定此款专作充实设备及研究材料之需，不得动用作为各学部原有教职员之薪酬。到 1942 年，国立研究院所经费增加为 150 万元，补助的标准不变，补助的研究所 34 个，涉及学部 58 个。③ 可见，国立大学研究院所的补助费，虽然由 2000 元或 3000 元增至 3 万元或 4 万元不等，但能购置的图书仪器还是非常有限。特别是在抗战期间，由于海外交通阻塞，有钱无处用或在国外购置的仪器设备无法运回等原因，还是影响了研究工作的开展。

抗战结束后，国统区教育经费不仅占总预算的比例偏低，更是受到了当时通货急剧膨胀局面的严重影响。从 1936 年到 1947 年，教育经费虽然

---

① 叶佩华：《我国大学研究院所设施情形之检讨》，《高等教育季刊》1942 年第 4 期。
② 同上。
③ 同上。

增加了近2.4万倍，然而同一时期内物价指数却增长了约10万倍，受通货膨胀的影响，学校办学经费的实际购买力加倍缩减。为此，1947年下半年，行政院又追加设备费充实大学研究所。具体分配标准是：(1)文学院、法学院各研究所，理学院数学研究所，农学院农业经济研究所，师范学院教育研究所，商学院经济研究所，每所补助600万元；(2)农、工、医学院各研究所，理学院生物、物理、化学等研究所，每所补助1400万元；(3)理学院地理、心理等研究所，每所补助800万元；(4)对于本年8月起新设立的各所，则折半补助。①1948年上半年，国立各大学研究所经费共为47.25亿元，行政院准予追加1倍，对此国民政府教育部订定分配标准：(1)文、法、教育及数学、农业、经济等研究所每所1500万元；(2)心理、地理及教育之包括心理等研究所每所2000万元；(3)其余理、工、农、医等研究所每所3000万元。②7月再次追加近3亿元。③尽管战后政府屡次提高大学研究院所的补助标准，但都远远赶不上物价增长的速度。

（二）政府对大学研究院所学术研究的补助

1942年，国民政府教育部为奖励公私立大学研究院所刊物之出版刊行，制定颁布了《公私立大学及独立学院研究院所研究刊物补助办法》。其中规定：补助经费由国民政府教育部国立研究院所经费项下匀拨；各研究院所申请补助研究刊物应附具最近一年内所刊行之研究刊物，由各院校专案转部核办；补助研究刊物之单位系以种类计算，各院校得合并或分别申请，但每年每种仅能申请一次；经审核合于规定之研究刊物，酌予一次补助3000元至5000元；经本部补助之研究刊物应按期呈送本部备核。④此办法不限于公私立大学研究院所，这在一定程度上促进了各类学术刊物的发展。但因物价上涨之故，这点补助也显得捉襟见肘，很多研究成果仍然无法发表。对此，有关学者痛心地指出：

设立研究所之宗旨，乃为欲借研究结果改善教育，以谋效率之

---

① 《政院追加设备费充实大学研究所》，《外交部周报》1947年第48期。
② 《国立大学研究所经费追加》，《教育通讯》1948年第6期。
③ 《研究所经费再追加》，《教育通讯》1948年第9期。
④ 《公私立大学及独立学院研究院所研究刊物补助办法》，《教育部公报》1942年第21—22期。

提高及学术之增进也，若因经费困难，将研究结果置之高阁，不予发表，则不仅无以慰世人之望，且亦违背设立之旨，其不智孰甚！吾国各教育研究所，如包有教员自作研究之组织，每年须印二三种研究报告，但教育部之补助费，尚不敷印一种之用，以致许多研究成果未能问世，等于虚耗心血，诚最堪痛心之事也。①

为资助全国各大学研究院所教授的学术研究工作，国民政府教育部曾推行过"研究院所特种研究补助"计划。1945年1月16日，国民政府教育部为了补助各大学研究院所研究教授及研究生之特种研究起见，制定颁发了《大学研究院所特种研究补助办法》，以补助研究经费之不足。其内容要点为：

(1) 本办法所指之特种研究系指该项研究工作确非该校研究所经费所能单独负担者为限；

(2) 特种研究补助之申请，应先拟具体详细研究计划、经费预算及填具研究人略历表，报请所在学校研究院所核转；

(3) 特种研究补助之申请每年由部举办2次，每年4月至6月为第一期，10月至12月为第二期；

(4) 申请补助之特种研究由部汇交学审会审议之；

(5) 经本部核定准予补助之特种研究工作其补助费暂定为每种一万元至五万元（但不得超过原预算额金全数二分之一）；

(6) 经本部核给补助费之特种研究，应依照原定计划期限内完成研究工作并于工作完成后之一月内缮具报告呈部备核；

(7) 上项研究工作报告由本部聘请专家审核后汇交本部学术审议委员会审议之；

(8) 凡研究工作报告经本部审核不合者，研究人员以后不得继续申请。②

因1946年年底国民政府教育部取消了大学研究院的设置，改学部为研究所，故上述种种规定未及实施，此办法也于1946年12月废止。当月，国民

---

① 许椿生、陈侠、蔡春编：《李建勋教育论著选》，人民教育出版社，1993，第381页。
② 刘英杰主编：《中国教育大事典：1840—1949》，浙江教育出版社，2001，第660页。

政府教育部即修正颁布了《大学研究所特种研究补助办法》①，但其具体内容与前办法并无多大变化。到1948年，国立专科以上学校教员的研究补助费也增加了3倍，如教授月支200万元，副教授160万元，讲师120万元，助教80万元。②

（三）政府对大学研究院所研究生奖助金与津贴的补助

关于研究生的待遇问题，1934年的《研究院规程》和1946年的《研究所规程》，均规定研究生成绩优异者得给予奖学金，其名额及金额由各校订定报部备案，故而此类奖学金并非面向全体研究生，而是名额有所限制，但补助额度也时有调整。抗战前每名研究生每年约300元。全民族抗战爆发后，受战事影响，大学研究院所的研究生招考工作一度中断，在读研究生的培养工作也大受影响。1939年，国民政府教育部奖励研究所的学生，给予每名研究生每年生活补助费400元，每学部限5名。5名之外的其他研究生，则由各校自行筹给，同时还特别规定助教兼研究生者不得领取生活补助费。③后来物价高涨，此项补助亦时有调整。实际上，研究生除支领一般学生公费外，国民政府教育部还酌给生活补助费。如1940年令补助每名研究生每年生活补助费600元，每学部限10名；1941年8月，又改为每名研究生每年补助1200元，并取消了每学部只补10名之限；1942年1月，又改为每名研究生每年补助1416元；1942年8月起，补助费又提至1960元。④当然，这些生活费均在国立研究院所的经费下开支。1943年，国民政府教育部决定实行公费制度，制定了《非常时期国立中等以上学校及省私立专科以上学校规定公费生办法》，以科系之分别定公费之比例。规定享受公费的学生分作两类：甲种公费生免交学费和伙食费，并补助其他费用；乙种公费生只免交伙食费。而国立大学和独立学院研究院所的新旧研究生一律为甲种公费生。⑤当时政府在战时经费相当紧张的情况下，仍然给予研究生全额资助，可见其对高层次人才培养的重视。

1948年1月起，研究生生活补助费调整为每人每月法币40万元，4月份

---

① 《大学研究所特种研究补助办法》，《教育部公报》1947年第12期。
② 《学术研究补助费增加三倍》，《教育通讯》1948年第6期。
③ 《国立各大学扩充研究院所》，《教育杂志》1939年第12期。
④ 叶佩华：《我国大学研究院所设施情形之检讨》，《高等教育季刊》1942年第4期。
⑤ 教育部教育年鉴编纂委员会编：《第二次中国教育年鉴》，商务印书馆，1948，第53页。

起又调整为每人每月 60 万元。① 当时国民政府教育部为提高研究生水准并鼓励安心从事学术研究起见，出台了《国立大学及独立学院研究生生活补助费核给办法》，其要点如下：

一、自 1948 年 1 月份起，国立各大学及独立学院研究所在校研究生每人每月生活补助费定为二十元，依核定各区生活指数计算发给。

二、研究生不得再享受公费或奖学金待遇。

三、研究生不得兼任校内或校外任何职务，如违反是项规定，应即追缴其已领生活补助费，并注销其学籍。

四、研究生研究期满呈准延长一年成绩优良者，其生活补助费仍继续核发，已满三年请准再延长研究期间者，不再发给。

五、自 1948 学年度起，各校院研究所，统限于秋季招生一次，每所招生名额不得超过三名，招生前应先呈部核准。②

1948 年 8 月，币制改革，教育部重新规定研究所研究生除一律公费外，1948 年 7、8 两月份生活费仍按每人每月法币 140 万元发给，自 9 月份起调整为每人每月 25 金元券，并规定以确实在校呈报有案及未兼职者为限，其研究期限超过 3 年者，概不发给。该项补助费之给予，以 1949 学年度以前招收之研究生为限，以后招收之研究生不再发给生活补助费。1949 年 6 月，教育部又调整研究生生活补助费，自 1949 年 1 月起为每人每月 25 金元券，按行政院公布的各区生活补助费倍数发给，同年 10 月，又将生活补助费改为奖助金，每名研究生每月银元 10 元，其中 4 元为膳费，按人发给，其余 6 元为奖助金，以上学期成绩在 70 分以上者为限。③

从政府对大学研究院所的经费资助来看，主要呈现这样几个特点：补助的形式多样化，有设备仪器、学术研究及研究生奖助金与津贴等专项补助，具有针对性；补助政策具有持续性和稳定性，战争时期补助政策也未间断，只是受财力和通货膨胀的影响，其补助对象的范围受到限制，补助金的实际

---

① 《研究生补助费增加》，《教育通讯》（汉口）1948 年第 6 期复刊 5。
② 蒋致远主编：《第三次中华民国教育年鉴》第一册，（台中）宗青图书公司，1991，第 84 页。
③ 同上。

购买力大大下降;补助政策依据抗战的实际需要和学科自身的特点,实行有区别的补助额度,如其偏重于对理、工、农、医等实类应用研究的补助;补助政策主要针对公立大学研究院所,而未能关切到私立大学研究院所发展的需要。不过,这种补"公"不补"私"的分类补助政策,在一定程度上加快了其时公立大学研究院所的发展速度,扩大了公立大学研究院所研究生教育的规模,促进了实类研究所和学部的快速发展。

二、各种基金会的资助

中华教育文化基金会、洛克菲勒基金会和霍尔基金会作为20世纪前半叶在我国较有影响的基金会,对我国近现代教育科学文化事业的发展做出了一定的贡献,尤其是它们对我国一些大学研究院所的资助,促使一些大学研究院所得以创办与发展,对我国大学的学术研究和人才培养发挥了积极作用。

(一)中华教育文化基金会的资助

中华教育文化基金董事会是美国和北洋政府于1924年9月在北京成立的一个社会文化团体。首届董事会由颜惠庆、张伯苓、郭秉文、范源濂、蒋梦麟、丁文江、顾维钧、黄炎培、周诒春、施肇基等10人与美籍人士杜威、贝克、孟禄、贝诺德、顾临等5人联合组成,以颜惠庆为董事长。其职责是负责保管、分配、监督使用美国退还的"庚子赔款",以补助的形式在我国举办文化教育事业,建立图书馆、成立科研机构、增设研究教席、设立科学研究奖金等。

交通大学工业研究所的创办和发展与中华教育文化基金会的资助相关。1925年,南洋大学校长凌鸿勋向中华教育文化基金董事会申请经费,经该会决议,同意拨给经常费3万元,以三年为期,又拨给一次经费2万元,作为改进工业教育及工程事业之用。1926年7月,拨付第一次补助费1.25万元到校,学校当即组织成立了工业研究所。[①]自此,中华教育文化基金会分3期,每期1.25万元,共计3.75万元,补助给了南洋大学工业研究所。1928年冬,

---

① 《交通大学校史》撰写组:《交通大学校史资料选编 第二卷 1927—1949》,西安交通大学出版社,1986,第440—441页。

该校改属铁道部,更名为交通大学,原定的研究计划不能依照中华教育文化基金董事会核准的办法按期实现,因而基金会的拨款随之停顿,工作也随之中断。①虽学校有经常费的拨款,但对于耗资巨大的工科实验来说,仍不足为用。1930年,由前校长孙科先生再次向中华教育文化基金会申请15万元的资助,获准补助9万元,分3年拨给,每年3万元。②1934年5月2日,交通大学又函请中华教育文化基金董事会补助该校研究所,欲于研究所内再添设一组,专门研究纺织问题,请款补助研究所纺织实验仪器费2万元,分两期拨付,每期1万元。6月29日,中华教育文化基金董事会以"美币低落,收入锐减,财政极感困难"为由,未能通过交通大学的请款书。③

中山大学教育研究所创办初期,由于经费不稳定和不充裕,故而从1930年起,该所开始向中华教育文化基金董事会申请补助。该基金会于当年就决议向中山大学教育研究所补助大洋1.5万元,分3年拨发,每年支5000元,分4次发给,每次1250元。④正是中华教育文化基金会的资助使该所购置了更多的研究设备,并聘请了大批专家、学者。至1933年7月,由于中华教育文化基金会自身收入锐减,对其资助也停止。此后,对于该校研究所,中华教育文化基金会仅对农科研究所的农林植物学部给予补助,如1934年7月至1935年6月,农林植物研究所受中华教育文化基金会补助1.5万元,作植物采集及研究之用。⑤正如吴康所言:"今本院各研究所中,唯农科研究所之农林植物学部(亦名农林植物研究所),仍借中华文化基金董事会之资助得以稍图发展;教育研究所,则昔年文化基金补助,现已中辍,其他所部,亦无校外津贴。"⑥另外,从1930年起,中华教育文化基金会始设研究教授席予以资助,聘请国内有成就的知名学者,在设备完善的机构从事专门研究,中

---

① 《交通大学校史》撰写组编:《交通大学校史资料选编 第二卷 1927—1949》,西安交通大学出版社,1986,第231—233页。
② 《交通大学校史》撰写组编:《交通大学校史资料选编 第二卷 1927—1949》,西安交通大学出版社,1986,第234—238页。
③ 交通大学校史编纂委员会编:《上海交通大学纪事 1896—2005》(上卷),上海交通大学出版社,2006,第252页。
④ 国立中山大学教育研究所编:《国立中山大学教育研究所概况 纪念本校成立十周年》,国立中山大学教育研究所,1934,第6页。
⑤ 中华教育文化基金董事会编:《中华教育文化基金董事会第十次报告》,中华教育文化基金董事会,1935,第23页。
⑥ 吴康:《国立中山大学研究院扩充计划书》,《语言文学专刊》1937年第3—4期。

山大学植物研究所植物学家陈焕镛成为资助对象之一，每年可获5000元左右的补助。

其实，中华教育文化基金会对其他大学的研究院所亦有一些资助。有些资助只是拨予学校，而未明确作为研究院所之用而已，但实际上学校将这些资助款下拨给了自己学校研究院所。如1927年南开大学创办经济研究所，中华教育基金会拨款赞助了4000元[①]，作为开办该所的启动经费；又如1938年，四川大学设立应用化学研究处，中华教育文化基金会补助其3.6万元，用以购买仪器、药品；[②]再如1939年，清华大学无线电研究所、农业研究所、航空工程研究所、金属学研究所、国情普查研究所，就分别从中华教育文化基金会每年拨予的38万元特种研究费中，得到经常费7万元、9万元、6万元、7万元、4万元。[③]

（二）洛克菲勒基金会的资助

洛克菲勒基金会是美国企业家约翰·戴维森·洛克菲勒(John Davison Rockefeller, 1839—1937)于1913年5月创设的慈善组织。该基金会自称以"促进人类福利"为宗旨，通过对各种机构和社会团体进行捐助，加强洛克菲勒财团对美国以及美国以外一定地区的政治、经济、社会、文化各个领域的影响，其决策机构是托管理事会。该基金会最早选定的重点是发展医学、公共卫生和农业，从20世纪20年代末至30年代初起开始重视人文学科的资助。在这一发展过程中，中国成为其国外工作的重点。

洛克菲勒基金会在大学研究院所方面的资助主要集中在南开大学的经济研究所。通过美国耶鲁大学费暄教授的介绍，1931年，洛克菲勒基金会副总裁冈恩(S. M. Gunn)访问了南开大学。他对南开大学关于中国经济的开创性研究十分赞赏。对南开大学经济研究所进行了解之后，他决定给予经济研究所一笔为期5年(1932—1937)的资助，每年1.5万美元，共7.5万美元，并增加了南开大学毕业生赴国外继续学习深造的奖学金数量。洛克菲勒基金

[①] 南开大学经济研究所编：《十年来之南开大学经济研究所》，南开大学经济研究所，1937，第1页。
[②] 曾宗英：《理科研究所应用化学研究所概况》，《国立四川大学周刊》1946年第4期。
[③] 清华大学校史研究室编：《清华大学史料选编 第三卷 抗日战争时期的清华大学（1937—1946）》，清华大学出版社，1994，第338页。

会对南开大学经济研究所的拨款最多时，金额占经济研究所总预算的三分之一以上，这样就稳定了经济研究所的经费预算，为当时研究所工作的开展提供了资金支持。① 据统计，在 1932—1937 年间，洛克菲勒基金会实际捐助给南开大学经济研究所的资金分别是：1932 年，6 万元；1933 年，6 万元；1934 年，6 万元；1935 年，3.75 万元；1936 年，4.5 万元；1937 年，4 万元。② 这是洛克菲勒基金会第一次对中国私立社会科学研究团体给予的年金补助，以后又增加补助了一定名额的毕业生和研究人员出国进修费用。全民族抗战爆发后，南开大学经济研究所迁至内地，洛克菲勒基金会继续给予其直接或间接的资助。到 1946 年为止，这种资助已超过 20 万美元，为该基金会在中国社会科学领域内对一个单位拨款的最大宗。时任经济研究所研究员的方显廷先生就曾受其出国进修的资助，据方氏自述："当美国经济学家凯恩斯的经济理论革命发起之时，正值我获得洛克菲勒基金会资助的自 1941 年至 1943 年的休假年赴美旅行并从事进一步的研究活动。"③ 值得肯定的是，在中国局势动荡的时期，洛克菲勒基金会几十年一直锲而不舍地资助了诸多机构。正如资中筠所说："洛氏基金会对中国的医药卫生、文化教育事业给予了锲而不舍的广泛关注和捐款，几乎每一个重要领域都留下了印记。"④

此外，对于岭南大学的理科研究所，洛克菲勒基金会也有过补助。如曾捐助该所陈心陶教授研究费 800 港元，另资助过两名研究生奖学金 1000 港元。⑤

（三）霍尔基金会的资助

霍尔基金会是用美国铝业公司创办人查尔斯·马丁·霍尔（Charles Martin Hall，1863—1914）的部分遗产创设的慈善组织。1914 年霍尔逝世前，要求将其三分之一的财产用于亚洲地区或巴尔干地区的教育事业，并进行中国学术的研究。在司徒雷登等人的积极争取下，1928 年 1 月，在燕京大学和

---

① 朱佑慈、杨大宁、胡隆昶等译：《何廉回忆录》，中国文史出版社，1988，第 50 页。
② 顾云深、石源华、金光耀主编：《鉴往知来：百年来中美经济关系的回顾与前瞻》，复旦大学出版社，1999，第 379 页。
③ 方显廷著，方露茜译：《方显廷回忆录：一位中国经济学家的七十自述》，商务印书馆，2006，第 80 页。
④ 资中筠：《资中筠自选集　坐观天下》，广西师范大学出版社，2011，第 257 页。
⑤ 《本校理科研究所报告》，《岭南大学校报》1940 年第 77 期。

哈佛大学之间成立了哈佛—燕京学社，这是霍尔基金会设在中国的总部，由哈佛、燕大和霍尔基金会各派3人，组成决策委员会，负责霍尔基金的分配，以资助在华的教会大学研究中国文化。该项经费的拨发定有条件：一是基金必须放在美国，获得利息后按年拨发；二是必须专门用于中国研究与教育；三是在经费使用方面要接受哈佛—燕京学社的监督指导。

由于霍尔基金会资金原则上必须用作中国文化教育和研究的专项经费，所以根据霍尔基金会1928年公布的国外教育基金分配计划，在华的6个教会大学获得其资助，其中燕京大学得到100万美元、岭南大学70万美元、金陵大学30万美元、华西协合大学30万美元、齐鲁大学为15万美元、福建协和大学为5万美元。① 获得资助后，有些教会大学立即创办国学研究机构开展中国文化研究。如燕京大学国学研究所于1928年2月10日宣告成立，旨在通过哈佛大学和燕京大学的合作，研究中国的语言、文学、历史、宗教等问题。该国学研究所特别聘请陈垣教授出任所长一职，还聘请了容庚、洪业、顾颉刚等人为研究教授。后来，此国学研究所成为中国文史学科研究的中心。

又如在霍尔基金会的资助下，1930年，金陵大学也很快设立了中国文化研究所。据金陵大学校刊报道："本校所得捐助60万美元的基金，以其中30万美元指定为研究我国文化之用。本校因即设立中国文化研究所。"② 指金陵大学在霍尔基金的限制性开支中又获得30万美元的资助，指定用入息来补助中国历史文化教育研究。这笔资助收入多的时候每年达1.7万多美元，少时在1万美元上下。③ 该所成立以来，在史学、哲学、文法学、民族学、语言学、考古学、目录学、国画研究及海外汉学研究等方面皆有建树。

再如齐鲁大学，起初获得资助的15万美元限于医学院的发展之用，后来又向哈佛—燕京学社掌握的限制性开支申请20万美元的资助，但该经费只能按年拨发，而且必须用于国学研究与教学。于是1929年秋，齐鲁大学成立国学研究所，并用这笔资助聘请了老舍、郝立权、余天庥、陈祖裕、谢惠等名

---

① 何晓夏、史静寰：《教会学校与中国教育近代化》，广东教育出版社，1996，第183页。
② 《南大百年实录》编辑组编：《南大百年实录 下卷 南京大学史料选》，南京大学出版社，2002，第59页。
③ 陶飞亚、吴梓明：《基督教大学与国学研究》，福建教育出版社，1998，第192页。

家教授。从1931年起，由哈佛—燕京学社每年资助国学研究所8947.36美元，这笔经费接近齐鲁大学文学院常年经费的两倍。①所聘人员的薪金均由国学研究所开支，他们一边教学，一边进行学术研究。

此外，在霍尔基金会的资助之下，1934年，岭南大学建立了中国文化研究室；1939年，华西大学筹建了中国文化研究所。总之，由于霍尔基金会的资助，在教会大学中掀起了一股国学研究的热潮，正如当年齐鲁大学的杨懋春所说："当时大学内设立国学研究所，请国学大师如顾颉刚之流研究国学，乃是很流行的学术界风气。"②

总之，由于各个基金会的主要任务、资助目的及资助取向的不同，故而它们在对大学研究院所的资助方式与资助对象上也呈现了一些特点。如其资助的针对性较强，主要是补助研究设备的购置和研究人员的补贴，而且具有稳定性、持续性的特征；在资助对象上，存有一定的差异性，如中华教育文化基金会倾向于公立大学研究院所的资助，洛克菲勒基金会主要是对私立南开大学经济研究所的资助，而霍尔基金会则是对教会大学国学研究所的资助。尽管其时三个基金会的资助动机可能带有某种企图或目的，但它们真真切切的资助行动确实为我国大学研究院所的创建与发展，起到了积极的推动作用。

三、机关、团体和个人的资助

当然，各机关、团体和个人的资助也是大学研究院所经费的重要来源。但这种经费资助往往需要研究所负责人的积极争取。

首先是政府机关的资助。抗战期间，清华大学成立了农业、航空、金属、无线电、国情普查等5个特种研究所。1936年成立的航空研究所主要为服务于政府军事需要而设立，因此其经费主要由航空委员会等单位补助。从1939年至1945年，航空委员会、滑翔总会、中央气象局、航空建设协会给

---

① 陶飞亚、刘家峰：《哈佛燕京学社与齐鲁大学的国学研究》，《文史哲》1999年第1期。
② 陶飞亚、吴梓明：《基督教大学与国学研究》，福建教育出版社，1998，第201页。

予航空研究所的补助费及事业费总计则达353.75万元。①此外，如1941年秋，航空委员会专项补助该所15万元经费，将风洞拆迁至白龙潭重新安装；1942年关于直升飞机的研究制造，航空委员会又补助该所15万元作研究设计费用。②又如清华大学无线电研究所，从1937年7月到1940年6月，政府资源委员会每年给予其补助经费4万元。③1936年金属研究所筹备时，资源委员会同意每年补助4万元，以三年为限。但至1938年正式成立时，资源委员会以"经费预算早经支配无余，无法拨汇"为由，撤销了原定的补助费。1939年成立的国情普查研究所是为政府战时和战后提供社会情报的，其调查研究所需的数百万元经费，均由政府拨给。如1942年，内政部和云南省政府拨给其进行"户籍示范实验"的经费就共达95万余元；对呈贡县及昆阳县的一镇三乡进行的户籍及人事登记工作，用费达522万余元，全由社会部及云南地方政府拨给。④

1928年1月，中山大学语言历史研究所（简称"语史所"）在动荡的时局中成立，由于"学校的经费困难万状，以致一切不能发展"，于是傅斯年赴上海向蔡元培寻求资金帮助，后由大学院根据中山大学校长戴季陶的请求正式接收语史所，从中央教育经费之注册税项下，月拨5000大洋作为语史所经费开支。

1928年冬，南洋大学改属铁道部，更名为交通大学。1930年春，黎照寰校长将原工业研究所改组扩充为交通大学研究所，并公布《国立交通研究所规程》，对研究所的经费来源做了明确规定："研究所经费得由铁道部按照核准预算直接发给。研究所得承受赠品捐款补助金及募集研究基金并对于外界委办事项得酌量收费。"⑤如经常费由铁道部按照核定预算拨发，计每年5.7万余元（内包括唐山土木工程学院分所6000元，北平铁道管理学院分所4000

---

① 清华大学校史编写组编：《清华大学校史稿》，中华书局，1981，第382—383页。
② 清华大学校史研究室编：《清华大学史料选编 第三卷 抗日战争时期的清华大学（1937—1946）》，清华大学出版社，1994，第144、146页。
③ 清华大学校史编写组编：《清华大学校史稿》，中华书局，1981，第383页。
④ 清华大学校史编写组编：《清华大学校史稿》，中华书局，1981，第386—387页。
⑤《交通大学校史》撰写组编：《交通大学校史资料选编 第二卷 1927—1949)》，西安交通大学出版社，1986，第229页。

元)①。当时唐山土木工程学院分所的经费定为部拨经费的六分之一作为研究所的经费。1935年，铁道部拨给研究所的经常费达6.45万元。②

其次是社会团体的资助。南开大学经济研究所成立后，由于教学和调研工作扩大，而调查研究及购置国外书刊耗费则较多，开支随之大量增加。经费的不足部分主要是靠金融界、实业界以及个人捐助。其时捐助最多者是金融界的所谓"北四行"，即金城、盐业、大陆、中南四家商业银行和实业界的永利化学公司久大盐业公司。此外，捐助户还有华北的纺织、水泥等工业和煤矿业。它们的负责人与何廉所长或者与张伯苓校长都有私人关系，从而使经济研究所获得资助。但是这些捐款都是按年捐赠，因此极不稳定。③

此外还有个人的捐助，如1927年南开大学经济研究所初创时，美国耶鲁大学的费暄教授个人捐助了500美元。④华西大学边疆研究所成立之初，该校董事长张嘉璈捐款5万元作为该所研究经费，并捐助研究班3个讲座。⑤

四、自身经营和服务的收入

此外，也有一些大学研究院所凭借自身的人才优势和科技优势，通过为社会提供各种产品或服务来谋取经济收入。

南开大学应用化学研究所创设于1932年，其"应用"二字，不仅为国际瞩目，更为实业界、为社会所欢迎。当时，国内有关实业界的人士以及拟依靠研究所提供协作的天津化工制造厂家都为研究所提供了资助，尤其值得注意的是，应用化学研究所率先采取了有偿服务的形式。在《应用化学研究所化验部和咨询部章程》中就明确规定，对委托鉴定化验的物品"依化验时所用药料价值之高下及化验手续之繁简酌收化验费"；凡各界咨询之问题，其

---

① 《交通大学校史》撰写组编：《交通大学校史资料选编 第二卷 1927—1949)》，西安交通大学出版社，1986，第578页。
② 上海交通大学校史编纂委员会编：《上海交通大学纪事 1896—2005》（上卷），上海交通大学出版社，2006，第262页。
③ 朱佑慈、杨大宁、胡隆昶等译：《何廉回忆录》，中国文史出版社，1988，第50页。
④ 南开大学经济研究所编：《南开大学经济研究所一览》，南开大学经济研究所，1941，第42页。
⑤ 《华西大学边疆研究所近况》，《文史杂志》1945年第9—10期。

须实验后始能解答的咨询问题也"酌收试验费"。①研究所通过科技有偿服务和科技成果商品化来增加研究所的经费收入。如应用化学研究所接受厂家委托研究项目，如为达仁堂药店研究蜂蜜脱臭，为《大公报》研制合金铅字，为王祯祥桅灯厂研制手电灯反光镜等。再如1933年天津拟请外商包建一座日产3吨的硫酸厂，仅设计费就高达25万元，而应用化学所承担了该项目，只收取了13万元设计费，不到一年酸厂建成投产，为天津制酸工业奠定了基础。该所不仅能急厂家之所急，而且收费合理，以至远到包头电气面粉厂、昆明草辫厂都来洽谈委托研究项目。研究所还从国内市场出发，引进或研制有关产品，如油墨、复写纸、浆纱粉、辣酱油、黑铜水等，将这些技术有偿转让给厂家，并且承揽化工项目的设计和安装。应用化学研究所还建有"南开化学工业社"，专门利用该所同人研究成果，制造产品出售，如硬脂酸、油酸、甘油、钾皂、酒精、黄铅粉、红铅粉等，供应天津市场。②总之，该所资金主要靠有偿社会服务取得，通过"以所养所"，先后建立专题研究室、各种实验室和实验厂。

1943年，交通大学成立的电信研究所，其设所目的主要是与交通部电信总局、中央广播事业管理处、中央电工器材厂和中央无线电器材厂等单位合作培养电信专业研究生。由于研究所诞生于战时环境，所需的经费及物质设备均十分短缺，所以其与各合作机关商洽草拟的五条合作办法中的四条均与经费有关。如办法规定：(1) 每一合作机关认定或保送研究生四名，并负责其薪津及来研究所的单程旅费；(2) 研究生的专题研究及论文所需要的材料及特制器材须由合作机关供给或担负其费用；(3) 合作机关负责研究生到所属各部实习的旅费；(4) 除资送研究生所需费用外，各合作机关补助研究部经常费，每月每机关各1万元，但不超过2万元。③可见，其时研究所的各种经费主要是由合作机关承担，除国民政府教育部指定的设备补助费外，一切设备及图

---

① 王文俊、梁吉生、杨珣等选编：《南开大学校史资料选（1919—1949）》，南开大学出版社，1989，第358—359页。
② 王文俊、梁吉生、杨珣等选编：《南开大学校史资料选（1919—1949）》，南开大学出版社，1989，第406—413页。
③ 《交通大学校史》撰写组编：《交通大学校史资料选编 第二卷 1927—1949》，西安交通大学出版社，1986，第392页。

书资料几乎全部是依赖合作机关和社会的资助,其中电信总局的资助最多。该局还在电信研究所设立了奖学金,凡被录取的研究生,几乎均可享受奖学金。

南开大学边疆人文研究室的成立和时局密切相关。20世纪40年代初,云南省政府计划修筑一条由石屏通往佛海的省内铁路,并且决定从修路的经费中抽出一笔专款,准备对筑路沿线的社会经济、民情风俗、地理环境、语言进行调查研究。南开大学的黄钰生和冯文潜两教授得知此消息后,顺利取得了石佛铁路的委托任务。① 1942年4月,云南省建设厅厅长龚仲钧就致函张伯苓,委托南开大学承担此项工作,并资助专款3万元。② 借此机会,南开大学创办了边疆人文研究室,并以此拓展南开新的学科领域。

总之,从大学研究院所的经费情况可以看出,大学研究院所经费管理的首要任务就是筹措经费,解决经费来源问题。其经费来源主要有以下几个方面:政府拨款;政府有关部门或地方当局的资助;国内各种基金会的资助,如中华教育文化基金会等;专项资助,主要指研究院所中的某项具体活动获得外部的专门资助,如美国洛克菲勒基金会;社会赞助;合作机关资助等。可见,大学研究院所的经费来源有多种渠道,每一研究院所,无论是公立或私立,其经费来源既有政府拨款或专项资助,也有民间筹款或社会资助。这种特点表明,研究院所的所有权或隶属关系与机构的经费来源之间并无必然联系,两者可以分离开来,有些基金会的资助还多于政府资助。自筹的或有偿服务所得的经费往往受政治影响较小,受经济波动的影响也较小,因此经费来源有相对的稳定性,也更能刺激开辟多种筹资渠道,更能激发研究院所人员为社会服务的热情,从而为社会经济发展做出更多贡献,南开经济研究所就是重要一例。事实上,时为国民政府教育部部长的王世杰很早就在为大学研究院所争取经费,如在1934年3月的庚款机关联席会议第二次会议上,他就提交了"拨款协助国立大学设立研究所案"的提案,并获得通过。他在提案中说道:

> 查各国著名大学,皆设置研究所,以培养学术专才,而谋国家

---

① 王文俊、梁吉生、杨珣等选编:《南开大学校史资料选(1919—1949)》,南开大学出版社,1989,第414页。
② 李列:《民族想像与学术选择——彝族研究现代学术的建立》,人民出版社,2006,第234页。

学术之独立与发展。我国大学尚鲜研究所之设置,即已设立者,亦因设备等项之欠充实,难著我效。大学毕业生,若希冀深造,仍纷纷留学国外。据近年统计,每年公私留学费用,竟达九百九十万元之巨,殊不经济已极!兹为提高本国之教育程度并谋国家学术之独立与发展起见,拟先择定若干成绩优良设备较有基础之国立大学,分别设立各种研究所。自二十三年度起,拟请英美两庚款机关就择定之大学,至少各担任一二种研究所之创设费用。此项创设计划,自可分年完成。①

---

① 王世杰:《庚款机关联席会议第二次会议提案选录:(四)拨款协助国立大学设立研究所案》,《农村复兴委员会会报》1934年第11期。

第五章

大学研究院所研究生教育与培养

与其他独立研究机构不同的是，大学研究院所不但要进行科学研究，而且还肩负着为国家培养人才的重任。大学研究院所对人才的培养方式，大体可分为两种：一种是直接培养，即招收研究生进行研究生教育；另一种是间接培养，即通过学术研究活动来提高本单位研究人员的研究能力和水平。虽然间接培养的方式贯穿于研究院所发展之始终，但因其成效不易量化，且隐然于其发展进程之中，故而本书所讨论的人才培养，主要在于前者，即最能直接体现研究院所人才培养贡献的研究生教育。

第一节　学位与研究生教育制度的演变

我国的学位与研究生教育制度肇始于清末民初,是移植西方近代大学制度的结果。它的发展变迁经历了清末的萌芽期、民国前期的成型期和民国后期的完善期三个历史阶段,也经历了研究生教育制度与学位制度相分离、相并存和相结合的三个变化时期。由于清末民国时期我国的研究生教育是在大学研究院所(即通儒院、大学院、大学研究院及大学研究所等的统称)中实施的,所以我国学位与研究生教育制度的发展与大学研究院所制度的变迁基本呈现同步互动的演进状态。两种制度的变革及建制措施也大多相仿乃至重合。有鉴于此,本节所阐述的研究生教育制度的发生与发展主要从其学位制度的发展与演变来探讨与分析。

一、学位与研究生教育制度的萌芽(1902—1912)

1902年,清政府制定了《钦定学堂章程》(又称"壬寅学制"),是我国新式学制系统出现在历史舞台之初始。它包括了从小学到大学的各级学堂章程。该学制的高等教育包括高等学堂大学预科、大学堂及具有今日研究生院性质的大学院。该章程规定,大学院不规定学习年限,不主课程,不主讲授,以研究为主,旨在探讨高深学问。[①]这是我国学制系统中最早规定设置的相当于今天研究生院性质的教研合一机构。但该章程出台后并未真正颁布实行。1904年,清政府公布了由张百熙、张之洞、荣庆等人拟定的《奏定学堂章程》。其中的《奏定大学堂章程·通儒院》将"壬寅学制"中的大学院改称为通儒院。通儒院学员的入院资格分两类区别对待。如果是分科大学的毕业生,则不需要考试,只要通过教员会议和大学总监督的审查后,即可入学;如果是非分

[①] 璩鑫圭、唐良炎编:《中国近代教育史资料汇编　学制演变》,上海教育出版社,2007,第244页。

科大学的毕业生,则要通过大学总监督的考验(面试形式),合格后方可入学。①关于通儒院学员的培养,是按照学员所研究学术的学科性质,一般是分归某分科大学的某学科教员指导。如果学员所研究的学术与其他分科大学某学科确有关系而必需兼修者,经过大学总监督的核准后,也可由其他分科大学的学科教员来指导。学员无须缴纳学费,修学年限为五年。学员如果品行不端或研究成绩不合格,可将其作退学处理。②此外,还规定通儒院学员应以研究为主,不开设功课,只在斋舍研究学问,遇问题时再向教员请求指导。③可见,《奏定学堂章程》对通儒院学员的修业年限、培养方式、管理办法等均作了比较明确的规定。

同年,张百熙、张之洞和荣庆等还拟定了《奏定各学堂奖励章程》,以作为《奏定学堂章程》的配套制度。他们试图参照西方的学位等级,给予新式学堂的毕业生以相应的科举出身奖励。《奏定各学堂奖励章程》规定:(1)通儒院毕业生(研究生)"或比照翰林升阶分用较优之京官外官,以便即时任用,抑或于奖以翰林升阶之后,并即破格任用之处"。(2)大学堂分科大学毕业生,考试最优等的,用为翰林院编修、检讨;优等的,用为翰林院庶吉士;中等的,以由各部主事分部优先补用。他们均作为进士出身,且可升入通儒院。(3)分科大学的选科毕业生,考列最优等者、优等者、中等者均作为同进士出身,而所授不同官位。此外,大学堂分科内之实科、大学堂预备科、各省高等学堂、高等实业学堂等毕业生,考试最优等者、优等者和中等者均作为举人。④

可见,清末的各类章程虽有通儒院的设置构想,并制定了相关规章,但规章中并未明确言及学位授予问题,而是对学有所成者实行奖励科名出身制度,欲简单地将国外学位制度与科举出身相对应,将西方的学士、硕士、博

---

① 璩鑫圭、唐良炎编:《中国近代教育史资料汇编　学制演变》,上海教育出版社,2007,第294—295页。
② 璩鑫圭、唐良炎编:《中国近代教育史资料汇编　学制演变》,上海教育出版社,2007,第394—395页。
③ 璩鑫圭、唐良炎编:《中国近代教育史资料汇编　学制演变》,上海教育出版社,2007,第239—240页。
④ 潘懋元、刘海峰编:《中国近代教育史资料汇编　高等教育》,上海教育出版社,1993,第323页。

士学位与我国传统的秀才、举人、进士等科名相对接。1910年，教育法令研究会提出报告，批评这种奖励政策"按之立宪政体，反之教育宗旨"，建议将其废除。[①]1911年4月，各省教育总会联合会的决议案之一就是《请停止毕业奖励案》，建议立即废除进士、举人和贡生等科举名称，停止奖励，大学堂的毕业生称为"学士"，其余的就称毕业生，另外再制定有关学位的章程。[②]同年9月，学部会奏《酌拟停止学堂实官奖励并定毕业名称折》[③]后，才真正废止了对各级学堂毕业生的实官奖励。可见，虽然与大学体制配套的近代学位制度并未在新学制中体现，但是必须认可的是，他们正试图建立一种与西方学位制度相联系的制度体系，并准备制定适合我国自身国情的本土的学位章程。这也说明清政府对西方的学位制度采取的是一种认可的态度。

总之，清末的学制系统对类似研究生教育的制度还是有过具体设计，并制定了一些实际条款，但对学位制度还处于朦胧或含糊的认识阶段或程度，尚未作出具体设计。因此，两者还处于一种貌合神离的状态。不过，其时的各大学堂也未真正创办通儒院，自然也未开展研究生教育，更谈不上学位授予的问题了。

二、学位与研究生教育制度的成型（1912—1934）

中华民国成立后，北洋政府先后颁布了《大学令》《大学规程》等法令，对具有研究生院性质之大学院院生的入学资格、培养方式、修业年限和学位授予等作了相应的规定。如1912年的《大学令》明确规定，入大学院的资格为大学各科毕业生或经过考试的同等学力者，而且大学院不定研究年限，如果院生学有所成，经过大学评议会和学科教授会核查为合格者，可依《学位令》授予相应的学位。[④]1913年的《大学规程》又规定：大学院不设课程，只是导师在开学时提出研究题目，然后由学生进行自主研究，并围绕相关题目定期开展讲演和讨论活动；大学院院生研究完成后，由院长和导师审定所提交的

---

① 《研究各学堂奖励章程》，《教育杂志》1910年第6期。
② 朱有瓛主编：《中国近代学制史料》第二辑上册，华东师范大学出版社，1987，第136页。
③ 朱有瓛主编：《中国近代学制史料》第二辑上册，华东师范大学出版社，1987，第137页。
④ 宋恩荣、章咸选编：《中华民国教育法规选编》，江苏教育出版社，2005，第384页。

论文，经由教授会的议决为合格后，方可获得学位。①可见，民国初期的大学院不定研究年限，没有课程教学，主要的培养方式是自主研究和讲演讨论，在完成研究题目和提交论文后，经考核合格可授予学位。其时，北洋政府虽已有制定学位制度的意愿，但实际上尚无学位授予的具体规定。

1914年7月，教育部规定由专门教育司负责"授予学位事项"和"博士会事项"。②1915年2月，袁世凯颁布《特定教育纲要》，在学位奖励的条款中，授予的学位有学士、硕士和技士三种，而且想仿照他国制定博士会章程，还打算成立作为审查学术和授予学位的机关——博士会。③1918年10月，全国专门以上学校校长会议召开，通过了《奖励大学本科毕业生入大学院研究之方法案》。其奖励方案之一，就是"拟仿英美各国大学，立定一硕士学位"。④另外，在这次会议上，北京大学提出了"高等学会及博士学位案"的议案，⑤经讨论决定，博士学位应由大学院授予。具体办法如下：

> 凡国立大学设有大学院，经教育部认为有授予博士之权者，得授予博士。凡大学院学生研究二年以上，以研究所得提出论文（但论文必用本国文字），经教授会认为于学术上有价值者，公开口试及格后，并自印论文二百本以上，由大学分布，经过六个月，由大学授予博士。博士之种类凡四：曰文学，曰理学，曰医学，曰法学。其他国内外著名学者，亦得由大学于举行毕业式时赠予名誉博士，称哲学博士。⑥

可以说，这是我国研究生教育史上首次提出为研究生设置博士学位。

1924年2月，教育部公布的《国立大学条例》，再次规定了大学院的入学条件，对研究有成绩的给予学位。⑦到1929年7月，南京国民政府颁布《大学组织法》，首次提出在大学中设"研究院"，"研究院"名开始代替之前

---

① 璩鑫圭、唐良炎编：《中国近代教育史资料汇编 学制演变》，上海教育出版社，2007，第711页。
② 秦惠民主编：《学位与研究生教育大辞典》，北京理工大学出版社，1994，第5页。
③ 宋恩荣、章咸选编：《中华民国教育法规选编》，江苏教育出版社，2005，第31—32页。
④ 李友芝：《中国近现代教育史参考资料》，内部资料，1983，第622页。
⑤ 潘懋元、刘海峰编：《中国近代教育史资料汇编 高等教育》，上海教育出版社，1993，第793页。
⑥ 舒新城：《近代中国教育史料》，中国人民大学出版社，2012，第254页。
⑦ 王学珍、张万仓编：《北京高等教育文献资料选编：1861—1948》，首都师范大学出版社，2004，第522页。

的"大学院"名。[①]为建立与之相配套的学位制度，同年，教育部开始拟定《学位条例草案》。该草案将学位分成学士和博士两级，要求学士学位由大学授予，而博士学位由国家授予。也就是说，学士为大学学位，博士为国家学位。[②]但该草案未见通过。1930年4月，第二次全国教育会议通过了《改进高等教育计划》，研究生的入学资格规定为国立、省立或已立案的私立大学毕业生，研究年限为三年以上，且每月有一定津贴，期满后可参加国家博士学位考试。[③]1931年4月，国民政府草拟了《学位授予法》，采用了西方的学士、硕士、博士三级学位制度，并对获此三级学位的资格分别作了规定。如硕士学位和博士学位候选人须在大学研究院所研究两年以上，提出研究论文，并经考核和考试成绩合格。该法还规定，在学术上有特殊著作或发明的，且在大学或独立学院任教三年以上者，也可作为博士学位候选人。[④]不过值得注意的是，《学位授予法》虽草拟制定，但当时并未及时颁布实施。

事实上，1917年北京大学研究所创办后，我国诸多大学已开始陆续招收和培养研究生，如北京大学、清华大学和中山大学等高校均陆续制定了各自的研究生招生和培养制度，且在实践上开展了实质性的研究生教育。当然，在国家层面上，其时关于研究生教育制度和学位制度的构想和设计也已趋于成型，但都未真正实施，两者处于一种并存状态。由于1934年以前的研究生教育未被政府正式承认，国家也尚未正式出台《学位授予法》，故而其时我国也没有授予过硕士及其以上学位。

三、学位与研究生教育制度的完善（1934—1949）

1934年5月，国民政府教育部颁布了《研究院规程》。该规程详细规定了大学研究院所之研究生的入学条件、修学年限、应习课程、论文工作、学位授予和管理规章等。《研究院规程》规定，各大学研究院所的研究生招生

[①] 常守之编：《增订教育行政大纲　第6版》，中华书局，1935，第96页。
[②] 常守之编：《增订教育行政大纲　第6版》，中华书局，1935，第185页。
[③] 《改进高等教育计划》，《河南教育》1930年第19—20期。
[④] 中国第二历史档案馆编：《中华民国史档案资料汇编　第五辑　第一编　教育》，江苏古籍出版社，1994，第1406—1407页。

均实行公开招考的办法;入学资格为国立、省立及立案私立大学与独立学院的毕业生,而不得仅招收本校毕业生;研究年限为2年以上,期满考核成绩及格后发给证书;还要求研究生不得在校内兼职,成绩优秀的可获得奖学金等。① 至此,我国的研究生教育才走上规范发展的轨道。

为解决全国首届毕业研究生的学位授予问题,1935年4月,国民政府正式颁布了1931年已草拟的《学位授予法》,规定了我国学位分为学士、硕士、博士三级以及获取各级学位的学习年限、考核条件和论文要求等。② 其具体内容与1931年草拟的《学位授予法》基本相同。此次颁布的《学位授予法》是我国的第一个学位立法,也是我国现代学位制度的正式开端。为解释《学位授予法》中的第二条和第四条,国民政府教育部于同年5月和6月先后出台了《学位分级细则》和《硕士学位考试细则》。其中,《学位分级细则》将学位分为学士、硕士和博士三级,并按文、理、法、教育、农、工、商、医等八大学科分别授予相应的学位。③ 而《硕士学位考试细则》则对硕士学位考试规则进行了具体化,规定硕士学位考试应由学科考试和论文考试两种组成。其中,学科考试是对候选人所修学科中与学位论文有关的两种以上科目进行笔试,占总成绩的40%;论文考试则由考试委员会对候选人所提交的学位论文发问,进行口试,占总成绩的60%。两种考试成绩均在60分以上的才算及格,成绩不及格者可继续研究,满一年后重新提交论文,并接受全部的考试。关于考试委员会的延聘、组成比例及具体工作等也有具体规定。④ 为准备我国第一届硕士研究生的学位考试,1936年4月,国民政府教育部制定并颁布了《硕士学位考试办法》,规定参加硕士学位考试之研究生的资格、所习课程、论文工作以及考试委员会的校内外委员名单,均须呈报国民政府教育部核准。⑤ 这一考试办法实是对《硕士学位考试细则》的补充。1940年,国民政府又出台了《博士学位考试细则》和《博士学位评定会组织条例》,对博士学位候

---

① 宋恩荣、章咸选编:《中华民国教育法规选编》,江苏教育出版社,2005,第399—400页。
② 宋恩荣、章咸选编:《中华民国教育法规选编》,江苏教育出版社,2005,第402页。
③ 宋恩荣、章咸选编:《中华民国教育法规选编》,江苏教育出版社,2005,第401页。
④ 王学珍、张万仓编:《北京高等教育文献资料选编:1861—1948》,首都师范大学出版社,2004,第699页。
⑤ 中国第二历史档案馆编:《中华民国史档案资料汇编 第五辑 第一编 教育》,江苏古籍出版社,1994,第1408页。

选人的课程考试、论文审查、论文答辩、学位授予等均作了具体规定。①至此，我国初步形成了一套完整的学位制度。

1940年5月，国民政府教育部学术审议委员会在重庆举行第一次会议，对于大学研究院所之研究生教育中存在的不足提出了不少改进意见，决议修正通过了《充实大学研究院所并严格考核研究生成绩案》，要求各大学研究院所研究生研究期满后，各院所应严格考核其成绩，其成绩欠佳者，不得提出为硕士学位候选人；硕士学位候选人之成绩，由国民政府教育部交学术审议委员会严加考核，其成绩欠佳者，不得颁给学位。②1941年，国民政府教育部鉴于过去两年各大学研究院所各学部招生多不足额的情况，为促进各方对于国内大学研究所的重视，专门重申本国大学研究所的硕士学位资格与国外大学学位相等，且硕士论文由部统筹印刷，以提高本国硕士学位之地位。③同年，国民政府教育部公布的《专科以上学校学生学籍规则》又对研究生教育管理作了一些补充，如投考大学研究院所的研究生，应交验经国民政府教育部验印的大学或独立学院毕业证明书；研究生在研究期内，不得转入其他研究院所，亦不得转学部；研究生中途辍学者，不发给证明文件等。④为保证研究生学位授予的质量，1941年国民政府教育部制定了学位论文之复审办法，即要求硕士学位考试结束后，各大学应将研究生的合格论文及提要、各科试卷暨研究期满成绩表，连同候选人及格报告书等文件，一并送交国民政府教育部学术审议委员会复查。经国民政府教育部聘请的专家复核无异者，该校可授予某科硕士学位；若复核认为须加以修改的，由国民政府教育部根据专家的复核意见，要求该生修正后再呈核。⑤1946年12月，国民政府教育部重新颁布了《研究所规程》，废止了原来的《研究院规程》。新规程除取消了原有研究院和学部名称并加强了系所之间的关系外，研究生的研究期限仍按《学位授予法》的规定；同时取消了原规程中关于"研究生不得兼任校内职务"

---

① 杨德广主编：《高等教育学概论》，华东师范大学出版社，2002，第227页。
② 《教育部学术审议委员会第一次会议记录》，《高等教育季刊》1941年第1期。
③ 叶佩华：《我国大学研究院所设施情形之检讨》，《高等教育季刊》1942年第4期。
④ 王学珍、张万仓编：《北京高等教育文献资料选编：1861—1948》，首都师范大学出版社，2004，第811页。
⑤ 行政院教育部编：《专科以上学校行政人员手册》，青年书店，1941，第237页。

的条文，但对其他诸如研究生入学资格、奖学金等条款均无修改。

至此，我国学位与研究生教育的各项制度愈加规范和完善，结束了以前两者相分离、相并存的状态，学位制度和研究生教育制度才真正有机地结合起来了，实现了合格毕业研究生即可获得学位的理想。据统计，从1937年第一届硕士学位考试至1946年，全国授予硕士学位者达200余人。[①] 但遗憾的是，民国时期我国从未授予过博士学位。由此，胡适对当时的《学位授予法》颇有异议，他说现行的《学位授予法》，关于博士学位的规定足以阻碍大学研究所的发展。他认为，这部分的法令公布了十六年，至今不能实行，政府应该早日接受去年（指1946年）中央研究院评议会的建议，"博士候选人之大学或独立学院自行审查考试，审核考试合格者，由该校院授予博士学位"。他强调指出，为了提倡独立的科学研究，为了提高各大学研究所的尊严，为了减少出洋镀金的社会心理，都应该修正《学位授予法》，让国内有资格的大学自己担负授予博士学位的责任。[②]

此外值得一提的是硕士学位的呈报事项。为保证研究生学位授予的质量，国民政府教育部制定了学位论文之复审办法。候选人各种考试成绩，经主试各委员分别评定以后，再提送考试委员会，经全体委员共同审查及格时，始认为及格。在此基础上，由考试委员会拟具候选人及格报告书，经各委员之签名盖章，以备呈国民政府教育部。各大学于硕士学位考试完毕后一个月内，将合格论文及提要、各科试卷暨研究期满成绩表，连同候选人及格报告书等项文件，一并呈送国民政府教育部之学术审议委员会，或另聘专家予以复查。经国民政府教育部聘请专家复核无异者，由部令知各该校分别授予某科硕士学位，其经复核认为须加修改者，由国民政府教育部根据专家复核意见，令知各校整饬各该生修正呈核。[③] 论文之复核分为两方面：一为分析方面，包括材料、论断、组织及文字技术四部，以百分法分别记20分、20分、30分和30分；二是综合方面，由复核专家就审查论文结果，予以综合之品评。硕士

---

① 欧元怀：《抗战十年来中国的大学教育》，《中华教育界》1947年第1期复刊。
② 胡适：《争取学术独立的十年计划》，《教育通讯》（汉口）1947年第6期复刊4。
③ 行政院教育部编：《专科以上学校行政人员手册》，青年书店，1941，第237页。

候选人论文审查报告表[①]样式如下：

表 5.1 硕士候选人论文审查报告表

姓名		毕业学校		研究科别及学部别	
论文名称					
审查意见	分析方面	材料		论断	
		组织		文字技术	
		合计			
	综合方面				

中华民国　　年　　月　　日　　审查人　　　　（签名盖章）

说明：1.分析方面意见，请用百分法填写：材料20分，组织20分，论断30分，文字技术30分。2.综合方面意见请用文字逐条填写本文优点及劣点。3.如空格不够请另纸粘附。

第二节　研究生教育发展概况

在专业研究机构尚不发达时期，大学研究院所除了具有培养研究生的功能，也兼有某种专业研究机构从事专门学术研究的特殊功能。20世纪20年代末，随着专业研究机构（如中央研究院、北平研究院等）的普遍建立，大学研究院所与专业研究机构之间逐渐有了明确分工：大学研究院所以研究生培养为主，以科研活动为辅；而专业研究机构则以科研为主，研究生教育为辅。

---

① 叶佩华：《我国大学研究院所设施情形之检讨》，《高等教育季刊》1942年第4期。

因此，大学研究院所的发展及呈现的特征，皆制约或影响着我国研究生教育的规模及其在公、私高校和学科间的分布等。

一、研究生教育的发展规模

1934年以前，教育当局并未有研究生教育的统一规定，各校开展研究生教育均为自发行为。研究生教育的发展规模、招生人数、学科专业设置等完全由学校依据自身条件灵活操作，因此符合研究生培养条件的大学均可自行招生。当然也有部分大学研究院所类似专业研究机构，并不招收研究生，如交通大学研究所、南开大学经济研究所、金陵大学中国文化研究所等。即便可招收研究生的研究所，也因政府对它们的研究生教育不加干涉，也未予国家承认之学位，故各校采取无入学考试的招生方式。如1918年北京大学就有研究生148人，另有通信研究员32人[1]；清华国学研究院第一届招收32人[2]，1925—1928年，共招收4届研究生74人[3]，而1928年到1937年清华历届毕业研究生总数才27人[4]；1926年厦门大学国学研究院只招收了研究生2名[5]；1928年中山大学教育研究所招收了6名研究生[6]。这些招生数据和状况足见当时各校研究生招生自由度之大而乱。其时招收研究生通常不定学习年限，但重视在科研活动中对学生进行培养，研究生完成研究题目，经考核后发给修业证书。

1934年《研究院规程》和1935年《学位授予法》及其相关细则出台后，研究生教育有了统一的标准和制度上的保障。除个别研究所或学部因特殊原因暂停招生外，其他均培养研究生。培养方式也从早期纯研究型个人培养转变为教学与科研相结合的培养。及至全民族抗战爆发后，学术研究工作显得尤其重要，1938年国民政府教育部特别拨出经费，要求人才和设备较好的国

---

[1] 萧超然、沙健孙、周承恩等编：《北京大学校史 1898—1949》，北京大学出版社，1988，第68页。
[2] 《学术界消息：清华研究生之统计》，《北京大学研究所国学门周刊》1925年第7期。
[3] 清华大学校史编写组编：《清华大学校史稿》，中华书局，1981，第54页。
[4] 清华大学校史编写组编：《清华大学校史稿》，中华书局，1981，第114页。
[5] 洪永宏：《厦门大学校史 第一卷》，厦门大学出版社，1990，第76页。
[6] 周兴樑、胡耿：《中国教育科学研究与人才培养的开拓者：国立中山大学教育研究所（1927—1949）探析》，《中山大学学报（社会科学版）》2009年第2期。

立大学适量增设各种研究所。① 同年政府还出台《限制留学暂行办法》，对学生出国留学加以条件限制，因此，具有研究兴趣之大学毕业生入国内大学研究院所者增多。1936—1947 年间全国大学研究院所在校研究生和大学生数量统计表见表 5.2：

表 5.2　1936—1947 年全国大学研究院所在校研究生和大学生数量统计表② （单位：人）

	1936年	1937年	1938年	1939年	1940年	1941年	1942年	1943年	1944年	1945年	1946年	1947年
研究生	75	20	13	144	284	333	288	410	422	464	319	424
大学生	37255	27906	32170	39108	46851	51528	54099	62236	64847	69585	110119	130715

其间虽经内忧外患，但研究生数量还是有所增加。现以研究所的增幅论之，按表 5.2 的研究所和学部数计算，1936 年有研究生 75 名，每所平均 3.4 人、每学部平均 2.1 人；日本发动全面侵华战争后，研究院所曾一度停办，致使 1937 年和 1938 年的研究生人数大减；就是在政府鼓励政策生效后的 1941 年，研究生 333 名，每所平均 9.3 人、每学部平均 5.2 人；1944 年有研究生 422 名，每所平均 8.6 人、每学部平均 4.9 人；1947 年，156 个研究所数就当作学部数，则每学部平均 2.7 人。可见研究所和学部虽然增加了不少，可对研究生的培养能力反而有所减弱。另外，研究生的培养质量堪忧，即研究生能顺利获得学位者并不多。据欧元怀统计，从 1937 年举行的第一届硕士学位考试，至 1946 年，共举行了 9 届，授予硕士学位者 200 余人③，每年平均才 20 余人，这与研究生的招生规模相比，比例似乎过小，而且一直未授予过博士学位。再之，各年度的研究生数与大学生数相比，更是显得微乎其微。据陈东原称："自三十二年（1943 年）迄今，五年之间，通过硕士学位的仅只一百七十四人，以与本年夏季大学本科毕业的一万六千人相较，真有凤毛麟角之感。"④ 国民政府教育部部长朱家骅也深刻认识到了这一点，故他在 1948 年报告中指出：

　　大学毕业生固然应服务于国家与社会，但是仍然应该有一部分

---

① 蒋致远主编：《第二次中华民国教育年鉴》第二册，（台中）宗青图书公司，1991，第 86 页。
② 蒋致远主编：《第二次中华民国教育年鉴》第二册，（台中）宗青图书公司，1991，第 84—85 页；教育部教育年鉴编纂委员会编：《第二次中国教育年鉴　四》，商务印书馆，1948，第 1402、1412 页。
③ 欧元怀：《抗战十年来中国的大学教育》，《中华教育界》1947 年第 1 期复刊。
④ 陈东原：《争取学术独立的必要与可能》，《教育通讯》1947 年第 6 期。

继续从事高深的学术研究，去年大学毕业生有一万七千余人，入研究所的不足三百人，这比例太少，今后便应将大学的研究所，加以充实和扩充。①

总而言之，研究院所的发展是我国研究生教育规模不断扩大的现实需求，大大推动了当时研究生教育的发展。值得一提的是，受研究所分布不均衡的影响，其时的研究生教育也集中在北部和东部两区，尤其集中在北平和南京两市。

二、公立、私立大学的研究生教育

民国时期的公立、私立大学研究院所均有开展研究生教育的资格。事实上，教会大学的研究生教育还早于公立大学，这在一定程度上为我国的研究生教育提供了经验。但在大学中设研究院所来培养研究生，还是首创于国立北京大学。从公立大学的研究院所数量以及研究生招生规模看，1934年以前，公立大学对研究生的培养还是比私立大学更为尽力，因为此时私立大学研究院所更尽责于专门研究机构的功能，它们招收的研究生甚少。

1934年《研究院规程》颁布后，政府对公、私立大学设置研究院所的资格以及研究生教育作了统一规定。但至1939年之前，国民政府教育部对于各大学研究院所招收研究生之举，既未加以限制，亦未予以鼓励，全由各校自行决定。但全民族抗战爆发后，由于留学限制以及抗战需要，1939年有由国民政府教育部补助国立大学研究院所研究生之令，即国立大学研究院所每学部得招收研究生5名，每名每年由国民政府教育部津贴生活费400元，其超出5名者由各校自筹，其为助教兼研究生者，不得享有。② 至于私立大学研究院所研究生学额，因无补助生活费之优待，仍取不干涉态度。1940年，又有每名研究生补600元，每学部限10名研究生之令。在此政策优惠的刺激下，公立大学研究所的研究生教育再度得到发展，1939—1947年其中的五个年度

---

① 朱家骅：《教育施政意见》，《教育通讯》1948年第10期。
② 《国立各大学扩充研究院所》，《教育杂志》1939年第12期。

中公立、私立大学研究所的研究生数见表5.3：

表5.3　1939—1947年其中的五个年度中公立、私立大学研究所的研究生数[①]　（单位：人）

	1939年	1940年	1941年	1942年	1947年
公立大学	51	161	187	219	309
私立大学	93	123	139	70	115
合计	144	284	326	289	424

就1941年而言，公立大学研究学部数为48个，按每学部补助10名的标准，本应有研究生480名，而实有187名，平均每学部仅3.9名，各学部并不足额；另外，私立大学研究学部为16个，有研究生139人，每学部平均8.7名。1947年，公立大学研究所134个，研究生309名，每所平均2.3名；私立研究所22个，研究生115名，每所平均5.2名。比较之下，国立大学研究所对研究生的培养未尽其用；相反，私立大学研究所对研究生的培养已是尽献其功。可见，若干大学有了授予硕士学位的权力后，研究生培养在国内大学中开始呈正规化发展，但从均数上说，私立大学在研究生培养方面仍具有一定优势。从单校的比较看，也有成绩突出的学校，如燕京大学到1936年，各研究所、系共毕业研究生218人[②]；金陵大学1937—1947年毕业硕士65人[③]；而国立清华大学到1948年年底才培养研究生138人[④]。显然，研究院所之法令已较完善，政府对于国立大学研究院所也由放任而统筹到扶持，但与理想效果还有差距。虽然当时政府的各种优惠政策有排斥私立大学的倾向，但私立大学乃至教会大学有资历进行研究生教育的事实值得我们反思。

[①] 注：1939年和1941年数据参见叶佩华的《我国大学研究院所设施情形之检讨》，《高等教育季刊》1942年第4期；1940年和1942年的数据见杜元载主编的《革命文献》第60辑，（台北）中国国民党党史史料编辑委员会，1972年，第117—118页；1947年数据见教育部教育年鉴编纂委员会编的《第二次中国教育年鉴　四》，商务印书馆，1948，第1402页。其中1941年和1942年的研究生数据与表5.2中的研究生数据有些出入。

[②] 张玮瑛、王百强、钱辛波主编：《燕京大学史稿》，人民中国出版社，2000，第18页。

[③] 张宪文主编：《金陵大学史》，南京大学出版社，2002，第543页。

[④] 吴惠龄、李壑编：《北京高等教育史料》第一集（近现代部分），北京师范学院出版社，1992，第36页。

三、不同学科的研究生教育

前文已述,1934年以前,研究院所的设置以文类居多,且成绩亦更为显著,培养的研究生自然也是以国学人才为盛。后来政府以分科补助研究所和学部,这种办法俨然是偏重抗战之急需的实类学科,使各学科研究所及研究生培养能平衡和协调发展。1936—1947年全国大学各科研究所的研究生数量的变化可从表5.4中见其一斑。

表5.4　1936—1947年全国大学各科研究所的研究生数[①]　（单位：人）

	文	法	商	教育	理	工	工	农	总计
1936年	7	9	18	0	18	23	0	0	75
1937年	0	0	0	0	4	12	0	4	20
1938年	0	0	0	1	2	6	0	4	13
1939年	48	11	0	17	39	7	0	22	144
1940年	83	48	0	36	83	8	0	26	284
1941年	90	59	11	37	79	19	2	36	333
1942年	90	27	11	33	61	19	8	40	289
1943年	115	44	11	34	108	26	21	51	410
1944年	113	62	8	30	90	49	16	54	422
1945年	151	85	6	38	71	51	9	53	464
1946年	91	50	18	23	69	30	3	35	319
1947年	106	98	0	27	131	24	6	32	424

另外,根据表3.3的各科学部数以及表5.4的各科研究生数,依据对应的年度,可以计算出各科每学部之研究生平均数,具体见表5.5:

[①] 蒋致远主编:《第三次中华民国教育年鉴》第一册,(台中)宗青图书公司,1991,第84—85页。

表 5.5　1936—1946 年全国大学各科每学部的研究生平均数　（单位：人）

	1936年	1937年	1938年	1939年	1940年	1941年	1942年	1943年	1944年	1945年	1946年
文	0.8	0	0	6	8.3	6.9	6	8.2	6.3	7.6	9.1
法	1.8	0	0	2.8	8	8.4	3.9	7.3	6.2	7.1	4.2
商	18	0	0	0	0	11	11	11	4	3	18
教育	0	0	0.3	3.4	9	9.3	8.3	8.5	6	7.6	4.6
理	1.5	0.5	0.3	3	5.5	4.4	2.8	6	4.1	3.6	3
工	11.5	12	3	0.7	0.8	0.2	1.7	2.4	4.1	3.9	2.5
医	0	0	0	0	0	2	1.3	3	2.3	1.3	0.2
农	0	1	1	5.5	5.2	4.5	4.4	5.7	4.9	4.8	2.9

从上表各年度各科每学部及研究生名额分配情形看，按每年每学部补助 5 名研究生的标准计，以学制 2 年为计，则每年每学部在读研究生当在 10 名左右。而上表中，若从学科角度看，只有南开大学的商科研究所达此标准，而该校尚属私立大学，并非政府补助的学校，更可见其研究生培养之努力。只是 1940 年之后，研究生招生步入正轨，文、法、商和师范等科研究生与规定学额相差不远，理、农两科与规定学额相差近半，而工、医两科则未免太少。从中看出大学文类研究所学部数量与研究生名额分配稍显均衡，而实类研究所学部则未尽急需研究生培养之力。若从各年度各科平均来看，则从未达此标准，多在半数左右，根本无法满足当时的社会需求。因此，当下高校的科研投入及研究生教育也应根据时代的需要，着眼解决社会建设中的实际问题；在研究生"量"的扩张时，应注意对其"质"的监督与考核，这仍是我们当前发展研究生教育值得深思的一个问题。

第三节 各科研究所的研究生教育

虽然民国时期大学研究院所的研究生教育规模一直是呈扩大之势，但不同学科之间，研究生教育的规模和水平却有颇大的差异。即便是同一学科的不同学校之间，其研究生的培养能力也相差甚远。因此，尤有必要对各学科的研究生教育状况逐一进行梳理。

一、文科研究所的研究生教育

1917年年底，北京大学文科研究所就已经招收研究生，当时称研究生为研究员和通信研究员两种。到1918年年初，文科研究所中，研究员达71人、通信研究员14人。①1931年，北京大学第三届正式研究生共21名，其中文学12人、史学6人、哲学3人。②1932年，北京大学正式成立研究院，分为三个部，原国学门改为研究院文史部，增设自然科学和社会科学两部。同年10月，研究院开始招收新生，文史部12名。③从1925—1928年，清华国学研究院招收4届研究生共74人，毕业70人。清华大学研究院文科研究所从1930年开始招收研究生，1937年，研究生毕业5届，共14人。1926年10月，厦门大学国学研究院开始招收研究生，招收2名。④中山大学语言历史学研究所也在1927年和1928年各计划招收20名研究生，但直到1933年才真正招收了6名研究生。可见，在1934年《研究院规程》颁布前，诸多大学已在培养文科研究生。虽然尚不能正式授予硕士学位，但文科研究生教育的规模尚较为可观。

1935年《学位授予法》颁布后，研究生教育得以规范发展，诸多高校不

---

① 国立北京大学编：《国立北京大学廿周年纪念册》，国立北京大学，1918，第17页。
② 张晞初编：《中国研究生教育史略》，湖南师范大学出版社，1994，第16页。
③ 周洪宇主编：《学位与研究生教育史》，高等教育出版社，2004，第299页。
④ 洪永宏编：《厦门大学校史 第一卷》，厦门大学出版社，1990，第76页。

断扩大招生规模。1935年9月，中山大学文科研究所招录了4名研究生，其中中国语言文学部2名、历史学部2名。①1937—1939年，中山大学文科研究所毕业研究生6名，其中中国语言文学部2名、历史学部4名。②1939年6月，北京大学在昆明恢复文科研究所，在7、8两月各举行了一次研究生招考。现将1939—1946年各年度北京大学文科研究所研究生招生与毕业情况列于表5.6：

表5.6　1939—1946年各年度北京大学文科研究所研究生招生与毕业情况③　（单位：人）

	1939年	1940年	1941年	1942年	1943年	1944年	1945年	1946年	合计
招生人数	13	5	8	4	7	0	2	0	39
毕业人数	0	0	7	1	5	4	1	0	18

到1947年，北京大学文科研究所招生20人；1948年又招生13人。④1947年度第一学期，文科研究所在校研究生共15名，其中哲学部4名、史学部1名、中国语文学部4名、西方语文学部6名。

清华大学文科研究所恢复工作后，研究生教育稳步发展。1939—1946年清华大学文科研究所研究生招生与毕业情况见表5.7：

表5.7　1939—1946年清华大学文科研究所研究生招生与毕业情况⑤　（单位：人）

	复学	1939年	1940年	1941年	1942年	1943年	1944年	1945年	1946年	合计
招生人数	5	4	6	4	6	9	9	4	0	47
毕业人数	0	0	3	1	2	0	0	2	3	11

1940—1946年，清华大学文科研究所毕业研究生11人，其中中国文学2人、外国语文3人、哲学2人、历史4人。⑥

金陵大学文科研究所史学部1940年秋季才正式招生，录取研究生1名；

---

① 国立中山大学研究院总办事处编：《国立中山大学研究院年报》，国立中山大学出版部，1937，第2页。
② 黄福庆：《近代中国高等教育研究国立中山大学 1924—1937》，中央研究院近代史研究所，1988，第145—147页。
③ 涂上飙：《民国时期的研究生教育发展史》，湖北美术出版社，2013，第83页。
④ 萧超然、沙健孙、周承恩等：《北京大学校史 1898—1949》，北京大学出版社，1988，第411页。
⑤ 涂上飙：《民国时期的研究生教育发展史》，湖北美术出版社，2013，第85页。
⑥ 清华大学校史编写组编：《清华大学校史稿》，中华书局，1981，第376页。

1942年又录取了1名；史学部前后共培养3届研究生，共4人，1942—1945年，各届毕业研究生1名；1945年第二学期在校研究生史学部1人，社会学部9人。① 辅仁大学文科研究所自1940年至1944年毕业研究生22人，其中史学部21人、人类学部1人。到了1947年，该校毕业研究生有了较大增加，史学部毕业13人、人类学部毕业14人。② 从1935年到1949年，燕京大学共有毕业研究生144人，其中授予文科硕士学位100人。齐鲁大学国学研究所在1940年录取了15名研究生，但由于受远道交通不便等因素影响，到该年10月，仍有4名未能到校注册。③ 四川大学1941年才开始招收研究生，文科研究所招收了4名。④ 1940年，浙江大学文科研究所史地学部开始招收研究生；1942年，在学研究生达17人。1942年，武汉大学文科研究所文史学部第一次招收了7名研究生，1943年招收了6名，1945年招收了1名。⑤ 至1946年，武汉大学已正式毕业者3人，全为史学部；研究期满尚未提交研究论文者5人，其中文学部3人、史学部2人；在校者4人，其中史学部3人、文学部1人。⑥ 东北大学文科研究所亦注重研究生之培养，毕业生自1943年至1945年已有3届，共计12人。据统计，1936—1947年全国大学文科在校研究生数和全国大学在校研究生总数可见表5.8：

表5.8　1936—1947年全国大学文科在校研究生数和全国大学在校研究生总数⑦（单位：人）

	1936年	1937年	1938年	1939年	1940年	1941年	1942年	1943年	1944年	1945年	1946年	1947年
文科研究生数	7	0	0	48	83	90	90	115	113	151	91	106
全国研究生数	75	20	13	144	284	333	288	410	422	464	319	424
文科所占比例	9%	0	0	33%	29%	27%	31%	28%	27%	33%	29%	25%

从上表可见，1939—1945年，设立文科研究所进行研究生教育的大学越来越多，

---

① 《南大百年实录》编辑组编：《南大百年实录　中卷　金陵大学史料选》，南京大学出版社，2002，第290—299页。
② 孙邦华：《会友贝勒府——辅仁大学》，河北教育出版社，2004，第55页。
③ 《国学研究所消息》，《齐鲁大学校刊》1940年第8期。
④ 四川大学校史编写组编：《四川大学史稿》，四川大学出版社，1985，第280页。
⑤ 周叶中、涂上飙编：《武汉大学研究生教育发展史》，武汉大学出版社，2006，第32—35页。
⑥ 涂上飙：《民国时期的研究生教育发展史》，湖北美术出版社，2013，第170—171页。
⑦ 教育年鉴编纂委员会编：《近代中国史料丛刊三编　第11辑　第二次中国教育年鉴　第6册》，文海出版社，1986，第16页。

既有国立大学,也有省立大学和教会大学,因此文科研究生教育规模不但没有缩减,反而呈现扩充的态势,成为当时学研界的一个重要特色。就全国在校研究生总数而言,文科研究生教育也占有很大比例,如表5.8文科研究生数所占比例基本维持在1/4至1/3之间。可见,我国大学对于文科人才的培养以及对于文学、史学方面的研究并未放松。

另外,从获得硕士学位的情况来看。据统计,从1943年5月到1948年4月间,全国共授予232人硕士学位,其中文科硕士43人。但实际上,有些文科研究所毕业研究生获得理学学位,如浙江大学文科研究所史地学部12人和东北大学文科研究所史地学部1人,共13人获得理科硕士学位,因此文科研究所实际有56名研究生获得了硕士学位,约占总数的24%。而授予硕士学位的56名文科研究生的分校情况列于表5.9:

表5.9 1943—1948年全国文科研究所研究生获得学位者分校统计[①]（单位：人）

学校名称	中央大学	金陵大学	中山大学	浙江大学	武汉大学	东北大学	北京大学
人数	2	4	11	17	4	13	5

从获得学位者的学校分布来看,在文科研究生教育方面,浙江大学和东北大学有后发赶超之势,体现出它们的培养力度。

二、法科研究所的研究生教育

北京大学是最早招收法科研究生的高校,1918年年初,该校法科研究所三门共有研究员59人、通信研究员14名;[②]1932年,北京大学研究院下的社会科学部招收了10名研究生。[③]清华大学于1933年成立社会学研究所后,至1936年只招收了1名研究生;[④]1930—1937年,政治学研究所招收研究生30

[①] 教育年鉴编纂委员会编:《近代中国史料丛刊三编 第11辑 第二次中国教育年鉴 第6册》,文海出版社,1986,第80—83页。
[②] 国立北京大学编:《国立北京大学廿周年纪念册》,国立北京大学,1918,第17页。
[③] 周洪宇主编:《学位与研究生教育史》,高等教育出版社,2004,第299页。
[④] 清华大学校史编写组编:《清华大学校史稿》,中华书局,1981,第178页。

余人，只有1人毕业；①经济学研究所先后招收24名研究生，其中1932年就招生了13名，最后仅2人毕业。②也就是说，清华大学法科研究所在战前招收的研究生达到55名左右。有关史料显示，从1934年至1936年，清华大学法科研究所总共招收了11名研究生。③可见，在1934年《大学研究院暂行组织规程》颁布前，也就是研究生教育尚未规范前的1930—1933年，清华大学法科研究所录取的研究生有40余名。这在当时来说是一个不小的数字，只可惜后来真正毕业者仅有4名。

全民族抗战爆发后，法科研究所的研究生教育工作一度停滞，不过1939年之后又慢慢恢复。如北京大学1939年恢复研究生的招生工作，至1946年法科研究所研究生的招生与毕业情况见表5.10：

表5.10 1939—1946年北京大学法科研究所研究生招生与毕业情况④（单位：人）

	1939年	1940年	1941年	1942年	1943年	1944年	1945年	1946年	合计
招生人数	0	1	1	1	2	0	1	0	6
毕业人数	0	0	0	0	0	0	0	0	0

清华大学法科研究所在1940年恢复招生，到1946年，该校法科研究所各年度的招生与毕业情况见表5.11：

表5.11 1940—1946年清华大学法科研究所研究生招生与毕业情况⑤（单位：人）

	1940年	1941年	1942年	1943年	1944年	1945年	1946年	合计
招生人数	7	3	4	9	0	4	0	27
毕业人数	0	0	0	0	2	0	1	3

1939年，武汉大学法科研究所录取了3名研究生，其中行政门2名、财

---

① 清华大学校史编写组编：《清华大学校史稿》，中华书局，1981，第221—222页。
② 清华大学校史编写组编：《清华大学校史稿》，中华书局，1981，第224页。
③ 清华大学校史研究室编：《清华大学史料选编 第二卷 国立清华大学时期（1928—1937）》，清华大学出版社，1991，第641—643页。
④ 涂上飙：《民国时期的研究生教育发展史》，湖北美术出版社，2013，第83页。
⑤ 涂上飙：《民国时期的研究生教育发展史》，湖北美术出版社，2013，第85页。

政金融门1名。①1940—1945年武汉大学法科研究所研究生招生与毕业情况见表5.12：

表5.12 1940—1945年武汉大学法科研究所研究生招生与毕业情况② （单位：人）

	1940年	1941年	1942年	1943年	1944年	1945年	合计
招生人数	4	1	4	7	4	4	24
毕业人数	1	0	4	3	3	6	17

东吴大学自1926年创办硕士班后，中间有多次中断，特别是因遇抗战，时办时停。1928年春，东吴大学法学院的第一届法学硕士毕业，到1937年，前后共有8届计14人毕业。除1937年一次毕业3名学生外，其余每届毕业1—2名学生。1937—1945年，仅有1人在1944年毕业。抗战结束后，东吴大学的法学研究生教育得到了较大的恢复，而且学生入学人数也超过了1937年前的最高水平。1947—1951年共计16位毕业生，其中1948年毕业了7人，创历史新高。1951年7月，东吴法学院最后两名法学硕士毕业。③

1943年度，中央大学法科研究所在校研究生9人，其中一年级6人、二年级3人，另有1人休学。④朝阳学院设立法科研究所，1944年当年招收有4名研究生。⑤

总之，各大学法科研究所设立以来，此科研究生教育规模也不断扩大，从1936年至1947年，全国大学法科在校研究生数和全国大学在校研究生总数可见表5.13：

---

① 涂上飙：《民国时期的研究生教育发展史》，湖北美术出版社，2013，第144页。
② 涂上飙：《民国时期的研究生教育发展史》，湖北美术出版社，2013，第161—166、171—172页。
③ 周永坤主编：《东吴法学》2010年春季卷：总第20卷，中国法制出版社，2010，第304页。
④ 国立中央大学学生自治会编：《国立中央大学概况 二十九周年校庆纪念》，国立中央大学学生自治会，1944，第108页。
⑤ 《本院法科研究所教育部特许设立》，《朝阳学院校刊》1944年第1期。

表5.13　1936—1947年全国大学法科在校研究生数和全国大学在校研究生总数①（单位：人）

	1936年	1937年	1938年	1939年	1940年	1941年	1942年	1943年	1944年	1945年	1946年	1947年
法科研究生数	9	0	0	11	48	59	27	44	62	85	50	98
全国研究生数	75	20	13	144	284	333	288	410	422	464	319	424
法科所占比例	12%	0	0	8%	17%	18%	9%	11%	15%	18%	16%	23%

为了进一步明析法科研究所各学部或专业的具体招生情况，现选取了1939—1941年三个年度的数据加以分析，见表5.14：

表5.14　1939—1941年法科研究所各学部的招生情况②（单位：人）

	政治经济学部	经济学部	政治学部	法律学部	社会学部
1939年	4	5	0	0	0
1940年	9	22	9	6	2
1941年	10	6	7	27	9
合计	23	33	16	33	11

从上表可见，不同学部之间的研究生教育规模存在明显的差异，如经济学部和法律学部三年的招生数均是33人，每年平均11人，而社会学部两年总和才11人。

据统计，从1943年5月到1948年4月间，全国共授予232人硕士学位，其中，法科硕士22人，约占总数的9%，而授予硕士学位的22名法科研究生中，有两名属于南开大学商科研究所。另外，由法科研究所培养的研究生也有7人获得商科学位，所以除南开大学外，实际有27人获得了硕士学位，他们的具体学校和学科专业情况可见表5.15：

---

① 教育年鉴编纂委员会编：《近代中国史料丛刊三编　第11辑　第二次中国教育年鉴　第6册》，文海出版社，1986，第16—17页。
② 边理庭：《抗战以来高等教育行政的新设施》，《高等教育季刊》1941年第1期；叶佩华：《我国大学研究院所设施情形之检讨》，《高等教育季刊》1942年第4期。

表 5.15 1943—1948 年全国法科研究所研究生获得学位者分校统计①（单位：人）

学校名	中央大学			武汉大学		政治大学
学部或研究所名称	政治	经济	政治经济	政治	经济	研究部
人数	7	2	4	5	6	3

三、教育研究所的研究生教育

虽然北京高等师范学校在1918年就设研究科来进行师资培养，但毕业后只授予学士学位，并非真正意义上的研究生教育。中山大学教育研究所在1928年就招收了6名研究生，成为我国最早培养教育科研究生的单位。据统计，该研究所前后共招收了9届研究生，约50名。截至1946年，共有21名研究生通过了学位考试而获得硕士学位。②1931年，北京高等师范学校研究院教育科学门招收研究生20人，但到1933年仅毕业3人。中央大学教育实验所改为师范科研究所后，于1939年再度招收研究生。1934—1948年，共招生44人，可知获得学位者18人。③西北师范学院师范研究所筹备时就计划招收研究生，但1938年因交通阻塞及时局关系，未能招收到学生。1939年9月，在成都和城固两处招考录取2名学生。至1948年，该研究所共录取研究生51人，但由于未报到、退学、休学等原因，实际培养学生仅31人。④事实上，《研究院规程》颁布之前，大学教育研究所已有研究生的培养，只是未得到政府认可。而《研究院规程》颁布之后，陆续有中山大学、中央大学和西北师范学院的教育研究所或师范研究所招收了研究生。然而，由于受战争影响，1938年始有国民政府教育部统计的在读教育科研究生。其中，1938—1947年全国大学教育科在校研究生数列于表5.16：

---

① 教育年鉴纂委员会编：《近代中国史料丛刊三编 第11辑 第二次中国教育年鉴 第6册》，文海出版社，1986，第80—83页。
② 周兴樑、胡耿：《中国教育科学研究与人才培养的开拓者：国立中山大学教育研究所(1927—1949)探析》，《中山大学学报(社会科学版)》2009年第2期。
③ 肖朗、王有春：《近代中国国立大学教育研究机构综论》，《高等教育研究》2012年第8期。
④ 王有春：《国立西北师范学院师范研究所述论》，《高教探索》2012年第4期。

表 5.16 1938—1947 年全国大学教育科在校研究生数①

年度	1938	1939	1940	1941	1942	1943	1944	1945	1946	1947
研究生数	1	17	36	37	33	34	30	38	23	27

从上表可以看出，虽然教育研究所在校研究生数量不多，但与其他学科研究所相比并不逊色，如 1939 年至 1946 年间，该科研究所每年每学部的研究生平均数在八大学科中都排前 3 名。

另外，从获得硕士学位的情况看，从 1943 年 5 月到 1948 年 4 月间，全国大学各科研究所共 232 人获得硕士学位，其中师范科 26 人（中山大学教育研究所 11 人、中央大学教育研究所 8 人、西北师范学院教育研究所 6 人、政治大学研究部 1 人），约占硕士学位总人数的 11%，在八大学科中排名第 4。② 这些都表明教育研究所的研究生培养力相对较强，而且这些研究生毕业后大多长期活跃在教育学术界，为我国教育学术的发展做出了突出的贡献。

四、商科研究所的研究生教育

1935 年秋，南开大学经济研究所开始招收研究生。从 1935 年至 1948 年的十几年中，除了 1937 年和 1938 年两年因抗战、学校迁移，以及 1946 年因抗战胜利、复员北返，曾两度暂停招生，经济研究所先后在天津、昆明、重庆三地共计招收了 11 届研究生。每年招生人数不一，最多年份（如第一届）招收 10 名，少的年份仅有三四名，至 1948 年，总计招收研究生 60 名，分别来自近 20 所学校。③

其中，1939—1946 年南开大学商科研究所经济学部研究生招生与毕业情况可见表 5.17：

---

① 蒋致远主编：《第三次中华民国教育年鉴》第一册，(台中) 宗青图书公司，1991，第 84—85 页。
② 教育年鉴编纂委员会编：《近代中国史料丛刊三编 第 11 辑 第二次中国教育年鉴 第 6 册》，文海出版社，1986，第 81—82 页。
③ 南开大学校长办公室编：《张伯苓纪念文集》，南开大学出版社，1986，第 154—155 页。

表5.17 1939—1946年南开大学商科研究所经济学部研究生招生与毕业情况①（单位：人）

	复学	1939年	1940年	1941年	1942年	1943年	1944年	1945年	1946年	合计
招生人数	0	0	5	7	6	4	4	5	0	31
毕业人数	0	0	0	3	2	7	5	2	4	23

相较而言，复旦大学商科研究所的研究生教育起步较晚，据统计，1944年该所首次招收4名研究生；②1945年，复旦大学商科研究所有研究生6人；1946年春，该所在校研究生10名；③1946年秋季，商科研究所在校研究生12名；④1947年春，在校研究生9名。⑤由于商科研究所的创设正处于抗战及新中国成立之际，因此其招生数量较少，至新中国成立之前，总共培养了研究生17名。⑥而毕业人数更是少得可怜，仅在1949年春有1人毕业。⑦因此，相比之下，南开大学商科研究所培养的研究生较多，产生的影响力也较大。但从研究生培养力来看，复旦大学并不逊色，如其在短短的5年时间里，也培养了17名研究生。只是从学位的授予情况来看，其中1943—1948年，南开大学商科研究所共有7位研究生获得商科学位，2位研究生获得法科学位，⑧而复旦大学商科在此期间未有学位获得者。光华大学商科研究所也有研究生教育，可惜可见资料不详，在此难以讨论。1936—1947年全国大学商科研究所的在校研究生数列于表5.18：

表5.18 1936—1947年全国大学商科研究所的在校研究生数⑨

年度	1936	1937	1938	1939	1940	1941	1942	1943	1944	1945	1946	1947
研究生数	18	0	0	0	0	11	11	11	8	6	18	0

---

① 涂上飙：《民国时期的研究生教育发展史》，湖北美术出版社，2013，第86—87页。
② 《复旦大学百年纪事》编纂委员会编：《复旦大学百年纪事 1905—2005》，复旦大学出版社，2005，第142页。
③ 复旦大学编：《国立复旦大学一览 三十六年春》，复旦大学出版社，1947，第131页。
④ 《复旦大学百年纪事》编纂委员会编：《复旦大学百年纪事 1905—2005》，复旦大学出版社，2005，第152页。
⑤ 《复旦大学百年纪事》编纂委员会编：《复旦大学百年纪事 1905—2005》，复旦大学出版社，2005，第158页。
⑥ 复旦大学校志编写组编：《复旦大学志 第二卷 1949—1988》，复旦大学出版社，1995，第286页。
⑦ 复旦大学校史编写组编：《复旦大学志 第一卷 1905—1949》，复旦大学出版社，1985，附表2。
⑧ 教育年鉴编纂委员会编：《近代中国史料丛刊三编 第11辑 第二次中国教育年鉴 第6册》，文海出版社，1986，第80—83页。
⑨ 蒋致远主编：《第三次中华民国教育年鉴》第一册，（台中）宗青图书公司，1991，第84—85页。

五、理科研究所的研究生教育

1917年年底，北京大学即已创办了理科研究所。到1918年年初，理科共有研究员18人、通信研究员4人；1932年10月，北京大学研究院开始招收新生，自然科学部招收了3名。①1931年，岭南大学虽未设立理科研究所，但招收了3名研究生研究生物学。②清华大学物理研究所、算学研究所均从1930年开始招生；化学研究所、生物研究所和心理研究所均从1931年开始招收研究生，每年招收1—2名；地学研究所在1933年招收了1名研究生，但次年就停招。③可以看出，在《研究院规程》颁布前夕，仅有北京大学、清华大学和岭南大学招收了理科研究生，并且招生规模也较小。

1934年《研究院规程》颁布后，特别是1935年《学位授予法》颁行后，理科研究生教育得到快速发展。1934年6月，北京大学成立理科研究所后继续招收研究生。1939—1946年北京大学理科研究所研究生招生和毕业情况列于表5.19：

表5.19 1939—1946年北京大学理科研究所研究生招生与毕业情况④（单位：人）

	复学	1939年	1940年	1941年	1942年	1943年	1944年	1945年	1946年	合计
招生人数	1	3	2	2	2	3	1	1	0	15
毕业人数	0	0	0	0	0	0	2	0	0	2

直到1946年北京大学复校时，在校研究生理科研究所7人。⑤复校后，研究生的教育规模不断扩大。如1947年，北京大学理科研究所招收了29人；1948年招收了24人。⑥与战时的招生数量相比，可谓是猛增。

清华大学于1934年设立理科研究所后即招收研究生。1934—1936年清华大学理科研究所录取新生数列于表5.20：

---

① 周洪宇主编：《学位与研究生教育史》，高等教育出版社，2004，第299页。
②《本校理科研究所报告》，《岭南大学校报》1940年第77期。
③ 涂上飙：《民国时期的研究生教育发展史》，湖北美术出版社，2013，第78—79页。
④ 涂上飙：《民国时期的研究生教育发展史》，湖北美术出版社，2013，第83页。
⑤ 萧超然、沙健孙、周承恩等编：《北京大学校史 1898—1949》，北京大学出版社，1988，第336页。
⑥ 萧超然、沙健孙、周承恩等编：《北京大学校史 1898—1949》，北京大学出版社，1988，第411页。

表 5.20 1934—1936 年清华大学理科研究所录取新生数①（单位：人）

	1934 年	1935 年	1936 年
物理学部	1	2	2
生物学部	0	0	2
化学部	0	5	0

可见，1934—1936 年清华大学理科研究所的招生规模相当有限。因全民族抗战爆发，该所直到 1939 年才恢复招生。从 1939 年到 1946 年，该所每年的招生人数和毕业人数列于表 5.21：

表 5.21 1939—1946 年清华大学理科研究所研究生招生与毕业情况②（单位：人）

	复学	1939年	1940年	1941年	1942年	1943年	1944年	1945年	1946年	合计
招生人数	3	3	10	9	7	9	4	5	0	50
毕业人数	0	0	0	2	3	4	4	3	2	18

上表的毕业人数是理科研究所的整体情况。就各学部而言，1940—1946 年，清华大学理科研究所生物学部毕业 7 人、算学部毕业 3 人、物理学部毕业 6 人、地学部毕业 2 人，共 18 人。③

1935 年，金陵大学按部令改名理科研究所化学部，并获准于 1936 年秋正式对外招生。1937 年，金陵大学理科研究所化学部毕业 1 人。1945 年第二学期，金陵大学理科研究所共有研究生 7 人，其中一年级 2 人、二年级 5 人。④1940—1946 年金陵大学理科研究所化学部研究生毕业人数列于表 5.22：

---

① 清华大学校史研究室编：《清华大学史料选编 第二卷 国立清华大学时期（1928—1937）》，清华大学出版社，1991，第 641—643 页。
② 涂上飙：《民国时期的研究生教育发展史》，湖北美术出版社，2013，第 85 页。
③ 清华大学校史编写组：《清华大学校史稿》，中华书局，1981，第 376 页。
④ 《南大百年实录》编辑组：《南大百年实录 中卷 金陵大学史料选》，南京大学出版社，2002，第 290 页。

表 5.22　1940—1946 年金陵大学理科研究所化学部研究生毕业人数①

年度	1940	1941	1942	1943	1944	1945	1946
毕业人数	1	1	2	2	3	1	2

此外，在 1935 年，中央大学理科研究所算学部招收 1 名研究生；1936 年又招收 2 名研究生。②1935 年，岭南大学理科研究所生物学部研究生人数由最初的 3 人增至 12 人，1938 年迁港后，因设备关系，每学期只招收研究生 4—5 人；化学部研究生人数由 1 人增至 6 人。迁港后，每学期只限收学生 3 人，已毕业学生 1 人。③从 1935 年到 1949 年，燕京大学共有毕业研究生 144 人。南开大学理科研究所化学部 1939 年恢复招生后至 1946 年 7 年间，仅在 1942 年招收了 1 名研究生，其间无毕业者。四川大学 1941 年设立了理科研究所，招收过 1 名研究生。1940 年，辅仁大学首届研究生毕业，物理学部毕业 1 人；1942 年第二届物理学部毕业 3 人。据统计，自 1940 年至 1944 年，辅仁大学物理学部毕业研究生 15 人、化学部毕业 2 人；到了 1947 年，该所毕业研究生有了明显增加，其中物理学部毕业 4 人、化学部毕业 4 人。④1942 年，武汉大学理科研究所开始招收研究生，至 1945 年，各年度各学部的招生情况列于表 5.23：

表 5.23　1942—1945 年武汉大学理科研究所招生情况⑤（单位：人）

	1942 年	1943 年	1944 年	1945 年
物理学部	3	3	3	1
化学部	3	3	1	3
合计	6	6	4	4

总之，全民族抗战爆发后，由于战争对高层次理科人才的需求量不断增大，理科研究生的招生规模也日益扩大，发展速度也日见明显。对于此种现象，

---

① 《南大百年实录》编辑组编：《南大百年实录　中卷　金陵大学史料选》，南京大学出版社，2002，第 292—299 页。
② 张晞初编：《中国研究生教育史略》，湖南师范大学出版社，1994，第 42 页。
③ 《本校理科研究所报告》，《岭南大学校报》1940 年第 77 期。
④ 孙邦华：《会友贝勒府——辅仁大学》，河北教育出版社，2004，第 55 页。
⑤ 涂上飙：《民国时期的研究生教育发展史》，湖北美术出版社，2013，第 162—166 页。

从全国大学理科在校研究生数与全国大学在校研究生总数的比例中可以看出。现将1936—1947年间各年度两者的在校研究生数量列于表5.24：

表5.24 1936—1947年全国大学理科在校研究生数和全国大学在校研究生总数[①]（单位：人）

	1936年	1937年	1938年	1939年	1940年	1941年	1942年	1943年	1944年	1945年	1946年	1947年
理科研究生数	18	4	2	39	83	79	61	108	90	71	69	131
全国研究生数	75	20	13	144	284	333	288	410	422	464	319	424
理科所占比例	24%	20%	15%	27%	29%	24%	21%	26%	21%	15%	22%	31%

可见，自从1939年各校恢复招生后，理科在校研究生的数量明显增加，当然这也同步于当时研究生教育总体规模的扩大，但理科研究生所占的比例一直比较稳定。

不过，从获得硕士学位的情况来看，不同院校之间、不同学科之间的教育水平还是存在差异的。据统计，从1943年5月到1948年4月的6年间，全国共授予232人硕士学位，其中，理科硕士40人。但实际上，有些文科研究所毕业研究生获得了理学学位，如浙江大学和东北大学文科研究所的史地学部就有13人获得理科硕士学位，因此理科研究所实际有27名研究生获得了理学硕士学位，约占总数的12%。这些硕士学位获得者的单位和学科专业列于表5.25：

表5.25 1943—1948年全国理科研究所研究生获得学位者分校统计[②]（单位：人）

学部	中央大学					金陵大学	四川大学	浙江大学		武汉大学	清华大学
	化学	地理	物理	生物	数学	化学	化学	数学	化学	物理	生物
人数	1	4	2	1	1	9	2	4	1	1	1

---

① 教育年鉴编纂委员会编：《近代中国史料丛刊三编 第11辑 第二次中国教育年鉴 第6册》，文海出版社，1986，第16页。
② 教育年鉴编纂委员会编：《近代中国史料丛刊三编 第11辑 第二次中国教育年鉴 第6册》，文海出版社，1986，第80—83页。

事实上，至1948年，设立了理科研究所的高校达到了18所，而获得了理科硕士学位的高校仅见表5.25中的6所，仅占1/3。另外，表5.25是1943—1948年的学位授予情况，根据正常的两年学制，应该是1941—1946年的入学者或是1943—1948年的毕业者。现对照各校在此时间段的招生人数、毕业人数和学位获得人数，即可比较出各校的培养水平。如北京大学在此期招收了9名研究生，但无人获得学位；清华大学招收了34名研究生，仅有1人获得学位；武汉大学从1942—1945年招收了20名研究生，但获得学位者仅1人；金陵大学在1943—1946年毕业8人，而1943—1948年获得学位者9人，也可见其获得学位者比例较高。从学科分布看，又主要集中在化学学科，共计13人，约占总人数的一半。中央大学则比较全面，每一学科皆有获得学位者。由此可证，不同院校、不同学科之间的理科研究生教育水平还是存在明显差异的。

六、工科研究所的研究生教育

虽然我国大学工科研究所在1926年即已设立，但工科研究生教育则始于1934年的《研究院规程》颁布之后，其中北洋工学院和武汉大学是我国最早招收工科研究生的高校。

1935年，北洋工学院工科研究所首次录取了3名研究生，其中采矿工程1名、冶金工程2名。[①] 全民族抗战爆发后，北洋工学院被迫西迁，曾在陕西、贵州、浙江等地办学，招收的研究生甚少，如1939年，值其合并西北工学院时期，矿冶工程学部招收了2名研究生。[②]1946年后，该校恢复北洋大学之名，成立了5个工科研究所，但实际招生不足10人。[③]

1935年，武汉大学工科研究所首招了2名水利工程研究生。[④] 从1935年

[①] 北洋大学—天津大学校史编辑室编：《北洋大学—天津大学校史资料选编》（一），天津大学出版社，1991，第306页。
[②] 边庭：《我国研究院所发展概况》，《教育杂志》1940年第8期。
[③] 潘伟：《北洋大学在中国近代工程教育史上的地位》，《哈尔滨工业大学学报（社会科学版）》2002年第1期。
[④] 周叶中、涂上飙编：《武汉大学研究生教育发展史》，武汉大学出版社，2006，第16页。

到1945年，武汉大学共招收了9届研究生，其中工科研究生9名，各年度的研究生招生数见表5.26：

表5.26 1935—1945年武汉大学工科研究所招生统计表[1]

年度	1935	1936	1937	1938	1939	1940	1941	1942	1943	1944	1945
研究生数	2	0	未知	0	0	0	2	0	3	1	1

1939年，西迁昆明的清华大学工科研究所首招4名研究生，其中土木工程部2名、机械及航空工程部1名、电机工程部1名，但其中2名休学，实际到校者仅2名。[2] 此后却一直未招研究生。[3]

1939年，中央大学工科研究所首招了2名研究生，电机工程和机械工程各1名。而实际上，在1939年，该校工科研究所在校研究生仅有1名，[4]1941年有8名，[5]1942年有4名，[6]1943年有6名，[7]1944年招收了4名，[8]1946年仅有1名。[9] 总之，中央大学工科研究所共招研究生也就10余名。

1941年，浙江大学工科研究所化学工程学部首招1名研究生。[10] 从1941—1949年，该校化学工程研究所招收了20余名研究生，其各年的在校研究生数列于表5.27：

表5.27 1941—1949年浙江大学化学工程研究所在校研究生统计表[11]

年度	1941	1942	1943	1944	1945	1946	1947	1948	1949
研究生数	1	7	7	10	6	2	3	3	3

---

[1] 周叶中、涂上飙编：《武汉大学研究生教育发展史》，武汉大学出版社，2006，第16—17、32—35页。
[2] 张思敬、孙敦恒、江长仁主编，北京大学、清华大学、南开大学等编：《国立西南联合大学史料 三 教学、科研卷》，云南教育出版社，1998，第440页。
[3] 西南联合大学北京校友会编：《国立西南联合大学校史(修订版)：一九三七至一九四六年的北大、清华、南开》，北京大学出版社，2006，第506—508页。
[4] 《南大百年实录》编辑组编：《南大百年实录 上卷 中央大学史料选》，南京大学出版社，2002，第416页。
[5] 《南大百年实录》编辑组编：《南大百年实录 上卷 中央大学史料选》，南京大学出版社，2002，第432页。
[6] 《中国各大学理工农医研究所及研究生之调查》，《科学与技术》1944年第3期。
[7] 王德滋主编：《南京大学百年史》，南京大学出版社，2002，第211页。
[8] 《本校研究院三十三年度第一次招考研究生录取揭晓》，《国立中央大学校刊》1944年第20期。
[9] 《南大百年实录》编辑组编：《南大百年实录 上卷 中央大学史料选》，南京大学出版社，2002，第490—491页。
[10] 浙江省研究生教育学会编：《浙江研究生教育》，杭州大学出版社，1992，第88页。
[11] 同上。

1943年，湖南大学工科研究所矿冶学部首招了4名研究生；[①]1945年又招收了1名研究生，总共招收了5名研究生。[②]

1944年7月，交通大学电信研究所开始招收研究生。[③]从1944年至1949年，电信研究所共招考录取了36名研究生，成为当时培养工科硕士最多的高校，其各年度的录取数见表5.28：

表5.28 1944—1949年交通大学电信研究所入学研究生数[④]

年度	1944	1945	1946	1947	1948	1949
录取数	6	16	2	5	4	3

再如台湾大学、重庆大学、南开大学，因为工科研究所创办时间较晚，所以尚来不及招收研究生，便被迫停办了。从以上的研究生招生和培养情况看，不同学校之间的研究生培养能力有较大的差异，如交通大学和浙江大学后来居上，招收培养了一大批研究生。

另外，我国大学工科研究生的教育规模也可从各年度在校研究生数量中看出，如1936—1947年，全国在校工科研究生数按年度列于表5.29：

表5.29 1936—1947年全国大学在校工科研究生数[⑤]

年度	1936	1937	1938	1939	1940	1941	1942	1943	1944	1945	1946	1947
研究生数	23	12	6	7	8	19	19	26	49	51	30	24

从表5.29可见，战争对工科研究生教育影响很大。1937年以后，工科研究生在校人数下滑明显，尤其是1938—1940年，每年的在校研究生数均维持在个位数。直至1941年后，研究生数量才有较大幅度的增长。但工科

[①] 湖南大学研究生院编：《湖南大学研究生教育60年：1943—2004》，湖南大学出版社，2004，第69页。
[②] 湖南大学研究生院编：《湖南大学研究生教育60年：1943—2004》，湖南大学出版社，2004，第309页。
[③] 凌安谷主编：《西安交通大学大事记 1896—2000》，西安交通大学出版社，2004，第113页。
[④] 史贵全：《新中国成立前培养工学硕士最多的机构——交通大学电信研究所》，《中国科技史料》2001年第1期。
[⑤] 教育年鉴编纂委员会编：《近代中国史料丛刊三编 第11辑 第二次中国教育年鉴 第6册》，文海出版社，1986，第16页。

研究生的实际数量还是非常少，最多的年度是1945年，共有51名。因为当时研究生的学制是两年，所以此数包含了一二两个年级的研究生数，而且1945年全国共有13个工科研究学部，按此计算，每学部的平均在校研究生不足4名，每届不足2名。而事实上，在1940年之后，国民政府教育部对公立大学研究院所研究生的公费补助是每届每学部补助10名。[①] 可见，当年的工科研究生数极不足额。抗战胜利后，各大学纷纷复校。但由于受内战时局混乱、经济崩溃的影响，其时的研究生教育境况并未好转。到1948年，大学毕业生几乎无人报考研究生，在读研究生也被迫弃学谋生，以致后来全国各科的在校研究生不足10人，如其时的清华大学和北洋大学虽然分别有6个和5个工科类研究所，但均未招到研究生。

此外，再来看看工科硕士学位的授予情况。据统计，从1943年5月到1948年4月间，全国共授予232人硕士学位，其中，工科硕士17名，约占硕士学位总人数的7%。而获得硕士学位的17名工科研究生，分别来自中央大学（4名）、武汉大学（2名）、交通大学（11名）等3所大学。[②] 他们的具体专业分布列于表5.30：

表5.30 1943—1948年全国工科研究生获得学位者分学科统计[③]（单位：人）

学科名称	电机工程	机械工程	土木工程	矿冶工程	化学工程	电信工程	航空工程	建筑工程
人数	2	0	2	0	0	12	1	0

由表5.30可见，17名获得硕士学位的研究生中，电信工程专业12人，约占总数的71%，而矿冶工程、机械工程、建筑工程和化学工程等专业均未有人获得硕士学位。另据统计，从1935年国民政府教育部颁布《学位授予法》到1949年的15年间，全国共有39名被授予工科硕士学位，其中交通大学达16名，约占全国总数的41%。[④] 同期，中央大学从1941—1948年共有9名研

---

① 叶佩华：《我国大学研究院所设施情形之检讨》，《高等教育季刊》1942年第4期。
② 教育年鉴编纂委员会：《近代中国史料丛刊三编 第11辑 第二次中国教育年鉴 第6册》，文海出版社，1986，第80—83页。
③ 同上。
④ 上海交通大学志编纂委员会编：《上海交通大学志 1896—1996》，上海交通大学出版社，1996，第330页。

究生获得工科硕士学位,约占全国总数的23%。①令人意外的是,虽然浙江大学化学工程专业招收的研究生数量不少,但直至1948年,也未见获得硕士学位者,个中之因,不得而知。可见,交通大学和中央大学一直是工科硕士学位获得者较多的高校。

七、农科研究所的研究生教育

1935年10月,中山大学农科研究所土壤学部招收了我国首名农科研究生。之后,中央大学、金陵大学、西北农学院、浙江大学等校也先后招收了农科研究生。如1938—1945年,全国招收农科研究生的大学有6所,各校每年的具体招生数量见表5.31:

表5.31 1938—1945年全国农科研究生分校招生统计② (单位:人)

	1938年	1939年	1940年	1941年	1942年	1943年	1944年	1945年	合计
中山大学	0	3	1	3	2	2	0	1	12
中央大学	0	0	6	1	0	0	8	1	16
浙江大学	0	0	0	0	3	4	0	0	7
清华大学	0	0	0	2	0	0	0	0	2
西北农学院	0	0	0	3	0	3	2	4	12
金陵大学	1	5	6	7	15	3	9	6	52
总计	1	8	13	16	20	12	19	12	101

由表5.31可知,1938—1945年,全国6校总共招收了101名农科研究生,而金陵大学一校便招收了52名,约占全国招生总数的51%。相比之下,作为较早招收农科研究生的中山大学和中央大学仅分别招收了12名和16名。除1943年外,金陵大学其他各年度的农科研究生招生数亦占首位。另外,这101名农科研究生,其分学科专业的招生情况见表5.32:

---

① 史贵全:《新中国成立前培养工学硕士最多的机构——交通大学电信研究所》,《中国科技史料》2001年第1期。
② 郑小波主编:《"三农"教育发展研究报告》,中国农业出版社,2006,第114页。

表5.32 1938—1945年全国农科研究生分学科专业招生统计[1] （单位：人）

学科名称	植物病理	农林植物	土壤	农业经济	农艺	园艺	森林	畜牧兽医	农田水利	合计
人数	2	4	8	32	31	8	2	2	12	101

表5.32告诉我们，1938—1945年，各校农业经济专业和农艺专业招收的研究生分别为32人和31人，明显多于其他专业；而植物病理、森林、畜牧兽医等专业各仅招收了2名。这种招生规模明显有失学科专业之间的均衡。

另外，我国大学农科研究生的教育规模也可从各年度在校研究生数量中看出，如1937—1947年，各年度全国在校农科研究生的具体情况见表5.33：

表5.33 1937—1947年全国大学在校农科研究生数[2]

年度	1937	1938	1939	1940	1941	1942	1943	1944	1945	1946	1947
研究生数	4	4	22	26	36	40	51	54	53	35	32

由表5.33可见，11年间，在校农科研究生的数量有不同程度的增长，尤其是从1939年开始，增量十分明显。1938年仅4名，而1939年则增至22名，增长了4.5倍。显然这与其时政府的鼓励政策有关。但研究生的实际总量还是偏少，最多的年度也只是54名，而且包括了两个年级。

此外，再来看看农科硕士学位的授予情况。据统计，从1943年5月到1948年4月，全国共授予232人硕士学位，其中农科64人，约占硕士学位总人数的28%，分别来自5所高校，即金陵大学（34人）、中山大学（7人）、中央大学（18人）、浙江大学（4人）、西北农学院（1人）。[3]他们具体的学科专业分布情况列于表5.34：

---

[1] 郑小波主编：《"三农"教育发展研究报告》，中国农业出版社，2006，第114页。
[2] 教育年鉴编纂委员会：《近代中国史料丛刊三编 第11辑 第二次中国教育年鉴 第6册》，文海出版社，1986，第16—17页。
[3] 教育年鉴编纂委员会：《近代中国史料丛刊三编 第11辑 第二次中国教育年鉴 第6册》，文海出版社，1986，第80—83页。

表 5.34　1943—1948 年全国农科研究生获得学位者分学科统计①（单位：人）

学科名称	植物病理	农林植物	土壤	农业经济	农艺	园艺	森林	畜牧兽医	农田水利	昆虫
人数	6	4	3	15	21	5	3	0	1	6

由表 5.34 可见，在学科专业的分布上，农科研究生的获得学位也有不均衡的特点，即农艺、农业经济专业授予硕士学位数分别为 21 人和 15 人，仍然居于前两位。当然，这种学位量的比例与招生规模还是成正比例的。然而不知何故，1941—1945 年，西北农学院共已招收了 12 名研究生，但在 1943—1948 年获得学位者仅 1 人；1944 年，中央大学畜牧兽医招收了 2 名研究生，但无人获得学位。

八、医科研究所的研究生教育

虽然大学医科研究所在 1927 年即已设立，但医科研究生教育和培养始于全民族抗战爆发之后。医科研究生教育不仅起步较晚，而且规模也很小。直到 1941 年，我国才有在校的医科研究生，而且仅有 2 名接受培养。1936—1947 年全国在校的医科研究生数和医科本科生数列于表 5.35：

表 5.35　1936—1947 年全国大学在校的医科研究生数和医科本科生数②（单位：人）

	1936年	1937年	1938年	1939年	1940年	1941年	1942年	1943年	1944年	1945年	1946年	1947年
研究生数	0	0	0	0	0	2	8	21	16	9	3	6
本科生数	2652	2830	2910	3276	3759	3993	4361	4738	5119	4935	9650	9970

表 5.35 中各年度医科研究生与本科生的最大比例也不到 0.5%，可见其规模之小。另外，根据医科研究所的学部数以及医科研究生数，依据对应的年度，可计算出每学部之研究生平均数。各年度计算出来的平均数列于表 5.36：

---

① 郑小波主编：《"三农"教育发展研究报告》，中国农业出版社，2006，第 115 页。
② 教育年鉴纂编委员会：《近代中国史料丛刊三编　第 11 辑　第二次中国教育年鉴　第 6 册》，文海出版社，1986，第 16—17 页。

表 5.36　1936—1946 年全国大学医科研究所每学部的研究生平均数

年度	1936	1937	1938	1939	1940	1941	1942	1943	1944	1945	1946
平均数	0	0	0	0	0	2	1.3	3	2.3	1.3	0.2

从平均数看，其时全国医科研究生最多的年度也才 3 名，与当时每学部补助 10 名的名额还相差甚远，可见这一时期，尽管抗战对医学人才的需求量不断增加，但也许是设备和师资缺乏之故，医科研究所的培养力未能尽情发挥。就连研究生教育规模较大的中央大学，在医科研究生教育方面都显得力量不足。如 1942 年，中央大学医科研究所研究生 3 人；①1943 年，医科研究所在校研究生共 6 名。②中央大学在成都共有 5 届研究生毕业，医科研究所共毕业研究生才 3 名。③而其他大学医科研究所的研究生教育规模则更小，如 1942 年，中山大学医科研究所有在校研究生 1 人，齐鲁大学有 3 人，江苏医学院有 1 人。④抗战结束后，这种状况依然未能改观，如 1947 年度第一学期，江苏医学院寄生虫学研究所有在校研究生 1 人；⑤上海医学院所设的药理研究所和病理研究所，共有在校研究生 5 人。⑥

再从授予的学位来看，在 1943 年 5 月到 1948 年 4 月，全国共授予 232 人硕士学位，其中医科 6 名，约占硕士学位总人数的 3%，所占比例非常小。而授予硕士学位的 6 名医科研究生中，私立教会大学齐鲁大学就占有 3 名，占总数的一半。现将这 6 名医科硕士学位获得者的具体学科专业列于表 5.37：

表 5.37　1943—1948 年全国医科研究生获得学位者分学科统计⑦（单位：人）

学科	江苏医学院寄生虫学部	中央大学公共卫生学部	齐鲁大学寄生虫学部
人数	2	1	3

---

① 《中国各大学理工农医研究所及研究生之调查》，《科学与技术》1944 年第 3 期。
② 王德滋主编：《南京大学百年史》，南京大学出版社，2002，第 211 页。
③ 王德滋主编：《南京大学百年史》，南京大学出版社，2002，第 206 页。
④ 《中国各大学理工农医研究所及研究生之调查》，《科学与技术》1944 年第 3 期。
⑤ 教育部教育年鉴编纂委员会编：《第二次中国教育年鉴　二》，商务印书馆，1948，第 201—202 页。
⑥ 教育部教育年鉴编纂委员会编：《第二次中国教育年鉴　二》，商务印书馆，1948，第 200 页。
⑦ 教育年鉴编纂委员会编：《近代中国史料丛刊三编　第 11 辑　第二次中国教育年鉴　第 6 册》，文海出版社，1986，第 83 页。

总而言之，无论是从研究生的招生数量，还是从研究生的学位授予数量，乃至研究生的培养力来看，其时的医科研究生教育均在八大学科之中处于末位。这种现象与战时急需医学人才的现实似乎不符。个中之因，或许与我国当时医学教育师资相对短缺、条件设备相对贫乏等因素有关。

第六章

大学研究院所学术交流与合作

学术研究不能闭门造车，大学研究院所科研工作的进步与发展，离不开广泛的国内外学术交流与合作。这种学术交流与合作，有的通过学术会议、学术考察、互邀讲学、互派留学等来实现，有的通过出版学术刊物或开展合作研究而推行。考察大学研究院所在国内和国际两方面的学术交流与合作活动，不仅可以了解它们交流合作的具体内容，而且可以明晰它们开展学术研究活动的方式。

第一节　大学研究院所的国内学术交流与合作

诸多大学研究院所一经创办，就积极开展学术交流与合作活动。在国内，它们主要通过出版发行学术刊物、合作完成科研项目、联合开展学术活动、联合培养研究生、举办或出席各种学术活动、延请专家学者讲学或考察等方式进行交流与合作。

一、出版发行学术刊物

大学研究院所大都发行有代表自身研究水平的学术刊物或丛书，并且这些出版物成了学术交流的重要载体。

北京大学法科研究所为了对外展示并宣传其研究成果，于1919年下半年创办了《法学研究录》。该刊物所登载的内容，须以北京大学教授会议决的"应世界大势及时事需要之教科方针"为宗旨，主要登载研究所教员的著述、研究所四年级学生优美之译书、该所教员和四年级学生共同审定之法律译名以及四年级学生所作报告等。[①]北京大学研究所国学门成立之初，即有出版学术期刊的计划。1922年2月，国学门委员会召开第一次会议时，委员长蔡元培便提出研究所应负出版期刊之责，会上公推胡适为该刊主任编辑。1922年3月21日，《国学季刊》正式召开编辑部会议，会上仍选举胡适为主任编辑，并议决了编辑委员会的成员名单。会议讨论通过了北大发行期刊之规章，详细列明了季刊的编辑准则、编辑者和投稿者的权利与义务等。除《国学季刊》外，还有《国学门周刊》《国学门月刊》等刊物。

清华国学研究院之出版物分为三种：一是由教授主编的丛书，由梁启超主撰；二是《国学论丛》（季刊），内容除本院教师之著作外，凡学生之研究

[①] 李贵连等编：《百年法学——北京大学法学院院史》，北京大学出版社，2004，第74页。

成果，经教授会同审查，认为有价值者，及课外作品之最佳者，均予登载；三是学生主编的《实学月刊》，也刊载研究院教师文章。[1]事实上，《国学论丛》从 1927 年开始创刊，到 1930 年停刊，四年内一共发行了 6 期，共收录文章 79 篇。

中山大学语言历史学研究所创办了《语史所周刊》和《民俗周刊》（后一度改为季刊）两刊物，除后者中间有几期延误外，《语史所周刊》共 128 期，《民俗周刊》《民俗季刊》共 143 期。此外，还出版了《民俗学丛书》（39 册）、《史料丛刊》等 5 种刊物。文科研究所分为中国语言文学研究所和历史学研究所后，两所于 1948 年 2 月联合出版了《文史集刊》，中国语言文学研究所出版有《语言文学专刊》。[2]

1928 年，中山大学教育研究所开始编印《教育研究》月刊，至 1948 年共出版 110 期。月刊内容丰富，开辟有 10 个栏目，其中《比较教育》栏目大量刊载了介绍国外教育的论文，有欧美新教育运动专号、日本教育研究专号、国外专号和苏联专号等 4 期专号介绍国外教育情况。[3]此外，该所在 1929 年 3 月成立丛书委员会，出版发行"国立中山大学教育学研究所丛书"和"国立中山大学教育学研究所研究实验专刊"，至 1937 年，共计出版丛书 34 种，编印专刊 6 种。[4]

北平师范大学研究所教育科学门主要印行了《天津市小学教育之研究》《中学教师服务之状况》和《师范学校训育问题》等教育专刊，发表研究人员的教育调查报告。此外，该所纂辑处还整理编纂初、高中各科教材。

1934 年 2 月，中央大学教育实验所创刊《心理教育实验专刊》，作为不定期刊物共出版 4 卷 7 期。在其师范科研究所教育心理学部时期，又发行《教育心理研究》季刊，从 1940 年 3 月出版至 1945 年 6 月停刊，共出版 3 卷 10 期。该刊物创办时，其内容也包括有少数译著。重庆中央大学理科研究所地理学部编行的季刊《国立中央大学理科研究所地理学部丛刊》，自 1943 年 2 月出版，

---

[1] 葛兆光主编：《清华汉学研究 第二辑》，清华大学出版社，1997，第 324 页。
[2] 黄义祥编：《中山大学史稿（1924—1949）》，中山大学出版社，1999，第 440 页。
[3] 黄义祥编：《中山大学史稿（1924—1949）》，中山大学出版社，1999，第 269 页。
[4] 国立中山大学研究院教育研究所编：《本所研究事业十年》，国立中山大学研究院教育研究所，1937，第 78 页。

到 1945 年 7 月共出版 8 期。①

自 1934 年年底北洋工学院工科研究所正式成立以后，科研就有不错的成绩。作为与国内外各著名工程研究机关的交换刊物，工科研究所选择部分论文编印成《工科研究所研究丛刊》。该刊前后共出版 13 期。②

1939 年到 1946 年，西北师范学院师范研究所印行了本所人员的研究成果《中等学校毕业生英语写作错误之分析》等 6 种专刊。③

南开大学经济研究所历年出版的刊物，大体可分为定期的 4 种刊物和不定期的经济专刊、教本、丛书等。在定期刊物中，有《经济周刊》《政治经济学报》《南开指数年刊》和英文版的《社会经济季刊》4 种。研究所人员历年实地调查、统计和分析研究的成果以及若干专题性论著，因为它们的篇幅较长，故以经济专刊的单行本形式不定期发行，总计有 60 种，共分 6 个类别：统计类 8 种、工业经济类 16 种、农业经济类 11 种、地方财政类 9 种、经济史类 9 种、政治及社会研究类 7 种。

为了交流学术成果，南开大学边疆人文研究室创办了学术刊物《边疆人文》和《语言人类学专刊》。其中《语言人类学专刊》共出版 3 种，邢庆兰《远羊寨仲歌记音》、高华年《黑夷语中汉语借词研究》和《黑夷语法》；《边疆人文》自 1943 年至 1947 年在昆明和天津共出 4 卷，计 19 期，发表论文 41 篇。除发表该室同人的论著外，还发表了罗常培、闻一多、罗庸、向达、游国恩、马学良、张清常、袁家骅、方国瑜等校外学者的学术文章。④

金陵大学中国文化研究所承办着一份全校性的学术刊物——《金陵学报》。自 1931 年 5 月创刊至 1941 年 10 月停刊，《金陵学报》共出版 11 卷，其中后 4 卷在成都出版，而在上海印刷。《金陵学报》为半年刊，起初是文理合一的综合性刊物，但因文、史、哲等方面的稿件居多，因此后来就改为上半年出"农科专号"或"理科专号"，而下半年则出"文史哲专号"。从第 8

---

① 王绿萍编：《四川报刊五十年集成：1897—1949》，四川大学出版社，2011，第 654 页。
② 北洋大学—天津大学校史编辑室编：《北洋大学—天津大学校史资料选编》（一），天津大学出版社，1991，第 320—322 页。
③ 北京师范大学校史编写组：《北京师范大学校史》，北京师范大学出版社，1984，第 121 页。
④ 王文俊、梁吉生、杨珣等选编：《南开大学校史资料选（1919—1949）》，南开大学出版社，1989，第 368—370 页。

卷起因西迁后经费缺绌，出版、运输困难，遂改为1、2期合刊，直至第11卷，再度分专号出版，分作3期，分别为文史、理科与农林专号。凡是中国文学系、历史系和社会学系均与该所联络参加工作，更注重专题研究，研究成果即在《金陵学报》上发表。① 此外，中国文化研究所于1941年创办《边疆研究论丛》。该刊物是由徐益棠主编，至1948年共出版3期。

1941年1月17日，同在成都的金陵大学、华西协合大学和齐鲁大学三所大学的文化研究所召开第一次联席会议，讨论决定《中国文化研究汇刊》由三校的研究所联合创办。《中国文化研究汇刊》自1941年创刊至1951年停刊，共出版10卷，内容主要包括考证论文、调查报告、重要史料和书报评论4个门类，除继续保留三校原有考古、历史、语言等研究方向与风格之外，同时极为关注中国西部问题。②

华西大学经济研究所出版定期刊物和不定期刊物两种。定期刊物为《华大经济学报》，内容偏重三方面：实际的调查、史料的整理和专题的研究。不定期刊物主要由经济系学术研究会主办，经济研究所主要是协助指导。③ 1943年12月，华西协合大学教育研究所创办定期刊物《华西教育研究通讯》，后来办成不定期刊物，只出版过3期，至1944年10月停刊。此外，该所还编印《教育与建设》《华西教育导报》《华西教育月刊》等多种刊物。④

二、合作完成科研项目

为了充分利用各自的科研力量和优势，大学研究院所经常与其他机关联合开展重大课题研究，致力于科学考察、技术研发、产品开发等学术合作。

1943年，北京大学文科研究所与中央研究院史语所、中央博物院筹备处和中国地理研究所合组西北科学考察团。北京大学文科研究所向达与阎文儒、史语所的夏鼐和地理研究所的一些专家参加了考古工作。考察工作从1944—

---

① 张宪文主编：《金陵大学史》，南京大学出版社，2002，第168页。
② 张宪文主编：《金陵大学史》，南京大学出版社，2002，第169—170页。
③ 《华西大学经济研究所工作计划》，《华西协合大学校刊》1944年第1期。
④ 华西校史编委会编：《华西医科大学校史（1910—1985）》，四川教育出版社，1990，第86—87页。

1945年进行，考古工作限于甘肃境内，以历史时期地面遗址的考察为主。①

清华大学特种研究所主要是进行应用研究，因此与国内外组织的合作比较多。如农业研究所接受美国洛氏基金会的补助，对桐树进行生理研究。此外，它接受国民党政府农林部之补助，进行农作物春化作用及生长素之研究，与中央畜牧实验所合作进行动物营养研究等。②无线电研究所的工作很多是直接服从于政府的军事需要。它与军事委员会资源委员会有密切的关系。研究所与资源委员会合作研究课题，主要是解决一些无线电技术需求方面的问题，而不涉及理论问题。在汉口时，该会的电气室技术人员曾到无线电研究所合作制造真空管，以供军事通讯之用。在昆明时，研究所曾与航委会空军军官学校合作研究长波定向问题，为军政部学兵队训练通讯军官，设计及制造通讯机器，为军事服务。此外，无线电研究所也曾派员为财政部盐务局缉私总队电讯训练班授课，还与中央电工器材厂昆明分厂进行过合作研究。③

1936年2月，中山大学文科研究所与岭南大学西南社会调查所合组海南岛黎苗考察团，以杨成志教授为团长，赴海南岛五指山并环行全岛一周，搜集到不少民俗物品。研究生王兴瑞前往海南岛大旗苗村进行了五个多月的调查，因写成《海南岛黎人研究》而获得硕士学位。④1937年夏，派出研究生江应樑与云南地方政府合作，深入调查研究傣族（旧时称"摆夷"）情况，写成《云南西部的"摆夷"研究》的调查报告，以此取得硕士学位。⑤该所又与国民政府军委会合作，对大凉山少数民族进行调查，由研究院将资料整理出版。研究院还借助学校由澄江迁回坪石的机会，于1940年组织了暑假学术考察团，沿途考察滇、黔、桂、湘、粤五省边区各地文史、教育、农业情况。

南开大学应用化学研究所办所的主旨之一，就是面向社会研究解决工业生产中的现实问题。如接受王祯祥桅灯厂委托，研制手电灯反光镜；接受达仁堂药店委托，为蜂蜜脱臭；接受范永和号委托，研究茶油之硬化；

---

① 黄建秋：《百年中国考古》，江苏人民出版社，2013，第92页。
② 清华大学校史研究室编：《清华大学史料选编 第三卷 抗日战争时期的清华大学（1937—1946）》，清华大学出版社，1994，第159—172页。
③ 张思敬、孙敦恒、江长仁主编，北京大学、清华大学、南开大学等编：《国立西南联合大学史料 三 教学、科研卷》，云南教育出版社，1998，第727页。
④ 牛志平等：《海南文化史》，海南出版社，2008，第270页。
⑤ 高增德、丁东编：《世纪学人自述》第三卷，北京十月文艺出版社，2000，第313页。

接受孙恩吉铁工厂委托，完成自行车链发蓝的实验项目；接受《大公报》委托的印报铅字合金的研究，及另一报社委托的制版胶的研制；还有天津公兴制蛋厂委托的改进制蛋品质量的研究等。在1933年6月，应用化学研究所还接受了天津利中硫酸厂的设计、建设和投产任务，至1934年5月，试车成功，运转良好。因为接受委托的业务影响很大，除天津市外，还受外地多家企业的委托，如研究解决了包头电气面粉厂的锅炉水软化问题，昆明草帽厂的草帽辫漂白、加硬项目等。这些课题的解决，有利于民用轻工产品的生产和质量的提高。[①]

四川大学应用化学研究处成立后，承担了航空委员会仪器修造厂、航空研究院动力组、军政部五十兵工厂成都分厂、川康铜业管理局、行政院液体燃料管理委员会等单位的大批委托研究或化验器材。[②]

迟至1948年才创办的浙江大学化学研究所，一经成立后即同浙江地质调查所合作分析全省矿产；同浙江化工实验所合作，研究关于明矾和氟石的各种应用；同燃料工业部合作研究氢化、苯化汽油等问题。[③]

三、联合开展学术活动

作为学术研究机构，大学研究院所经常举办形式多样的学术活动来加强与其他机关的交流与合作，如举办学术会议、开展学术考察和互聘讲学等。

（一）举办学术会议或展览会

1934年，北洋工学院工科研究所所长李书田联络中央地质调查所等机构，在校内举办了一场规模盛大的全国矿冶地质联合展览会。会后获赠大量矿石标本、专业模型。[④]1935年11月10—13日，天津市水利学会在国立北洋工学院召开了学术年会，讲题为黄河之最近问题。出席人员约100人，其中会

---

① 王文俊、梁吉生、杨珣等选编：《南开大学校史资料选（1919—1949）》，南开大学出版社，1989，第410页。
② 曾宗英：《理科研究所应用化学研究所概况》，《国立四川大学周刊》1946年第4期。
③ 《浙江大学化学研究所》，《科学通报》1950年第5期。
④ 北洋大学—天津大学校史编辑室编：《北洋大学—天津大学校史资料选编》（一），天津大学出版社，1991，第320—322页。

员 67 人，北洋工学院的学生也参加了旁听。①为促进世人对东北的认识和沦陷区的记忆，东北大学文科研究所举办文物展览会。以 1944 年"双十节"举办的展览会为例，3 天来，参观者总计达到 3000 人，可见此会的影响颇大。金陵大学中国文化研究所非常注重推广民众教育，抗战期间，该所在成都举办了展览会，主要展览商承祚在长沙考察时所获得的文物。

1936 年 1 月 18—22 日，由中山大学主办、教育研究所承办的中国社会教育第四届年会在中山大学隆重举行。举办会议是为了沟通南北教育界之间的联系，加强珠江流域与黄河流域、长江流域三大区间的学术交流。全国教育界名流和各省代表共 182 人出席会议。大会主席团由钮永建、邹鲁、金曾澄、黄麟书、梁漱溟、雷沛鸿、萧冠英、崔载阳、钟荣光、俞庆棠、董渭川组成。20 日下午，崔载阳引导全体与会者参观中山大学教育研究所及该所附设的民族中心制小学课程实验班"成绩展览会"，借以宣传和扩大民族中心制课程的成果和影响。②1948 年 5 月，中国民族学会西南分会年会在中山大学文学院历史学研究所人类学部举行，由该所杨成志教授主持会议。杨成志、黄文山、岑家梧、林惠祥诸位教授同被大会选为理监事，他们还在会上宣读了自己的学术论文。其中杨成志的论文为《美洲印第安人考察观感》，梁仲谋教授的论文为《人类血型 RH 述评》，龙庆忠教授的论文为《中华民族与建筑》，岑家梧教授的论文为《四川蛮洞及其文化》。与会人员还一致决定每周在《广东日报》上出版以"民族科学"为栏目的学研成果。③

（二）出席学术会议

中山大学心理学研究所，在主任汪敬熙的带领下十分重视加强与外界的学术交流和沟通，借以开阔视野和开展合作。如 1928 年在岭南大学召开的科学会议，以及 1929 年 2 月中国生理学会在吴淞中央大学医学院召开的年会，汪敬熙等人都先后参加并提交了学术论文，而且汪敬熙本人还在中国生理学会本届年会上当选为理事和《中国生理学杂志》的主编之一。1935 年夏，教育研究所主任崔载阳应邀到雷沛鸿任院长的广西普及国民基础教育研究院讲

---

① 海河志编纂委员会编：《海河志》第四卷，中国水利水电出版社，2001，第 455 页。
② 赵春晨、何大进、冷东主编：《中西文化交流与岭南社会变迁》，中国社会科学出版社，2004，第 188 页。
③ 黄义祥编：《中山大学史稿（1924—1949）》，中山大学出版社，1999，第 434 页。

学，题目是《民族中心教育的基本理论》，讲词发表在该院院刊——《广西普及国民基础教育研究院日刊》第184期上。讲学之余，崔载阳参观广西教育，之后作有《广西教育上的民族主义》一文。① 1943年5月初，在重庆举行第六届中华医学大会，国立编译馆同时开会审查医学名词，中山大学医科研究所梁伯强教授应邀出席。此次大会上，医科研究所参会人员共提交10篇学术论文，其中医学院病理学研究所和研究院医科研究所病理学部5篇，医学院细菌学研究所5篇。1947年12月26日，中山大学教育学研究所陈一百教授赴南京出席中国教育学会第九届年会，并顺道考察南京、上海等地的教育情况。1948年12月19日，中国社会科学社第九届年会在广州举行，中山大学文科研究所教授黄文山主持会议并主讲《文化学在创进中理论之趋势及其展望》，朱谦之教授也宣讲了《文化社会学》。会上，黄文山、岑家梧、董家遵、刘榘等当选为理监事。1949年1月2日，华南心理学会在广州成立，中山大学师范学院院长陈一百等出席。会上选出5位教授组成理事会，该校教育学研究所即有陈一百、郭一岑、王越等三位教授当选。②

（三）邀请专家学者讲学、考察

中山大学文科研究所经常邀请校外著名教授专家来校讲学。每星期举行一次学术讲演会，由所内外专家主讲。每学期有一段时间，每周都进行一次学术讲演。如1942年第一学期，从1942年11月21日至1943年1月28日共举行了八次。③ 研究所还邀请陈寅恪特约教授来校专题讲学，1943年7月1日讲论《魏晋南北朝史研究》中的《五胡问题》。其后还讲了《清谈问题》《魏晋南北朝读书方法之"合本事注"》《南朝民族与文化》《宇文泰及唐朝种族问题》等。④

中山大学社会研究所常成为专家学者的考察之地。如1934年，国际劳工局中国分局程海峰局长来广东考察，就专程参观了此所。程氏参观后认为，该所虽属初创，但一切计划及工作均可与其他成立较久的机关并驾，故请本

---

① 赵春晨、何大进、冷东主编：《中西文化交流与岭南社会变迁》，中国社会科学出版社，2004，第186页。
② 黄义祥编：《中山大学史稿（1924—1949）》，中山大学出版社，1999，第434页。
③ 黄义祥编：《中山大学史稿（1924—1949）》，中山大学出版社，1999，第388—389页。
④ 肇新：《国立中山大学文科研究所通讯》，《现代史学》1943年第3期。

所与经济调查处共同赞助劳工问题的研究。此外，太平洋国际学会执行干事刘驭万先生，视察该会在华南及南洋研究侨民状况事，也前来此所参观，对所里工作甚为称赞，并商议协作事宜。① 在其时各大学的研究院所之间，其他学校互邀讲学的情况也时有发生，如 1925 年 11 月，清华国学研究院赵元任教授被邀到南开大学演讲。②

四、联合培养研究生

为了有针对性地培养社会所需的人才，同时也为自身的人才培养获取更多的资源，大学研究院所通过与其他机关合作的方式培养研究生。

南开大学经济研究所与私立北平协和医学院、燕京大学、清华大学和金陵大学于 1935 年联合组织了"华北农村建设协进会"，其任务就是培养用于促进农村复兴方面的研究生。该协进会由何廉任主席，商定每所学校负责培养不同方向的研究生，如南开大学负责培养地方政府和财政、合作组织以及土地管理方面的人才，燕京大学培养社会工作和组织人才，私立北平协和医学院培养卫生行政人才，金陵大学培养农业发展方面的人才，清华大学培养农业工程机械方面的人才，并指定学生的实习地点，各项基金由洛克菲勒基金会提供。③ 借此合作而得来的人力、财力，南开大学经济研究所从 1935 年秋就开始招收研究生，其研究方向分成土地问题、乡村合作和地方政府与财政三个方面。这种专业安排，完全是直接按照"华北农村建设协进会"分配的任务而分组，因此在课程设置、实习机构、论文选题等方面也全是根据合作机关的需要来安排。

为了得到政府电信管理机关、工厂、企业对学校研究生教育经费和设备的支持，也为了探索与社会用人部门合作培养研究生的途径，1943 年 7 月成立的交通大学电信研究所，建所伊始就与交通部电信总局、中央广播事业管理处、中央无线电器材厂、中央电工器材厂等单位合作，培养电信专业研究生。

---

① 傅尚霖：《国立中山大学社会学系及社会研究所近况》，《社会研究》1935 年第 1 期。
② 葛兆光主编：《清华汉学研究　第二辑》，清华大学出版社，1997，第 324 页。
③ 朱佑慈、杨大宁、胡隆昶等译：《何廉回忆录》，中国文史出版社，1988，第 64 页。

1944年夏季正式招收了10名研究生。抗战胜利后，研究所迁返上海，仍将培养研究生定作自身的中心工作，而且采取合作办学的方式始终是该所进行研究生教育的一个显著特色。为了与合作机关保持密切联系，研究生的专题研究及论文范围也须与合作机关有直接关系。如研究所须接受合作机关委托的专题，并聘定专家担任研究生导师，合作机关有优先利用研究成果的权利。根据其合作办法，合作机关指定研究生的专题研究及论文，研究生在第一学年的暑假由合作机关派遣到其所属各部进行实习。[1] 交通大学与政府机关、企业合作方式培养研究生的做法，其动机在于"求工程机关与学术界打成一片，充分发挥合作精神"。[2] 以合作办学方式解决当时办学所面临的经费和设备问题，试图以此打破大学封闭的办学模式，以求高层次人才培养与社会生产和科研紧密结合，并充分发挥大学以研究服务社会的功能。

总之，大学研究院所在国内的学术交流形式多样，大致可以概括为上述几种。但在此需要说明的是，由于其时大学研究院所的研究人员大多是由本校相关学系的教员兼任，因此，很多教员的学术交流活动无法区分是院系组织的交流活动还是研究所组织的交流活动，故在本节中，只是稍加例举了由研究所组织的学术交流活动，而实际的交流活动应该会远远多于上述的例举。不过，上述的这些学术交流活动还是呈现了如下几个特点：(1)作为一个高层次的研究机构，大学研究院所一般都发行了一份代表本机构研究水平的学术刊物。学术刊物作为一种现代学术的交流方式，深刻地影响着现代学术的发展。它为学者们提供了及时发表研究成果和了解研究信息的机会，也提供了进行学术交流与争鸣的园地，吸引学术旨趣大致相同的学者一起讨论切磋，从而促进学术水平的提高。(2)学术交流具有一定的时段性。也就是说，这种比较活跃的学术交流活动主要集中在全民族抗战爆发前和抗战结束后两个时段，由此可见，日本发动的侵华战争给我国大学研究院所的学术交流活动带来了重大的不良影响。(3)各校学术交流的积极性具有明显的差别。其中创办研究所较早、较多以及经费较为充足的中山大学，无论在国际还是在国内，学术交流方面都表现得十分活跃，对我国高等教育起到了积极的推动作用。

---

[1]《交通大学校史》撰写组编：《交通大学校史资料选编 第二卷 1927—1949》，西安交通大学出版社，1986，第389—393页。

[2] 同上。

第二节 大学研究院所的国际学术交流与合作

虽然民国时期的大学研究院所正处于发展和完善的过程之中，但此类科研机构在积极参与国际学术交流方面也从事了诸多活动。这对于拓宽学术视野、加强学术合作、提高学术水平等都产生了重要作用。这些国际学术交流活动主要表现为发行交换学术刊物、译介国外学者著述、出席国际学术会议、出国进行学术考察、聘用国外知名专家以及互派学者访学等。

一、发行交换学术刊物和译介外文著述

作为一种学术研究机构，民国的大学研究院所大都发行一份代表其科研水平的学术刊物，有的甚至还发行外文版。这些学术刊物不仅成为一些国外研究机构的交换刊物，而且也是介绍国外学术成果的主要阵地，成为对外学术交流的重要载体，深刻地影响了现代中国学术的发展。

（一）交换学术刊物

为奠定自身在国际东方学界的地位以及扩大学术影响，1923 年，北京大学研究所国学门创刊了《国学季刊》。每期《国学季刊》的封底均附有英文篇名目录和作者姓名，以及该刊的英文刊名 (The Journal of Sinological Studies)，并附有国学门的英译名称 (School of Sinological Research at the National University of Peking)；同时，该所创办的《国学门周刊》《国学门月刊》，也都在刊物的封面或是合订本封面附有刊物的法文译名。[①] 为了让国外学者了解该所考古学会的工作方向及成果，该会还编印了法文本的《考古学会章程及概况》，向国外宣传该会的工作。受北京大学国学研究所的影

---

① 陈以爱：《中国现代学术研究机构的兴起：以北大研究所国学门为中心的探讨》，江西教育出版社，2002，第 128—130 页。

响，1925年，厦门大学国学研究院出版的《厦门大学国学研究院季刊》，简称《厦大国学》，也附有英文刊名。其英文刊名为"Journal of the Institute of Sinology, Amoy University"。① 又如1928年，南开大学经济研究所创刊了中英文版的《南开统计周报》，并在国内外发行，主要刊登该所的物价指数及其他统计资料。此外，1934年到1936年，该所还刊行了《南开指数年报》，也是同时用中英文出版。② 这些南开的学术刊物之所以用英文出版，目的是让国外学者了解当时中国的经济状况，增进国际社会对中国社会经济发展变化的深度认识。再如1941年，西迁成都的金陵大学、齐鲁大学以及华西协合大学商定，由三校的中国文化研究所联合创办了《中国文化研究汇刊》。作为该刊主编之一的李小缘就提倡所刊载的论文用英文撰写内容提要，目的是想扩大该刊在国际汉学界的影响，促进相互交流。③ 可见，这些刊物在创办初期就显示出开阔的世界视野，表现出极愿融入国际学术社会的意图。此外，有些刊物还成为国外学术机构的交换刊物。如1925年，亚洲学会允诺把该会出版的《亚洲学报》与《国学季刊》作为交换刊物。④ 中山大学语言历史学研究所创办的《民俗周刊》和《语史所周刊》也得到国外一些学术机构的关注。如1928年，法国巴黎大学的中国研究院慕名来信征求期刊及著述，该所即向法方赠予了10余种刊物；⑤ 1935年冬，意大利罗马民俗志博物院院长S.Michel Shulien以及美国民族馆馆长M.W.stirling均致信中山大学语言历史学研究所，希望与该所民俗学会交换《民俗周刊》等学术刊物。⑥ 另外，为加强教育学术交流合作并增强对国外教育的认识，中山大学教育研究所与美、英、瑞士、比利时等国的教育机构开展过学术合作，并与欧美、亚洲约20个国家的150个学术团体交换过出版物。⑦ 中央大学教育心理研究所也曾发行《教育心理研究》季刊。

---

① 厦门大学校史编委会编：《厦门大学校史资料 第一辑 1921—1937》，厦门大学出版社，1987，第138页。
② 王文俊、梁吉生、杨珣等选编：《南开大学校史资料选（1919—1949）》，南开大学出版社，1989，第398—399页。
③ 马先阵、倪波编：《李小缘纪念文集》，南京大学出版社，1988，第341页。
④ 伯希和：《在开罗万国地理学会演说》，《北京大学研究所国学门周刊》1925年第3期。
⑤《巴黎大学中国学院近函征我国学术界出版物以供研究》，《国立中山大学语言历史学研究所周刊》1928年第33期。
⑥《通信》，《国立中山大学民俗周刊》1937年第2期。
⑦ 周兴樑、胡耿：《中国教育科学研究与人才培养的开拓者：国立中山大学教育研究所（1927—1949）探析》，《中山大学学报（社会科学版）》2009年第2期。

该刊物创办时,其内容也有少数译著。在抗战费用拮据时,该刊仍未停刊,并且另外出版了英文简篇一种。这种简篇一共出了4期,分别寄往英、美等国,目的在于交换国外一些英语刊物,以利本单位研究工作者作参考之用。① 由此可见,其时大学研究院所创办的学术刊物多已成为对外学术交流的重要媒介。

(二) 搜罗和译介国外学者著述

除发行学术刊物外,大学研究院所也积极搜罗、翻译或刊发国外知名学者的学术成果。如北京大学国学研究所经常与法国巴黎大学交换书籍,也通过自办的刊物刊载国外学者的论著。如在1923年至1927年间,国学研究所刊物上就发表了13篇由国外学者撰写的论文、通信及书目等。② 仅此就表明,在20世纪20年代,国学研究所刊物就已承担起了传播东方学研究资讯和研究成果的任务。中山大学教育研究所从1928年开始编印《教育研究》月刊。该刊开辟了10个栏目,并且设有《比较教育》栏目,此栏目专门介绍国外的教育状况,曾不定期地发行了国外教育、欧美新教育运动、日本教育研究和苏联教育等4期国外专号。③ 如1932年,该所主任庄泽宣教授赴欧洲各国考察教育时,曾特约国际教育杂志编辑斯奈德撰写《德国教育研究》一文,并译成中文印作专刊出版。④ 到1937年,该月刊刊发有关比较教育的论文就达58篇。此外,该所还编印了一些研究或译介国外教育的丛书,其中较有影响的有:庄泽宣的《各国教育比较论》,崔载阳的《法德英美教育与建国》,方惇颐译的《各国政治教育比较观》,陈臣辅译的《英德美大学教育》,廖鸾扬译的《德国新教育》,姚德润、许绍桂译的《各国历史教学法》等。⑤ 金陵大学中国文化研究所也十分关注国外学术动态,尤其重视东方学的研究,力图及时引介国外汉学的最新研究成果。如日本学者撰写的《中国近代戏曲史》,就为该所研究员王古鲁翻译成中文。王氏还撰写论文《最近日本各帝大研究中国学术之概况》,介绍日本的中国学研究情况。此外,他还改订日本学者

---

① 艾伟:《写在教育心理研究专辑之前》,《教育杂志》1948年第4期。
② 陈以爱:《中国现代学术研究机构的兴起:以北大研究所国学门为中心的探讨》,江西教育出版社,2002,第128—130页。
③ 黄义祥编:《中山大学史稿(1924—1949)》,中山大学出版社,1999,第269页。
④ 何国华:《民国时期的教育》,广东人民出版社,1996,第265页。
⑤ 生兆欣:《二十世纪中国比较教育学史》,高等教育出版社,2011,第17页。

所撰的《六国年表》，以至该书的日本作者还致信感谢他对书中错误给出的指正。① 所有这些，均促进了金陵大学中国文化研究所与国际学术界的交流，提升了该所在国际汉学界的地位。

二、出席国际学术会议和出国学术考察

为了获取学界最新的学术讯息和学习他国的学术经验，民国大学研究院所同人也主动走出国门，积极出席各种国际学术会议、参与国际学术组织以及开展学术考察等活动。这样既扩大了自身的学术影响，也加强了与外界的学术交流与沟通，开阔了视野，深化了合作。

（一）出席国际学术会议

为获得国际学术界的认可，北京大学国学研究所积极主动参与国际东方学研究组织的相关活动。如1925年，该所的通信研究员、法国人保罗·伯希和（Paul Pelliot）接受国学研究所的委托，在参加亚洲学会会议时，曾向与会代表介绍了北京大学国学研究所的概况。同年，伯希和受法国远东学院和北京大学国学研究所的共同委托，出席在埃及开罗召开的万国地理学会，并在会上代表国学研究所向与会代表致意。② 1927年3月，该所研究员马衡赴日本东京大学访问，并在东方考古学的集会上，作了题为"中国之铜器时代"的专题演讲。③ 中山大学文科研究所主任吴康于1935年8月奉派赴欧，出席罗马国际东方学会第19届大会。④ 1937年3月，应日本民族学会、东京人类学会的邀请，文科研究所历史学部人类学组杨成志教授，出席了由两学会联合举行的第二届年会，并在会上作了关于我国西南民族的讲演；1937年9月，他作为我国唯一的会员代表，出席了在罗马尼亚首都布加勒斯特举行的第17届国际人类学与史前考古学会议；⑤ 1946年12月，他又参加了在美国芝加哥举行的人类学会年会；1948年8月，他又前往比利时首都布鲁塞尔出席了国际人类民族科

---

① 张宪文主编：《金陵大学史》，南京大学出版社，2002，第162页。
② 伯希和：《在开罗万国地理学会演说》，《北京大学研究所国学门周刊》1925年第3期。
③ 马衡：《凡将斋金石丛稿》，中华书局，1977，第120页。
④ 黄义祥编：《中山大学史稿（1924—1949）》，中山大学出版社，1999，第267页。
⑤ 同上。

学大会第三届大会。① 另外，1929 年 8 月和 9 月，中山大学心理学研究所主任汪敬熙分别参加了在美国召开的国际生理学会和国际心理学会大会，引起了国际心理学及生理学界的注意。② 1932 年，中山大学教育研究所主任庄泽宣也曾应邀参加第六次国际新教育会议，讲演了"中国新教育趋势"；1937 年夏，该所崔载阳教授参加在法国巴黎举行的国际初等教育及民众教育会议，在会上讲演"中国民族教育哲学"。③ 此外，交通大学研究所也经常选派研究人员到国外参加学术会议，如 1929 年 11 月，在日本东京举办了万国工业会议及世界动力会议分股讨论会，交通大学研究所机械组主任王绳善出席了此会。④

（二）出国学术考察和讲学

大学研究院所教职员也经常出国进行学术考察和讲学。如 1929 年 2 月，中山大学教育研究所的庄泽宣、崔载阳、曹刍和古楳等研究员到菲律宾开展了 3 周的教育考察活动，对该地的教育背景、大中小学校、师范及职业教育均详加了解。他们的考察结果发表在该所刊物《教育研究》上。1932 年，庄泽宣出席世界教育年会和国际心理学会会议，借这次机会，他又考察了德国、法国、捷克、意大利、瑞士和丹麦等 6 国的教育。回国后，他为岭南大学师生和广州青年会分别作了"赴欧调查教育所得"的报告和"出席世界新教育会议之经过"的演讲，并在刊物上发表了《欧游教育印象》等论文。⑤ 1937 年 7 月，崔载阳出席法国巴黎国际初等教育及民众教育会议，考察了英国、法国、美国、苏联、德国、意大利、波兰、瑞士和丹麦 9 国教育。⑥ 1935 年，中山大学文科研究所主任吴康被法国巴黎大学聘任为该校中国学院的文学讲师。在欧洲，他以"中国大学教育"为题，在比利时首都演讲并介绍了我国的高等教育情况；他又以"中国文化及其近千年建设进步概况"为题，在捷克大学进行了讲演。⑦ 1949 年 7 月，中山大学历史学研究所教授黄文山在美国作了

---

① 黄义祥编：《中山大学史稿（1924—1949）》，中山大学出版社，1999，第 435 页。
② 胡延峰：《留学生与中国心理学》，南开大学出版社，2009，第 184 页。
③ 广州市地方志编纂委员会：《广州市志》卷十四：教育科学卷，广州出版社，1999，第 319 页。
④ 王绳善：《呈报出席日本东京万国工业会议、世界动力协会分股讨论会议经过情形》，《铁道公报》1929 年第 19 期。
⑤ 生兆欣：《二十世纪中国比较教育学史》，高等教育出版社，2011，第 17 页。
⑥ 广东省地方史志编纂委员会编：《广东省志·教育志》，广东人民出版社，1995，第 117—118 页。
⑦ 黄义祥编：《中山大学史稿（1924—1949）》，中山大学出版社，1999，第 267 页。

专题讲座，在密歇根大学和国务大学分别讲授了"文化学"和"世界文化改造"。①1947年11月，中山大学医科研究所派李挺教授赴加拿大多伦多大学卫生学研究所参观，并赴美国考察医学。1949年1—7月，中山大学病理学研究所主任梁伯强应美国医药助华会之邀，考察了美国的医学教育；他还考察了美国约翰霍金氏大学病理学、檀香山岛美国军医院以及菲律宾大学医学院等。②1937年，交通大学研究所化学组主任徐名材，随资源委员会考察团到欧洲考察了化学工业。③1935年8月，北洋工学院工科研究所研究员秦大钧赴欧洲，考察了德、法、英、荷、比、意等国的航空工程研究及航空制造，至1936年6月方启程返国。④可见，大学研究院所同人在频繁的国外学术考察活动之时，不仅扩大了自身学术影响，而且获得了丰富的研究讯息和资料，有利于获取国外的学术前沿动态，并借以筑建自身的学术研究平台。

三、聘用国外知名专家与互派学者访学

民国时期的大学研究院所，为提升自身的学术水平，不仅聘用一些国外知名学者作为研究院所的专职或兼职研究人员，而且还有针对性地派出本机构学者出国研究，并邀请国外学者前来讲学，借助此类学术活动，进一步加深了中外的学术交流。

（一）聘用国外专家学者

大学研究院所也以专兼职形式聘用外籍专家学者。如为了加强学术合作，北京大学研究所国学门的兼职导师和通信员中就会聚了一些国外知名学者。如在1922年至1927年间，苏联人钢和泰（A. von Staël-Holstein）和伊凤阁（A.L.Lvanov）就在研究所国学门中担任导师；另外，法国人保罗·伯希和、阿脑尔特（Therese P. Arnould），德国人卫礼贤（Richard Wilhelm），日本人今西龙、田边尚雄、泽村专太郎，丹麦人吴克德（K. Wulff）等人，均在国

---

① 黄义祥编：《中山大学史稿（1924—1949）》，中山大学出版社，1999，第435页。
② 黄义祥编：《中山大学史稿（1924—1949）》，中山大学出版社，1999，第436页。
③ 宋立志编：《上海交通大学》，京华出版社，2010，第138页。
④ 北洋大学—天津大学校史编辑室编：《北洋大学—天津大学校史资料选编》（一），天津大学出版社，1991，第320—322页。

学门中担任过通信员。① 可见，研究所国学门在创办之初即与苏、法、德、日等国学者建立了学术联系。中山大学语言历史研究所创设后，也聘用了一些国外学者。如 1927 年，该所就聘有瑞典古登堡大学教授珂罗掘伦 (Bernhard Karlgren)、苏联人类学家史禄国 (S.M.Shirokogorov) 等国外专家作为研究教授。② 后来该校还聘任美国夏威夷大学教授陈受颐为文科研究所的名誉导师。③ 交通大学研究所长期聘任外籍学者。如 1930 年，该所聘请了铁道部顾问美国人贝克 (J.E.Baker) 和英国人康德黎 (James Cantlie) 等为顾问；④ 1933 年，在该校呈报铁道部的外籍教员名单中，奥地利人罗逸民 (Enwin Reifler) 即是该所的研究员；⑤ 至 1936 年，交通大学研究所聘用的外籍顾问新增了白克阿夫 (A.F.Baker)、萧霭士 (Arthur M.Shaw) 和华特尔 (J.A.L.Waddell) 等 3 人，总数达到了 5 人。⑥ 1937 年，北洋工学院工科研究所矿冶工程部的研究员和导师中有英国人古威廉博士。⑦ 贵州大学文科研究所于 1945 年成立后，也聘请了德籍民族学家鲍克兰教授为研究员。⑧ 中央大学社会学研究所 1947 年成立后，聘任了美籍博士郝继隆 (O'Hara) 教授、加拿大籍蔡森夫人 (Chaisson) 担任该所的课程教学任务。⑨ 事实上，一直以来，教会大学的师资主要是由国外补给，所以该校的国外教职员一向较多，其研究所也不例外。如 1929 年，燕京大学国学研究所刚成立时，就有哈佛驻任燕京的客座导师研究员、苏联人钢和泰；⑩ 1933 年前后，金陵大学中国文化研究所有美国人贝德士为兼任研究员。⑪ 辅仁大学文科研究所 1937—1938 年的教职员中，苏联人类学家史禄国被聘为名誉教授。1939 年，燕京大学文、理、法三科研究所有历史学部的王克私 (Philippe

---

① 北京大学研究所编：《国立北京大学研究所国学门概略》，北京大学研究所，1927，第 2—3 页。
② 黄义祥编：《中山大学史稿（1924—1949）》，中山大学出版社，1999，第 142 页。
③ 黄义祥编：《中山大学史稿（1924—1949）》，中山大学出版社，1999，第 390—391 页。
④ 交通大学编：《国立交通大学研究所一览 中英对照》，交通大学，1931，第 2 页。
⑤ 上海交通大学校史编纂委员会编：《上海交通大学纪事 1896—2005》（上卷），上海交通大学出版社，2006，第 238 页。
⑥ 交通大学编：《交通大学一览 民国二十五年度》，交通大学，1936，研究所职员录第 1—3 页。
⑦ 国立北洋工学院教务处：《国立北洋工学院工科研究所概况 民国二十五、六年度》，国立北洋工学院教务处，1937，第 4—5 页。
⑧ 国立贵州大学教务处出版组编：《国立贵州大学概况》，国立贵州大学教务处出版组，1947，第 28 页。
⑨ 《国立中央大学社会学研究所近讯》，《社会建设》1948 年第 8 期。
⑩ 王启龙：《钢和泰学术年谱简编》，中华书局，2008，第 103—104 页。
⑪ 徐有富、徐昕：《文献学研究》，江苏古籍出版社，2002，第 131 页。

de Vargas)、生物学部的博爱理(A.M.Boring)以及化学部的窦维廉(William Henry Adolph)、卫尔逊(E.O.Wilson)、韦尔巽(S.D.Wilson)等5位外国教员。①岭南大学理科研究所在1940年时就聘用了5名美籍教授,并且他们的薪金和研究费均由该校美国基金委员会支给。②齐鲁大学国学研究所先后聘有的外国学者也有10余位。

(二)互派学者、研究生访问学习

互派学者访学也是大学研究院所进行学术交流的重要方式。如1925年9月,日本京都大学滨田耕作教授与东京大学原田淑人教授参观访问了北京大学国学研究所。以此为契机,后来国学研究所考古学会与两校考古学会合作组成的东方考古学协会于1926年7月正式成立。③这个学术组织的成立提高了该所在国际学术界的知名度。清华大学航空研究所与国外学者素有往来。如1936年,清华大学聘请了美国航空专家、加州理工大学华敦德教授担任航空讲座,并亲自负责指导清华航空研究所的大风洞工程。另外,温纳(Norbert Wiener)、郎哲曼(Longevin)、哈德玛(Jacques Hardamart)等一批国外学者也来校作过长期或短期的讲学。1943年,美国航空专家博郎博士来华参观了清华航空研究所,认为航空研究所学术水准已和美国不分上下。此外,美国陆军部派往德、日的航空调查团经过昆明时,也前往已西迁至昆明的清华航空研究所参观,对其所取得的成就大为赞赏。④1946年5月,中山大学农科研究所邀请英国昆虫学家罗伊·尤约特(Roy Ewlott)来校讲演《英国战时昆虫事业及杀虫剂之应用》。⑤交通大学也常邀请国外名家来校讲学,如诺贝尔物理学奖获得者玻尔、马可尼,美国麻省理工大学电机科教授杰克逊,美国普渡大学教授赫德,美国铁路工程协会会长雅格,巴黎大学马古烈博士,美国铁路界著名学者拜伦等。虽然应邀而来的专家并非全由研究所所邀,但相关研究专家的讲学,为研究所带来了一些最新的学术理论与学术动态,拓宽了师生的学术视野,有利于开展学术研究

---

① 张玮瑛、王百强、钱辛波主编:《燕京大学史稿》,人民中国出版社,2000,第17页。
② 《本校理科研究所报告》,《岭南大学校报》1940年第77期。
③ 北京大学研究所编:《国立北京大学研究所国学门概略》,北京大学研究所,1927,第13页。
④ 清华大学校史研究室编:《清华大学史料选编 第三卷 抗日战争时期的清华大学(1937—1946)》,清华大学出版社,1994,第146—147页。
⑤ 黄义祥编:《中山大学史稿(1924—1949)》,中山大学出版社,1999,第436页。

和提升学术水平。

在出国访学方面,如中山大学医科研究所于1947年2月至1948年4月派出黎希干教授赴美,入哈佛大学细菌免疫学系研究细菌学,并考察公共卫生事业。同年3月,又派杨简教授赴美国宾夕法尼亚州立大学进修病理学,后得多诺基金会奖学金,继续研究病理学专题。中山大学师范研究所严元章教授获选1948—1949年度英国文化委员会奖学金,1948年抵英国后在指定的大学进行研究。①南开大学经济研究所也常派教员出国留学研究。如第一次派出的有吴大业和李锐,前者到美国哈佛大学研究院研究统计,后者到英国伦敦经济政治学院研究财务行政;②再如1941年秋,受罗氏基金团的资助,经济研究所主任方显廷赴美国研究工业化学及投资等问题,并且在美国发表了多篇有关我国经济建设方面的论文;1943年,该所研究员李卓敏也曾赴美研究战时经济问题。③此外,南开大学应用化学研究所教员谢明山、苏元复也曾考取了庚款留英,分别研究工艺化学和纺织等问题。④

此外,大学研究院所还承担了国外研究生的培养工作。如1933年1月,英国大学联华委员会派了1名研究生到华来研究教育,委托中山大学教育研究所负责培养研究有关师资培训问题。⑤1942年,印度教育顾问沙金特来华访问,两国政府达成交换10名留学生的协议。1943年,印度交换来华的10名留学生到达重庆,由国民政府教育部分发至中央大学、西南联合大学以及内迁四川的浙江大学、武汉大学、金陵大学等校的研究所,从事研究中国历史、哲学、考古学、化学、数学、农学等学科的学术研究。如1944年,中央大学有印度研究生3名。⑥1942年,浙江大学研究院成立理科研究所生物学部,后改称生物学研究所,该研究所还有印度研究生,谈家桢的第二代弟子中,就有一位印度学生叫甘尚树。⑦1947年3月,武汉大学首次接收外国留学生,由

---

① 黄义祥编:《中山大学史稿(1924—1949)》,中山大学出版社,1999,第434—435页。
② 天津市地方志编修委员会办公室、天津图书馆编:《〈益世报〉天津资料点校汇编》(二),天津社会科学院出版社,1999,第1033页。
③ 《南开大学经济研究所近况》,《南开校友》1943年第1期。
④ 《南开大学化工系应用化学研究所消息》,《南开校友》1935年第1期。
⑤ 广东省地方史志编纂委员会编:《广东省志·教育志》,广东人民出版社,1995,第117页。
⑥ 《重庆教育志》编纂委员会编:《重庆教育志》,重庆出版社,2002,第774页。
⑦ 张光武:《毛泽东与谈家桢》,华文出版社,2012,第54页。

教育部分配 1 名印度研究生。①

此外，大学研究院所也开展国际研究合作。如 1927 年 5 月，由北京大学研究所发起组成的"中国学术团体协会"与瑞典探险家斯文·赫定联合组成"中国西北科学考查团"，对我国内蒙古、甘肃、新疆等地区进行了大规模的科学考察。②又如中山大学教育研究所，美国品格教育协会委托其协助修订儿童道德信条，瑞士国际教育局委托其调查中国儿童读物，比利时国际家庭教育会委托其征集关于中国家庭教育之资料，英国世界成人教育协会委托其调查在中山大学的推广工作。③

总之，尽管民国时期内忧外患的环境给大学研究院所的对外学术交流工作带来了诸多不良影响，但它们的交流活动并未因此而完全终止，而是在经费奇缺、人员涣散的压力下继续向前推进。总体上看，这一时期的学术交流活动主要有如下四个特点：(1) 多样性。从学术交流的方式和内容来看，可谓形式多样、内容丰富，不仅有发行交换学术刊物、译介国外学者著述、出席国际学术会议、出国学术考察、聘用国外专家、互派学者访学等交流方式，而且交流的内容也涉及诸多学科专业。(2) 单向性。从学术交流的人员流向来看，此时期的学术交流活动是单向的、不对等的，大多情况下是我国学者走出国门，出席国际会议或考察国外学术，向国外学习得多、输入得多。当然，这也表明当时的学者参与国际学术交流的愿望比较强烈，他们迫切需要汲取国外的最新学术成果。(3) 开放性。从人事聘用和互派访学来看，众多大学研究院所不但聘用了该学术领域较为权威的外国专家，而且根据研究需要也派出了许多学者出国学习研究，这体现了当时学术的开放性与包容性，也表现出其时的机构负责人已有了世界性视野。(4) 选择性。从学术交流的对象来看，为了最高效地输入西方学术，大学研究院所主要集中与美、英、法、德等文化教育相对发达的国家进行学术交流，特别是全民族抗战爆发后，与日本的学术交流中断，西方成了学术交流的主阵地。

---

① 武汉地方志编纂委员会主编：《武汉市志·教育志》，武汉大学出版社，1991，第 508 页。
② 中国地球物理学会"西北科学考查团"研究会"八十周年大庆纪念册"编委会编：《"中国西北科学考查团"八十周年大庆纪念》，气象出版社，2011，第 76—78 页。
③ 何国华：《民国时期的教育》，广东人民出版社，1996，第 265 页。

结 语

民国时期的大学研究院所,是在我国移植西方大学制度以及争取学术独立的时代背景下创建与发展的。它的演变过程与我国大学学术转型以及研究生教育制度不断完善的过程呈同步互动的状态。因此,大学研究院所的设立及其管理与运行机制的变化,一定程度上影响了其自身乃至大学功能的变化,也主要表现在其学术研究方式、人才培养模式及学术独立状况等方面的贡献。但大学研究院所在探索发展过程中也存在许多不足之处,这亦为当前大学研究机构的完善发展提供了诸多有价值的启示。

一、民国时期大学研究院所的历史贡献

（一）引发了学术研究与学术交流方式的转变

我国大学研究院所的创建，从组织上来看，有一个显著特征就是使大学教员的学术研究摆脱了个体化生产的封闭模式，而走上了群体协作式的、有组织的科研路径。有了研究院所，大学更易于组织研究人才、装置研究设备、获取研究经费，进行较为深入的实验研究。如清华大学创办国学研究院之由，就是出于对国学研究事业"终非个人及寻常学校之力所能成就"[1]的认识。对此，孙云铸曾指出，有了研究院所，"同道者可借之常相切磋，师生能赖之多所研讨"[2]。有了研究院所，大学才能够统筹人力、物力，开展跨学科、跨专业的重大课题研究，进而推动学术的繁荣发展。有了实体的科研组织，大学研究院所才能代表一个组织承担校外机关委托的各类研究实验，从而有效发挥大学服务社会的职能，真正把大学学术研究与社会现实需求结合起来，特别是那些不曾进行研究生教育的专门研究院所，实现了大学科研的专门化和职业化，具有重要的开创意义。此外，大学新学术体系的出现也意味着学术交流形式的变化，开始出现了学术刊物。以往学者们主要是以著作、会晤和书信等形式进行学术交流，然而随着大学研究院所的诞生以及现代学术体制的形成，学术刊物成为学术交流更加迅速、更为广泛的新媒介，并且几乎所有的研究机构都拥有自己的学术刊物，作为教师与研究生的学术创新园地和科研成就展现的平台。显然，借助于新出现的学术刊物，学术共同体形成了新的学术交流方式。而这种体制性因素又成为学术交流和讨论的保障，成为当时学术发展的有力支持。

（二）创新了人才培养模式并培养了大批高级人才

大学研究院所的设立使人才培养有了自己的组织，其新的趋向是将人才培养与学术研究相结合，使学术研究服务于社会的这种教研结合的办学思想得以在大学里实现。人才培养的组织化管理，以大学研究院所为代表参与各

---

[1] 清华大学校史研究室编：《清华大学史料选编 第一卷 清华学校时期（1911—1928）》，清华大学出版社，1991，第374页。
[2] 王学珍、郭建荣主编：《北京大学史料 第三卷 1937—1945》，北京大学出版社，2000，第351页。

种调查及实验活动，研究生成为一支重要的科研力量并得以锻炼；以组织机构为代表，使得校企合作培养研究生的举措成为可能。大学研究院所教学与科研的结合，引发研究生培养方式从早期的纯研究型个人培养方式转变为中后期的课程型集体培养方式；由早期单纯的学术研究转向为科研与人才培养相结合的运作模式。正如著名学者崔载阳当时所倡导的那样："我们当求事业推进与人才培养之汇流。因为无人不能成事，无事不能育人，人要在做事中培养，事要在养人中完成，故事业推进与人才培养，二者不能分离。"① 武汉大学校长周鲠生也指出，现今各大学之研究所主要目的在指导研究生，而不在自作研究，大学的研究所如要名副其实，必须表现有研究的成绩，必须有价值的"出品"，把"造人"与"出品"截然分开是不妥当的。② 他们皆强调要做到学术研究与人才培养相互联系、相互促进。此外，大学研究院所开展的科学研究，促成了西方近代科学在中国的本土化，并且取得了重要的科研成就，造就了大批卓有成就的人才，为我国近现代科学的发展奠定了较为坚实的科研人员基础。事实上，1928年中央研究院就专门制定了《国立中央研究院设置研究生章程》，规定院内各所设置研究生的数额、考试资格和修业年限等③，但一直未付诸实施。由是，大学之外的独立研究院所并未真正进行研究生教育。除早期教会大学外，其后所有研究生的培养均由我国大学研究院所来承担教育和完成培养任务。

（三）加速了大学学位独立与学术独立的进程

在大学研究院所设立之先，我国拟有博士、硕士学位名称已久，但这种学位，我国从未授予。大学生毕业后欲求深造，必须留学国外大学研究院所。多年来，为此学位头衔，国家及个人付出了很大代价，甚至还落得"吾国之大耻""倚赖之耻"等恶名。自1934年《研究院规程》公布后，我国方才依法正式设立大学研究院所。次年，国民政府又公布《学位授予法》，我国才正式开始授予硕士学位。从此以后，大学毕业生欲求高深学术攻读硕士学位者，亦可在国内大学完成学业和实现目标，而不必以留学为荣，学位授予走向独立。

---

① 崔载阳：《从教育学研究所到师范研究所》，《教育研究》1942年第100期。
② 徐正榜、陈协强主编：《名人名师武汉大学演讲录》，武汉大学出版社，2003，第210页。
③ 《国立中央研究院设置研究生章程》，《国立中央研究院总报告》1929年第2期。

尽管此期的研究生教育发展滞缓,规模过小,存在诸多问题,但仍有其不容忽视的历史地位和意义。它的贡献不仅在于培养了一批高于本科水准的人才,在一定程度上也缓解了当时师资不足的困难,更重要的是,这一时期制定的一系列关于研究生教育和学位制度的法规及其实施过程中积累的经验,为新中国成立后的学位制度建设打下了文本基础,提供了实践参考。学术独立方面,所谓学术独立"即于各科学术,本国有自己研究之能力,有自己研究之结果与贡献之谓"[①]。大学研究院所创设之前,我国高级学术人才均赖国外大学培养。于是留学美国者,其所知皆美国;留学法国者,其所知皆法国;留学英、日、德、意者,其所知皆英、日、德、意。这些人物返国之后,各行其是,以致社会上有所谓英美派、德日派之分,时而纠纷迭起。此种现象于治国、治学、治人、治事都极为不利,也是学术不能独立的流弊之一。加之我国若干科目如文、史、哲等也未必是留学生所能深究,即便是自然科学与应用科学也宜学习比较先进之国家,且还要适合本国社会的实际需要。[②]而本国设置了大学研究院所,则可按社会现实所需,开展科学研究、培养急需人才,促进学术独立发展,如各特种研究所之贡献更见其效。

二、民国时期大学研究院所存在的问题

(一)大学研究院所设置重复、合作不足

从前文之"大学研究院所的发展规模"及"研究生教育规模"的章节可以看出,创办大学研究院所之风兴起之后,因缺乏科学规划,我国各大学相同学科研究所或学部的重复设置成为一种普遍现象,以致有些研究所或学部根本招不到研究生或所招研究生之数量甚少,甚至有些研究所徒有虚名,并未开展学术研究和人才培养工作。这也足可说明当时的研究院所规模与社会实际需求之间存在很突出的矛盾。其实这种现象当时就引起了许多学者的关注,如傅斯年担心说:"我恐各大学之所谓研究院,将如春笋之群发,麻茹

---

① 陈东原:《我国之大学研究院》,《学生之友》1942 年第 1 期。
② 同上。

之坚固,更为高等教育事件上加一紊乱而已。"①看来傅斯年在《研究院规程》颁布之初就已意识到此类问题的存在。因此,他心目中的研究院,应有一定的严格标准,方能做到名实相符,有研究的氛围,有学术的贡献,而非一些滥竽充数者可比。针对这种现象,姚薇元曾呼吁"研究所应注重质的发展,不必每个大学都设研究所,设立研究所的大学,也不必每科每系都设",并建议大学或学系设立研究所必须具备下列条件:"该系有够格的教授及够格的学生;该系具备进行高深研究的设备;该校所在之地对于该系研究材料易于搜集。否则宁缺毋滥。"②梁实秋谈及高等教育的问题时也说道:"譬于大学研究所的问题,某校宜设某科研究所,诚宜参酌师资是否充分等等客观条件而定,然由国民政府教育部核定,则不如由各科之内行来自决。"③《教育杂志》就此也发表评论提醒道:"研究所之设立,一方面须顾及各学校人才设备之含量,一方面须考察各科学术需要之缓急,统筹全局,因地制宜,应由国民政府教育部斟酌指定,借收分工合作之效,而免偏枯重复之弊。"④1935年,《华年》杂志也就此问题发表评论:

> 事实上,大学研究所的创设不能不预先审查各大学已有的特长,而为分工合作的措施。因为每个大学设立一二科研究所,就能注全力于该科的发展和充实,不但可省"势难兼顾"的弊病,并且如合各大学的研究所,就不啻成为一个非常健全的最高学术研究机关。所以我们主张要是今日各大学是有设立研究所的必要的话,教育当局实应体察各大学的实情,责令其专设一二科而力谋发展,万勿任其于一个大学里面,各科应有尽有,而种将来名不副实的危机。⑤

刘仙洲也提议:

> 按吾国目下之情形言,所有大学之数目及研究院所之数目已不为少。故在一定期间以内,除对于抗战建国前途有急切之需要……暂行停止对于"量"上之扩充……实际上就其性质重复者加以归并,

---

① 傅斯年:《大学研究院设置之讨论》,《独立评论》1934年第106期。
② 姚薇元:《大学研究院与学术独立》,《独立评论》1935年第136期。
③ 梁实秋:《整顿高等教育的几点意见》,《华年》1935年第34期。
④ 《本国教育文化史的新页》,《教育杂志》1935年第4期。
⑤ 《设立大学研究所问题》,《华年》1935年第1期。

就其毫无成绩者加以停办均无不可。但在另一方面，应尽力作"质"上的增进。①

叶佩华亦曾批评说：

> 教育部虽订有大学研究院所合作办法，但各研究院所多未认真实行。各校研究院所间，缺乏密切联系，各研究教授之研究工作，亦难免有重复之弊，人力物力，两不经济……为集中人力，借收更大效果起见，凡性质完全相同而且人力有嫌不足者，似宜酌量情形分别合并办理。②

直到1946年，吴恩裕还撰文提醒说："教育当局对于国内大学研究所科门的设立，应该照顾到实际的需要及其应具备能具备的条件，然后再做决定。"③可见，其时大学研究院所设置重复、缺少合作的弊端已成为一大共识，因此部分有识之士呼吁严把准入关，做到宁缺毋滥。

（二）大学研究院所经费不足、研究队伍不稳定

大学研究院所发展过程中，最令其困扰的可能就是经费问题与师资问题。前文已述，经费一直是影响研究院所工作开展的一个瓶颈，由于经费不足，无法购置研究设备、聘请研究人员，诸多研究实验无法进行。虽然国立大学研究院所之补助费时有增长，但因物价高涨，所能购置的图书仪器至为有限。更何况全民族抗战爆发之后，海外交通受阻，不少从国外购置的设备因交通工具缺乏而无法运进，以致设备无法充实，严重影响研究院所人员的研究工作。再由于战争频繁、经费不足等原因，大学研究院所研究人员生活也难有保障，以致有些研究院所的人员流动过于频繁，甚至众多研究人员在抗战过程中稀散离开，研究队伍的不稳定致使许多学术研究工作和研究生培养工作中途停废。此外，从研究院所的人员构成来看，当时大多研究所采取专、兼职人员结合的人事聘任制度，但除特种研究所外，其他研究所的兼职人员，特别是校外兼职人员比例过大，甚至后期规定研究所人员全为学系教员兼任，由于身兼数职而难以实质性地到所进行研究和指导，从而影响研究所工作的正常

---

① 刘仙洲：《我国学术研究之回顾与前瞻》，《高等教育季刊》1941年第1期。
② 叶佩华：《我国大学研究院所设施情形之检讨》，《高等教育季刊》1942年第4期。
③ 吴恩裕：《论国内大学的研究所》，《读书通讯》1946年第112期。

开展和推进。关于上述弊端，当时的有识之士也颇有洞察。叶佩华曾对1941年各大学研究学部主持人及研究教授人数进行了统计，他对研究教授的指导成效产生质疑：

> 各校研究教授虽大多皆为国内权威学者，然有以一人支持一学部者，有全为校外兼任者，个人精力有限，且所学各有专长，对于所主持学部之研究生，未必能充分发挥研究指导功用；校外兼任教授对于研究生之指导工作，固极努力，然因兼职关系，经常指导，势必不甚便利。①

李建勋也指出：

> 教授除授课外，应作研究，自可如是主张；但若不给予以充分时间，则不啻责巧妇为无米之炊。按教育部规定大学专任教员每周任课自九小时至十二小时，合足此规定钟点须任课四五门，参阅书报，编辑讲义，指导学生，参与校务，等等，几将全部时间占去，焉有余暇再作研究？②

事实上，早在1931年，国际联盟教育考察团递交给中国政府的《国际联盟教育考察团报告书》中，就已对我国大学教师的兼职状况进行了批评，诚所谓：病症者皆可见，唯良方难以开出，这也是其时大学研究院所的办理和研究生培养事业的一大遗憾。

（三）大学研究院所组织自身及研究教授的考核缺失

民国时期的大学研究院所制度虽然已日趋完善，但也只是一种宏观的制度，各大学研究院所有很多的自主权，从研究院所的研究生招生、课程、培养等方面可见一斑。朱自清曾对其时的研究生培养现状加以针砭：

> 事实上大学毕业生虽然热心进研究院，等到考进了研究院，热心研究的却并不多。他们往往一面注了册，一面就去就业。有些长期不到校，"研究生"只剩了一个幌子。这样半途而废或从未上路的很多，能够在研究院毕业的却很少。③

---

① 叶佩华：《我国大学研究院所设施情形之检讨》，《高等教育季刊》1942年第4期。
② 许椿生、陈侠、蔡春编：《李建勋教育论著选》，人民教育出版社，1993，第378—381页。
③ 朱乔森编：《朱自清全集》第四卷　散文篇，江苏教育出版社，1990，第491—492页。

尽管如此，但研究院所对研究生个人的考核评价十分严格，所以能够获得硕士学位者所占比例颇为有限。可是政府对于大学研究院所组织自身及所内研究指导教师的考核几乎陷于空白，以致研究院所的自身建设难以推进，研究导师的工作难以促进。关于此种弊端，周先庚就指出：

> 过去大学中研究院的设立，每每是为设立而设立，研究不研究不问，有无具体研究成绩发表也不管。大家不能以学者高尚竞献的风度相安，而每每争得"研究教授"或"导师"的美名。这是不好的。①

徐中玉也曾批评说：

> 整个事业的进行漫无计划，全不考核，机关与机关之间，有或不能合作，有或不知合作，重复浪费，叠床架屋；若干机关的主持人形同官僚，自己不能研究，因此别人也不研究；青年研究工作者的训练增加依然还没有确实的办法……这样的结果，就是使我国在逢到当前这种大难时，学术研究并不能发挥出巨大的力量。②

孙云铸对此也深表忧虑：

> 方今国家大策为抗战建国。建国之道虽万端，而改善大学教育积极充实大学研究所以立民族复兴之基业为刻不容缓之图。惟研究所之设立非仅其名，必核其实。非仅充实其设备，使人得研究。又必须严审其内之人才是否有研究之兴趣及能力。执此两端以适应今日正当抗战之会，窃维与其普遍设立研究所务多而不实，则似不若在全国大学内各择一系之最优良者先集中充实设立之。优其设备，严其成绩，务养成研究之风，树立全国大学中一部门研究之中心。以此为标准，俟有余力然后推而广之。既有成型可效，则推广自易为力也。③

如何解决上述众多人士提出的问题，就"考核"一事，叶佩华就曾提议，国民政府教育部除对研究生的各项事务进行考核外，也应对研究院所本身及

---

① 《学术研究的途径》，《独立评论》1935年第126期。
② 徐中玉：《中国近代学术研究之回顾与展望》，《时代中国》1942年第4—5期。
③ 王学珍、郭建荣主编：《北京大学史料 第三卷 1937—1945》，北京大学出版社，2000，第351页。

研究教授个别之工作计划及结果，按年汇集国民政府教育部审核。① 从这些批评可见，制定和完善大学研究院所的考核制度是众望所归。

总之，关于大学研究院所发展中存在的一些不足，1940年4月11日，中央研究院评议会进行了比较全面的揭露。在对国民政府教育部部长陈立夫提出的《各大学设置研究所方针及工作联络之方法》反复研究商榷后，评议会提出了五项指导性意见：（一）某大学在设立其研究所某一部之前，宜先体察其中已有人才，在研究力量上能否胜任；人才既具，再考核其中原有设备是否足为办此一部最小限度之用；若两者皆有着落，然后设立该部。（二）每一部之设置必须有确定之经费。（三）各校之研究所应互相洞悉，彼此之工作可以联络合作，以减糜费且增效能；至于严格之统制，于学术发展上则多流弊。（四）目前应用之要求遍于全国，此固为时代之需要，但基础学科实为应用学科之本，应重视应用学科之时，认识到基础科目为其他科目之本的道理。（五）教育部应当随时考核各大学已设各部研究生之成绩，考核时与其重量，毋宁重质。

可见，中央研究院评议会之建议，坚持了"学术独立"的立场，对教育界推行的"学术统制"政策及大学研究院所各方面的主要问题给予了委婉的批评，亦诚恳地提出了改进大学研究所学术研究之建议。同年5月，国民政府教育部学术审议委员会在重庆举行第一次会议，对于大学研究院所存在的不足也提出了不少改进意见，并决议修正通过了两个办法。一是《充实大学研究院所并严格考核研究生成绩案》，要点如下：

（一）大学研究院所各学部须有确定经费由本部按照实际设立部数呈请，行政院列入教育文化费。（二）大学研究院所各学部之经费标准，在抗战期间，暂拟定最低数。（三）各大学设立研究院所，以已有人才足以胜任，及设备足供研究者为限。（四）大学研究院所各学部之成绩，由本部随时考核其成绩不合标准者，停止设置。（五）研究生研究期满，各院所应严格考核其成绩，其成绩欠佳者，不得提出为硕士学位候选人。（六）硕士学位候选人之成绩，由本部交学术审议委员会严加考核，其成绩欠佳者，不给学位。（七）各大

---

① 叶佩华：《我国大学研究院所设施情形之检讨》，《高等教育季刊》1942年第4期。

学研究院所,应相互明了彼此之工作,以收联络合作之效,而免重复。①
二是《各研究院所工作联系案》,要点如下:

> (一)各大学研究所,每半年将其下半年之工作计划,及上半年之工作结果,报告教育部一次,交本会备核。非部属之研究院所亦请参加。(二)各研究院之研究所性质相同者,应将出版物及工作报告,互相交换。(三)各研究院所发觉彼此工作重复者,应协商避免之。(四)各研究院所,得互相交换研究人员。(五)各研究院所之设备,得互相交换或借用。(六)各大学研究院所性质相同者,得联合设置研究讲座,在各所轮流讲学。(七)大学各科研究所,分别集中财力人力各办一二学部,将其余各学部之师资设备互相交换。(八)大学各科研究所某一学部研究生因研究上未需要,得送他校或其他研究院所。(九)上项办法请中央研究院合作。②

尽管有如此详细的方案,但大学研究院所在发展过程中还是出现了上述一些问题。

三、民国时期大学研究院所办理的借鉴

(一)大学科研应结合现实需要并服务于地方

大学是一个承担培养人才、发展科学、服务社会等职能的学术机构,它作为社会系统的重要有机组成部分,必然具有内在的学术性和外在的社会性。民国时期,诸多大学设立了一些符合各自学校实际的研究院所,它们开展的学术研究以服务于社会需要为出发点,研究专题与调查范围也以本地经济文化为主。这种发展地方科学的思想,为大学学术研究指明了方向,对当前大学服务社会的功能发挥也具有指导意义。大学服务社会,要充分挖掘大学自身的人力、物力、财力等资源,要充分利用自身的地域、学科、技术、资料和设备等优势,开展多形式的社会服务活动。应从实际出发,形成具有本地

---

① 《教育部学术审议委员会第一次会议记录》,《高等教育季刊》1941年第1期。
② 同上。

特色的、多元化的服务方式和方法。从大学研究院所的办所实践看，但凡能紧密结合社会发展需要、积极主动适应地方特色研究的研究院所，往往能够得到较为良好的发展。

（二）大学应多渠道、多形式筹措办所的经费

从私立大学研究院所的学术贡献可知，它们之所以能在动乱时代里取得诸多成就，一个重要原因就是它们的经费来源渠道多，因此它们的经费对政府依赖少、受政治影响小，故其学术研究所受的环境干扰也较小。特别是作为一所私立大学，创办与社会及经济发展密切相关的研究机构，不仅可以获得社会及经济界更广泛的资助，而且可以在一向属于公立大学领地的学研界争得一席之地，提高自身的办学层次、办学水平和教育质量，扩大学校的社会声誉。如南开大学经济研究所就是典型之例。当然，政府也应一视同仁地给予公、私立大学研究机构必要的经费保障，在此前提下鼓励有偿服务、各类资助等多形式的经费补给方式。如果经费来源仅限于由政府财政拨款的单一渠道，会在一定程度上限制研究机构的发展。事实上，研究机构所有制形式的多元化和经费来源的多样化有助于科学事业的繁荣。

（三）大学应坚持科研与教学相统一的原则

大学研究院所肩负着科研与教学的双重任务，而二者又是相互联系、互相影响的两个方面，应以教学带动科研，以科研促进教学。大学教师不能只满足于原有的、陈旧的教学内容，应把科研上的新成果、新成就及时地充实到教材中去，才能成为知识的创造者，而不是知识的贩卖者。同时，研究所研究人员参加教学活动，可以了解社会现实的急需，这样就更能把握科研的主攻方向，制定研究方案，以解决教学和社会发展中的问题。教师只有通过科研与教学的有机结合，才能不断提高学术水平和教学质量，培养创新型人才。在评价和考核大学研究机构时，一定要注意判断它的综合效益，要在学科水平提高、学校教学发展、国家科技发展等层面上对其进行评估，即科研和教学两方面的工作。只评价它的科研效益是一种不全面的评价，这实际上是否定了大学研究机构自身的特点。大学是国家科学研究体制化的一个关键因素，只有大学建立起完善的科研组织，并将科学研究与人才培养结合起来，国家才能形成富有创造力的科研体制。

（四）大学应采取灵活多样的人员管理方式

大学应根据研究机构的类型来确定专、兼职人员的构成。以教学为主、科研为辅或以科研为主、教学为辅的研究机构，其组成人员可多是本单位人员、少量其他单位的兼职人员，减少运作成本的同时，也易于教研结合。而纯粹的研究机构是为科学研究而设置，因此应多由其他单位相关领域的专家、学者组成，还可聘请国内外知名人士担任顾问或担任特约研究员，其组织方式可按课题分工而形成。为有利于优化资源的配置、有利于人才培养和充分使用，应加强对大学研究机构的调整和组合，建立开放、流动、高效的科研人员聘任和使用机制，充分发挥他们的创造力，以利于交叉学科的发展，以利于建构跨学科学术团队，以利于实行大项目的联合攻关，以利于使科技创新从源头上得到强有力的保障。当然，强有力的领导核心和学术带头人是研究机构发展的关键，其组织者除需在学术上有较高造诣外，还应有较强的领导和组织才能以及团结和献身精神。

（五）加强各大学研究院所彼此之间的分工协作

各大学研究机构开展科研合作，可以充分利用各自的科研力量和优势而取长补短，可以避免课题重复而导致资源浪费；明确各自的职能分工，可以科学合理配置资源，可以依据大学研究院所自身科研实力及特点，开展科研活动，形成不同的功能互补体系。在当今的大科学时代，科学研究需要大量资金和价格高昂的设备，还应考虑交叉学科的问题，为了使有限的资源能发挥最大效益，就应该打破大学科研组织之间的固有界限，加强彼此之间的交流与合作，进行适当的资源重组，通过优势互补形成合力，以提升国家的整体科研实力。科学技术的飞速发展，使不同学科之间的交叉渗透越来越广泛和紧密，许多项目已不是一个学科或一个单位所能解决的，而必须多学科联合才能攻关。

（六）加强政府科研机构和大学研究机构的交流合作

在当前以政府科研机构和大学研究机构两套科研系统为主导的体制下，大学研究机构和政府科研机构仍然无明确分工，两者之间存在着显而易见的职能重叠现象。因此，为避免科研的低水平重复和科研资源的浪费，应明确两者的定位与特色，相应地开展科研活动，使两大主体在科学研究方面各有侧重，优势互补。如大学的学科门类相对比较齐全，师资队伍也相对比较庞大，因此基础研究和应用基础研究或学科性自由探索研究应该向大学集中；而从事指令性研究和对国家安全和发展有重大意义的规模与投资巨大的研究，或某一专业、某一领域的综合性研究，则应由大学之外的独立研究机构来承担。只有这样，两者之间才能形成不同的功能互补的体系，发挥各自的研究优势，避免资源的浪费和研究课题的重复，提高科研效益。如两者的合作交流可采取联合申报和承担课题；开放实验资源，共建科研基地；加强人员交流，互聘研究人员以及联合培养研究生，共建博士后科研流动站等灵活多样的形式来加强实质性合作。

主要参考文献

[1] 宋恩荣，章咸. 中华民国教育法规选编[M]. 南京：江苏教育出版社，2005.

[2] 教育部法制办公室. 教育法律法规规章汇编[M]. 北京：教育科学出版社，2004.

[3] 高平叔. 蔡元培全集：第三卷[M]. 北京：中华书局，1984.

[4] 高平叔. 蔡元培全集：第四卷[M]. 北京：中华书局，1984.

[5] 高平叔. 蔡元培全集：第五卷[M]. 北京：中华书局，1988.

[6] 高平叔. 蔡元培全集：第六卷[M]. 北京：中华书局，1988.

[7] 高平叔. 蔡元培全集：第七卷[M]. 北京：中华书局，1989.

[8] 中国蔡元培研究会. 蔡元培全集：第18卷 续编[M]. 杭州：浙江教育出版社，1998.

[9] 樊洪业，张久春. 科学救国之梦：任鸿隽文存[M]. 上海：上海科技教育出版社，2002.

[10]《南大百年实录》编辑组. 南大百年实录：上卷 中央大学史料选[M]. 南京：南京大学出版社，2002.

[11]《南大百年实录》编辑组. 南大百年实录：中卷 金陵大学史料选[M]. 南京：南京大学出版社，2002.

[12]《南大百年实录》编辑组. 南大百年实录：下卷 南京大学史料选[M]. 南京：南京大学出版社，2002.

[13] 清华大学校史研究室. 清华大学史料选编：第一卷 清华学校时期（1911—1928）[M]. 北京：清华大学出版社，1991.

[14] 清华大学校史研究室. 清华大学史料选编: 第二卷 国立清华大学时期（1928—1937）[M]. 北京: 清华大学出版社, 1991.

[15] 清华大学校史研究室. 清华大学史料选编: 第三卷 抗日战争时期的清华大学（1937—1946）[M]. 北京: 清华大学出版社, 1994.

[16] 黄振萍, 李凌己. 傅斯年学术文化随笔 [M]. 北京: 中国青年出版社, 2001.

[17]《交通大学校史》撰写组. 交通大学校史资料选编: 第一卷 1896—1927 [M]. 西安: 西安交通大学出版社, 1986.

[18]《交通大学校史》撰写组. 交通大学校史资料选编: 第二卷 1927—1949 [M]. 西安: 西安交通大学出版社, 1986.

[19] 王学珍, 郭建荣. 北京大学史料: 第三卷 1937—1945 [M]. 北京: 北京大学出版社, 2000.

[20] 王学珍, 郭建荣. 北京大学史料: 第四卷 1946—1948 [M]. 北京: 北京大学出版社, 2000.

[21] 陈以爱. 中国现代学术研究机构的兴起: 以北大研究所国学门为中心的探讨 [M]. 南昌: 江西教育出版社, 2002.

[22] 顾颉刚. 人间山河: 顾颉刚随笔 [M]. 北京: 北京大学出版社, 2008.

[23] 国立北京大学. 国立北京大学廿周年纪念册 [M]. 北京: 国立北京大学, 1918.

[24] 萧超然, 沙健孙, 周承恩, 等. 北京大学校史: 1898—1949 [M]. 北京: 北京大学出版社, 1988.

[25] 姜义华. 胡适学术文集: 教育 [M]. 北京: 中华书局, 1998.

[26] 中国第二历史档案馆. 中华民国史档案资料汇编: 第五辑: 第二编: 教育 [M]. 南京: 江苏古籍出版社, 1997.

[27] 徐正榜, 陈协强. 名人名师武汉大学演讲录 [M]. 武汉: 武汉大学出版社, 2003.

[28] 徐中玉. 学术研究与国家建设 [M]. 重庆: 国民图书出版社, 1942.

[29] 孙邦华. 会友贝勒府——辅仁大学 [M]. 石家庄: 河北教育出版社, 2004.

[30]《贵州大学校史》编写委员会.贵州大学校史 贵州大学分册[M].贵阳:贵州大学出版社,2007.

[31]国立中山大学.国立中山大学教育学研究所一览[M].广州:国立中山大学出版部,1929.

[32]蒋致远.第二次中华民国教育年鉴:第二册[M].台中:宗青图书公司,1991.

[33]蒋致远.第二次中华民国教育年鉴:第四册[M].台中:宗青图书公司,1991.

[34]蒋致远.第三次中华民国教育年鉴:第一册[M].台中:宗青图书公司,1991.

[35]复旦大学校史编写组.复旦大学志:第一卷 1905—1949[M].上海:复旦大学出版社,1985.

[36]周叶中,涂上飙.武汉大学研究生教育发展史[M].武汉:武汉大学出版社,2006.

[37]凌安谷.西安交通大学大事记:1896—2000[M].西安:西安交通大学出版社,2004.

[38]北洋大学—天津大学校史编辑室.北洋大学—天津大学校史:第1卷 1895.10—1949.01[M].天津:天津大学出版社,1990.

[39]黄义祥.中山大学史稿:1924—1949[M].广州:中山大学出版社,1999.

[40]浙江省研究生教育学会.浙江研究生教育[M].杭州:杭州大学出版社,1992.

[41]教育年鉴编纂委员会.近代中国史料丛刊三编:第11辑:第二次中国教育年鉴[M].台北:文海出版社,1986.

[42]张宪文.金陵大学史[M].南京:南京大学出版社,2002.

[43]王文俊,梁吉生,杨珣,等.南开大学校史资料选:1919—1949[M].天津:南开大学出版社,1989.

[44]王运来.诚真勤仁 光裕金陵:金陵大学校长陈裕光[M].济南:山东教育出版社,2003.

[45] 吴定宇. 中山大学校史：1924—2004[M]. 广州：中山大学出版社，2006.

[46] 南开大学经济研究所. 十年来之南开大学经济研究所[M]. 天津：南开大学经济研究所，1937.

[47] 北京大学研究所. 国立北京大学研究所国学门概略[M]. 北京：北京大学研究所，1927.

[48] 顾云深，石源华，金光耀. 鉴往知来：百年来中美经济关系的回顾与前瞻[M]. 上海：复旦大学出版社，1999.

[49] 清华大学校史编写组. 清华大学校史稿[M]. 北京：中华书局，1981.

[50] 南开大学经济研究所. 南开大学经济研究所一览[M]. 重庆：南开大学经济研究所，1941.

[51] 洪永宏. 厦门大学校史：第一卷[M]. 厦门：厦门大学出版社，1990.

[52] 涂上飙. 民国时期的研究生教育发展史[M]. 武汉：湖北美术出版社，2013.

[53] 国立中山大学研究院总办事处. 国立中山大学研究院年报[M]. 广州：国立中山大学出版部，1937.

[54] 湖南大学研究生院. 湖南大学研究生教育60年：1943—2004[M]. 长沙：湖南大学出版社，2004.

[55] 蔡元培. 论大学应设各科研究所之理由[J]. 东方杂志，1935（1）：13-14.

[56] 罗宝珊. 论今日之留学问题[J]. 国闻周报，1937（28）：13-61.

[57] 任鸿隽，陈衡哲. 一个改良大学教育的提议[J]. 现代评论，1925（39）：10-13.

[58] 周兴樑，胡耿. 中国教育科学研究与人才培养的开拓者：国立中山大学教育研究所（1927—1949）探析[J]. 中山大学学报（社会科学版），2009（2）：82-91.

[59] 陈东原. 争取学术独立的必要与可能[J]. 教育通讯，1947（6）：3-38.

[60] 傅斯年. 改革高等教育中几个问题[J]. 独立评论，1932（14）：2-20.

[61] 郭建荣. 北京大学研究所国学门的变迁（上）[J]. 文史知识，1999（4）：

114-120.

[62] 郭建荣. 北京大学研究所国学门的变迁（下）[J]. 文史知识，1999（5）：87-103.

[63] 杜佐周. 中国教育的改造和建设[J]. 教育杂志，1929（2）：7-105.

[64] 潘菽. 学术独立[J]. 学识，1947（10）：3-18.

[65] 傅斯年. 大学研究院设置之讨论[J]. 独立评论，1934（106）：2-4.

[66] 姚薇元. 大学研究院与学术独立[J]. 独立评论，1935（136）：12-22.

[67] 欧元怀. 抗战十年来中国的大学教育[J]. 中华教育界，1947（1）复刊：7-39.

[68] 叶佩华. 我国大学研究院所设施情形之检讨[J]. 高等教育季刊，1942（4）：66-123.

后　记

拙著虽将付梓，但我的内心却难以平静。

一是唯恐稚嫩的文字、粗浅的论述会辜负余子侠老师的悉心指导。因为选题的拟定、资料的收集、文字的润色、成稿的审读皆得到了余老师的认真指导和严格要求，凝聚了余老师的智慧与辛劳。故更担心自己笨拙的"厨技"会毁坏了那上等的"菜料"。

二是书稿内容的"整改"成就了我的本意和初衷。起初，因为急于完成博士学位论文，所以避重就轻，舍弃了以八大"学科研究所"为类别而涉及百余高校的"创新性"研究，转而代之以几所高校为例的"快餐式"研究。此书正是遗憾之补、初愿之成。

三是迫不得已的"西迁"实现了我的专著愿。2013年，我惜别了心仪的故乡和熟悉的校园，怀揣初稿从江西的井冈山大学"转战"到了贵州的凯里学院，2021年，又换职到铜仁学院。但数次的辗转并未冷却我的学术热情，反而给予了我"自由学术"的新鲜空气，成就了我的专著梦。

拙著虽将出版，但感激之情无以终结。

一要感谢余老师，他不仅指引了我的学术路，更指引了我的人生路。

二要感谢大象出版社的各位领导和编辑，他们为本书的出版付出了大量辛勤劳动。

三要感谢时刻遥念我们的亲人以及陪在我身边的妻子、儿女，是他们给了我远涉他乡的信心和力量，让我能愉快地去"赶路"。

陈　元